Velha Bossa Nova
A Sumoc e as disputas políticas no Brasil dos anos 50

Garamond
UNIVERSITÁRIA

CONSELHO EDITORIAL

Bertha K. Becker
Candido Mendes
Cristovam Buarque
Ignacy Sachs
Jurandir Freire Costa
Ladislau Dowbor
Pierre Salama

Velha Bossa Nova
A Sumoc e as disputas políticas no Brasil dos anos 50

Esther Kuperman

Garamond

Copyright © 2012, Esther Kuperman

Direitos cedidos para esta edição à
Editora Garamond Ltda.
Rua Cândo de Oliveira, 43 - Rio Comprido
Rio de Janeiro - Brasil - 20.261-115
Tel: (21) 2504-9211
editora@garamond.com.br

Revisão
Carmem Cacciacarro

Editoração Eletrônica
Estúdio Garamond / Luiz Oliveira

Capa
Estúdio Garamond / Anderson Leal

CIP-BRASIL. CATALOGAÇÃO-NA-FONTE
SINDICATO NACIONAL DOS EDITORES DE LIVROS, RJ

K98v
Kuperman, Esther
  Velha Bossa Nova : a SUMOC e as disputas políticas no Brasil dos anos 50 / Esther Kuperman. - Rio de Janeiro : Garamond, 2012.
  304p. : 14x21 cm
  Inclui bibliografia
  ISBN 978-85-7617-769-7
  1. Brasil - Política econômica - História. 2. Brasil - História. I. Título. II. Título: A SUMOC e as disputas políticas no Brasil dos anos cinquenta.
  12-6297.   CDD: 981
                                                        CDU: 94(81)

Todos os direitos reservados. A reprodução não autorizada desta publicação, por qualquer meio, seja total ou parcial, constitui violação da Lei nº 9.610/98.

À Tetê, muito amada, para quem deixo como legado um mundo por fazer.

À memória de meu pai, Moises Kuperman, e de sua herança, que não pode ser mensurada ou contabilizada em bens materiais, mas que serve de alimento e conforto: a certeza de que podemos entender o mundo e mudá-lo.

À minha filha Tania e meu genro Daniel, que tecem o futuro.

À memória de minha avó Clara, cujo amor me acompanha todos os dias.

À Ângela, amiga solidária de todas as horas.

À Profa. Luitgarde Oliveira Cavalcanti Barros, minha orientadora e amiga. Rigorosa, solidária, sempre com o comentário certo na hora certa, cuja confiança e generosidade me fizeram acreditar que isto era viável.

Ao Prof. Orlando de Barros, pela leitura atenta e paciente, presença decisiva e incentivo nos momentos mais importantes deste trabalho.

Em memória dos queridos Almir Joaquim Pereira Junior, Esther Cohen, René Armand Dreifuss, Rinaldo William Romero, Therezinha Marly Engelke Alves, que gostariam de estar presentes neste momento.

Aos meus amigos (em ordem alfabética): Alon Shamash,

Álvaro e Bete Senra, Amaury Fernandes, Arlette e Milton Schickman, Bruno Kampel, Carlinhos Hobsbawn Souza, Carlos Frydman. Débora El-Jaick, Denise Rodrigues, Dina Czeresnia, Dina Lida Kinoshida, Edelyn Schweidson, Eduardo Antonio Lucas Parga, Elias Salgado, Fany Aktinol, Fanny Cytryn, Frederico Falcão, Jarbas Silva Marques, Juba Tavares, Laís Plattek, Leila Bialowas, Lucia Maria Baere de Naegle, Lucio Flavio de Almeida, Mana Souza Lima, Maria Eulália do Carmo, Maria Helena Pitta, Mauro César Calvo, Mauro Nadvorny, Miguel Urbano Rodrigues, Monica Martins, Moisés Storch, Nélio e Fátima Galsky, Orlando e Stella de Barros, Paulo Menescal, Penina Tenembaum, Tios Paulo e Rachel Vaicberg, Priscila Massiero, Rodrigo Malvar, Ronny, Mônica, Tomer e Moran Levin, Rose Schlesinger, Sarita Gelbert, Valéria Silva Lopes, Virgínia Fontes, Yom Tov Shamash, Zwika, Mara, Marc e Fernanda Teitelbaum. Com eles a vida é mais bonita.

Ao Sig.

E a todos aqueles que, de certa forma, participaram do meu caminho. Porque mais importante de tudo é o caminhar.

Sumário

Prefácio 9

Apresentação 13

Introdução 17

Capítulo I – A guerra acabou, a guerra continua 39
   I.1 – Uma nova ordem? 39
   I. 2 A centralidade dos Bancos Centrais 46
   I. 3 – Homens, classes sociais, ideias 49
   I.4 – Estado: uma construção social 55
   I.5 – O Estado brasileiro 60
   I.6 – Os "dourados" anos 50 74

Capítulo II – O ISEB 85

Capítulo III – Desenvolvimentismo e liberalismo
– duas faces da mesma moeda 109

Capítulo IV – A Federação das Indústrias
do Distrito Federal 131
   IV.1 – Histórico 132
   IV.2 – As atas da indústria 145

Capítulo V – Gudin e Campos: dois intelectuais 155

Capítulo VI – A Associação Comercial de São Paulo 171
   VI.1 Histórico 172
   VI. 2 – Lendo o *Digesto Econômico* *178*

Capítulo VII – Câmbio e mudanças 215

Capítulo VIII – A Sumoc 237
    VIII.1 – Histórico 240
    VIII.2 – A Instrução 113 260

Bossa Velha 279

Fontes de investigação e bibliografia 289

Lista de abreviaturas e siglas 301

Índice das tabelas 303

Prefácio

> *Mais importante do que uma análise é a consciência do estudo do passado como algo em conexão com o presente, o que torna possível produzir o entendimento de nosso papel como atores sociais e da produção histórica como uma ferramenta para a compreensão e transformação da sociedade.* (Esther Kuperman, p. 65)

A epígrafe é a apresentação da metodologia utilizada pela autora na elaboração de rigorosa pesquisa em documentação primária e secundária, vasta e selecionada bibliografia, além de consulta esmerada em hemerotecas e visitas constantes a *sites* que disponibilizam informações essenciais a um trabalho de doutorado sobre tema tão candente quanto a análise do desenvolvimentismo brasileiro de meados do século XX, aprofundando o entendimento de algumas de suas vertentes. Todas as técnicas de pesquisa foram instrumentos para a busca de dados da realidade, nesta reconstituição das dinâmicas históricas de uma época ou de um bloco histórico, em suas variadas e contraditórias manifestações da vida social.

Numa perspectiva essencialmente gramsciana, Esther Kuperman procede ao estudo esmerado da produção intelectual e das atuações, no campo da política, de três personagens vitoriosos na luta pela hegemonia, em toda a complexidade de que esse conceito se reveste, porque sua produção se efetivou com a exitosa estratégia também de violência e dominação de classe, além do uso da intervenção estrangeira em seu favor. Para alcançar a vitória das ideias que difundiram e implementaram em suas ações de convencimento e condução do projeto liberal com o qual se comprometeram desde o encontro de

Bretton Woods, Eugênio Gudin, Otávio Gouveia de Bulhões e Roberto Campos, condutores de discípulos que se reproduzem até hoje no cenário da sociedade brasileira, foram personagens cujas estratégias reclamam uma outra pesquisa, talvez realizada por esta mesma autora, sobre os destinos reservados aos defensores de projetos derrotados no campo de debates sobre as concepções de Desenvolvimento.

O insucesso de projetos de desenvolvimento nacionalista, como o proposto por Josué de Castro, defendido por setores da intelectualidade brasileira e dos movimentos sociais como as ligas camponesas, expõe a face de um confronto que, a partir da ocupação de postos do Estado por adeptos do liberalismo, significou sempre, no nível das práticas políticas governamentais, a mais dura repressão, com a violência explícita legalizada por um sistema jurídico que, como na Alemanha de Hitler, e no Brasil atual, criminaliza todas as ações populares em defesa da vida e da dignidade humanas. Também todos os intelectuais ligados a essa linhagem de pensadores, que concebiam desenvolvimento não como crescimento monetário e equilíbrio do mercado, mas como soberania, pleno emprego, dignidade, educação e saúde da população, foram drasticamente expulsos dos debates por feroz repressão manifestada em prisões, cassação de empregos e direitos políticos, banimento do país, e a mais violenta supressão de suas ideias, executada por décadas, com o desaparecimento de suas obras de toda bibliografia das universidades brasileiras. Num macarthismo que se reatualiza nos dias atuais, suas ideias são banidas dos debates acadêmicos pelo mais estreito preito ao pensamento único, ele próprio reedição dos velhos chavões que substituíram termos como comunistas por terroristas, jurássicos, superados, xiitas etc. As Ciências Sociais se despolitizam, reduzindo as funções dos sociólogos, antropólogos e cientistas políticos à mera tarefa de "mapear os dados da realidade", sem qualquer discussão sobre as causalidades implícitas na violência e nas neuroses de consumo, exibicionismo, hecatombes de guerra e fome, hedonismo e todas as manifestações de angústia social superficialmente comentados em programas de rádio e televisão, permeados por propagandas das mercadorias mais esdrúxulas, tudo empacotado no *kit* entretenimento.

Para comunicação, divulgação científica, uma grande virtude deste livro é a leveza da linguagem, que, transmitindo debates cientificamente estruturados pelas exigências acadêmicas, flui para todo leitor com a facilidade adquirida pela autora em décadas de sala de aula em todos os níveis do ensino, do curso fundamental ao universitário, lidando com técnicas de comunicação com crianças, adolescentes e adultos. Sem se afastar do rigor da linguagem científica, traduz o chamado "economês" numa narrativa atraente que prende o leitor à leitura de uma história do Brasil raramente acessível, fora dos circuitos da grande imprensa, a corporação mais interessada na desinformação. Este livro, ao contrário, cumpre a principal função do comunicador, que, segundo Nelson Werneck Sodré, é transmitir com responsabilidade dados da realidade, com análises consequentes e honestas, contribuindo para o processo de desalienação da sociedade.

Com este compromisso e desenvolvendo o "ofício de escritor", Esther Kuperman nos presenteia com boa leitura, aprendizado dos "mistérios" da economia e, acima de tudo, com um modo de "fazer história" que nos permite "ver com transparência", ao longo da história da implantação do "liberalismo econômico", os diferentes retrocessos da marcha pela humanização do homem, representados pela primeira e segunda guerras, advindas da luta de conquista do lugar de "domínio do mundo" pelas potências da guerra e do poder monetário. Nesta trajetória, podemos acompanhar o estado de perpétua guerra dos Estados Unidos desde 1945, quando se faz visível a Guerra Fria, pelo sacrifício, perseguições e morticínio de homens como Joliot Curie, Josué de Castro, Arthur Ramos, Salvador Allende, Nelson Werneck Sodré, Gandhi e todos os mártires da implantação do liberalismo, hoje conhecido como neoliberalismo.

Esta tese, transformada em rico ensaio de história, torna claras para o leitor a força e a violência do projeto de Estado Mercado que, vitorioso no Ocidente, pelas ogivas nucleares, as empresas de comunicação, petróleo, armas, corrida espacial e todas as demais "mercadorias", se expõe, como já o vimos nesta obra sobre o Brasil das últimas sete décadas, em toda a crueza de um ideário que substitui o lugar do homem no imaginário social pelo lucro.

A atualidade deste estudo se manifesta nos noticiários de todo o mundo, onde governantes utilizam exércitos nacionais e todas as forças repressoras do "Estado de Direito" para trucidar seus cidadãos, cujo maior crime é tentar defender a chamada cidadania, o direito à sobrevivência pelo trabalho, a posse dos bens nacionais por eles produzidos ou herdados dos ancestrais, a mesma bandeira dos derrotados no Brasil por defenderem um nacionalismo endógeno e não aquele fabricado em Bretton Woods, para exportação.

Comentário irônico sobre a atuação dos aliados contra o nazismo afirmava que o ódio àquele sistema de governo se gerou da constatação de que Hitler aplicou aos europeus o tratamento que estes aplicavam aos povos do mundo há mais de mil anos.

Quando o FMI, o Banco Mundial e o Banco Central Europeu, através dos países da Zona do Euro, obrigam os governantes da Espanha, Portugal e Grécia a roubar de seus cidadãos emprego, aposentadoria, salários e todos os direitos "democraticamente" conquistados na fase da propaganda anticomunista, em nome do "equilíbrio monetário", aplicam o que receitam para todos os países da América Latina, desde seus porta-vozes brasileiros estudados neste trabalho, que apregoaram sempre a exigência de baixos salários e contenção de gastos públicos, receituário servilmente executado pelo atual governo brasileiro.

Enfim, rasga-se a máscara de democratas de históricos e contemporâneos liberais e neoliberais, quando até a ONU, criada para garantir a paz entre as nações, transforma-se em eficiente instrumento do monetarismo contra todos os direitos construídos na marcha de desenvolvimento cultural do homem.

Luitgarde Oliveira Cavalcanti Barros – Antropóloga
Rio de Janeiro, 24 de fevereiro de 2012.

Apresentação

Criar não é imaginação, é correr o grande risco de se ter a realidade. (Clarice Lispector. *A paixão Segundo GH*)

A maturidade serve para alguma coisa. Pelo menos para que tenhamos o cuidado de escrever sobre assuntos relevantes, elegendo um objeto sistêmico. Também serve para que o pesquisador esteja empenhado em escrever textos que possam ser entendidos pelo maior número de pessoas possível, buscando romper com o vício, tão comum entre aqueles que pesquisam, de escrever apenas para seus pares. Serve também para que, quando olhamos para trás, possamos nos orgulhar e reafirmar todas as lutas do passado, todos os caminhos percorridos, pois, a partir da vivência, da leitura e da reflexão foi possível acumular o lastro que constituiu a base de tudo o que temos produzido. Serve, ainda, para que tenhamos a alegria de festejar as conquistas e os amigos, apontando novos caminhos e batalhas. Serve, também, para que estejamos aqui, depois de superados tantos obstáculos.

Minha trajetória intelectual pode ser considerada um tanto acidentada, mas ela é um caminho coerente com a minha relação com a vida e com meus objetos de pesquisa. Sempre busco os caminhos mais difíceis. Mas são eles que me transformam. Por isso os elejo.

Todos estes fatores justificam a escolha da Superintendência da Moeda e do Crédito como objeto de estudo. De sua criação até a transformação em Banco Central, a Sumoc expressou a correlação de forças existente no período. O fato de ser a agência do Estado de onde emanavam – e ainda emanam – as políticas econômicas faz com que seu controle seja motivo de disputa por parte das frações de classe. A implantação da Instrução 113, através da Superintendência, criando condições favoráveis aos investimentos estrangeiros, também foi um fator que desencadeou reações em cada uma dessas frações, atitudes bastante representativas dos interesses de cada um dos grupos. Mas a Instrução 113 foi uma ferramenta bastante utilizada para financiar o Plano de Metas, o que expõe a principal característica deste Plano e do desenvolvimentismo.

Além de identificar a Sumoc como espaço de promoção das políticas, demonstramos aqui a existência de outros espaços, estes na sociedade civil: o Iseb, onde as lutas políticas deste período tinham sua representação através dos embates entre seus componentes. Também analisamos dois aparelhos privados de hegemonia: a Federação das Indústrias do Distrito Federal e a Associação Comercial de São Paulo. Nestes dois espaços eram disseminadas as ideias e as propostas que constituiriam as ferramentas através das quais os dois grupos buscavam construir o consenso e a conquista da hegemonia.

O debate entre estas propostas ainda está presente nos nossos dias. É interessante notar que muitos ainda entendem o desenvolvimentismo como uma oposição ao liberalismo. É claro que os dois campos possuem divergências, mas, através do exame dos documentos produzidos pelos atores pertencentes à Federação e à Associação e das ideias dos intelectuais aqui abordadas, foi possível identificar seus pontos em comum. A utilização de uma fonte inédita – um debate entre Gudin e Raúl Prebisch –, que localizamos nos arquivos da Cepal, tornou possível a identificação dos limites do desenvolvimentismo.

Nosso trabalho expõe a contemporaneidade de todos esses processos: a autonomia do Banco Central é, antes de tudo, uma questão política e deve ser entendida a partir da construção da hegemonia de uma fração da burguesia brasileira. Continua tendo as mesmas características e gerando as políticas que conhecemos: restrições creditícias, combate à inflação, compressão da massa salarial, altas taxas de juros. Estão todas atualmente na ordem do dia, mas podem ser encontradas no discurso dos intelectuais que compareciam com frequência nas páginas do *Digesto Econômico* ao longo de todo o período abordado. São medidas de caráter eminentemente econômico, mas decorrentes de ampla luta política. Tais conflitos não se encerraram na década de 1950. Ao contrário: as condições para o atual processo de globalização das economias e sociedades foram construídas nos anos que sucederam a Segunda Guerra Mundial, e promoveram as mudanças necessárias à sua consolidação na sociedade brasileira durante esse período. Seus desdobramentos podem ser identificados com facilidade hoje em dia.

Não existe nenhuma "bossa nova", pelo menos para a sociedade brasileira. Nos últimos sessenta anos assistimos à consolidação dos processos aqui examinados. Com algumas nuances e diferentes estratégias, as formas de dominação se repetem e até parecem se eternizar. A bossa é velha!

Introdução

Uma causa justa pode facilmente ser subvertida por meios ruins, inadequados ou corruptos. Quanto antes essa idéia for posta em prática, maior será a chance que teremos de nos conduzirmos para fora do impasse atual. (Edward Said, *Cultura e política*)

Este livro tem por objeto de estudo a Sumoc – Superintendência da Moeda e do Crédito –, embrião do Banco Central do Brasil, que entendemos como o espaço onde se desenvolveram as relações entre sociedade política e sociedade civil,[1] bem como as disputas pela hegemonia[2] no Brasil na segunda metade do século XX.

Focalizamos os últimos anos da década de 1950 por considerarmos este período importante para o entendimento dos processos que se desenvolveram na sociedade brasileira ao longo das décadas seguintes: trata-se de um momento em que o denominado Estado de compromisso apresenta algumas fissuras nas quais se enunciam as divergências entre as diferentes frações das classes dominantes brasileiras.

---

1 Por sociedade civil entendemos as relações existentes entre os diferentes segmentos de uma sociedade, especialmente aqueles vulgarmente denominados privados, tais como associações, jornais, escolas, institutos culturais, sindicatos etc., que constituem os espaços onde se formam e se transmitem os valores e ideias dominantes, ou seja, o campo da construção do consenso que possibilita a conquista da hegemonia e através dos quais a classe dominante exerce a própria hegemonia. Considerarmos, portanto, que a sociedade civil compreende não só um complexo de relações materiais – como em Marx – mas também as relações ideológico-culturais. Sem abandonar a ideia da prioridade de determinação das estruturas econômicas, da mesma forma que Gramsci, entendemos que tais relações envolvem também a sociedade política, na medida em que as fronteiras entre esta (a sociedade política, ou o Estado) e a sociedade civil sejam cada vez mais complexas, especialmente se definirmos ambos os espaços a partir da noção de que consistem em um conjunto de relações e que a sua finalidade deve ser vista a partir da noção de hegemonia. Considerando ser a sociedade política o campo onde se realiza a hegemonia que uma classe – ou fração de classe – exerce sobre toda a sociedade e que esta hegemonia também é construída através de formas de coerção – atribuição exclusiva do Estado –, temos aí uma diferenciação entre sociedade civil e sociedade política.

2 O conceito de hegemonia será abordado neste capítulo, mais adiante.

O processo desencadeou-se a partir de uma mudança no padrão de acumulação de capital no Brasil, ocorrida durante a segunda metade dos anos cinquenta. Para entender esta afirmação será importante definir as principais características do desenvolvimento da economia brasileira no período que antecedeu esse momento histórico: sabemos que esta apresentou, em sua expansão, impulsos internos provenientes da acumulação de capital agrário e da liberação de mão de obra do campo para a cidade. Por outro lado, na sua relação com as demais economias, o desenvolvimento capitalista brasileiro também foi uma decorrência do processo de substituição de importações que se deu a partir das primeiras décadas do século XX.

Os fatores em questão tiveram sua primeira fase durante a década de 1910, quando, em virtude da Primeira Guerra, os países em desenvolvimento passaram a produzir internamente muitos produtos industriais que a Europa deixava de exportar em virtude do esforço de guerra. A segunda fase desse processo pode ser identificada a partir da grande depressão ocorrida em 1929, com a queda da bolsa de Nova York, e no começo da década de 1930, quando, em virtude da forte queda nas exportações, fruto da redução do consumo mundial, as economias periféricas sofreram um elevado impacto na renda nacional em função da alta redução do consumo mundial. No Brasil, segundo Baer,[3] o valor das exportações caiu de US$ 445,9 milhões em 1929 para US$ 180,6 milhões em 1932, o que resultou numa diminuição da capacidade de importar produtos industrializados. Esta redução teve como consequência uma forte crise e a adoção de medidas – tais como o controle de câmbio e o controle direto – que objetivavam reduzir o volume das importações, especialmente de produtos industrializados, que passaram a ser produzidos internamente. Segundo o mesmo autor, o Brasil foi o primeiro país latino-americano a lançar mão de controles diretos sobre as importações, bem como sobre o câmbio.

---

3 BAER, Werner. *A industrialização e o desenvolvimento econômico do Brasil*. 7ª ed. Rio de Janeiro: FGV, 1988.

Nos anos seguintes, tais mudanças trouxeram grande estímulo para a indústria nacional, que começava a ocupar o mercado interno. A partir de então, o país passou a experimentar crescimentos impulsivos na atividade urbana, em particular no setor industrial, que liderou o processo de desenvolvimento. O movimento consistia em substituir gradativamente produtos externos pela produção interna. Após essa transformação, notou-se o grande desenvolvimento do parque industrial brasileiro, não extinguindo as importações mas substituindo-as pela produção interna, o que gerava demanda de investimentos em estruturas produtivas.

Todas essas transformações se processaram em condições históricas bastante diferentes das que caracterizaram a industrialização dos países desenvolvidos, uma vez que foram desencadeadas por fatores externos aos países periféricos, sendo geradas pelos países desenvolvidos.

Esta última afirmação tem como base a asserção de Francisco de Oliveira de que "o capitalismo brasileiro é impensável autonomamente, isto é, não haveria capitalismo aqui se não existisse um sistema capitalista mundial".[4]

Para Oliveira, o financiamento da acumulação de capital nessa fase foi baseado na manutenção da política cambial, especialmente a partir da política de confisco cambial, visto que este garantia a transferência de capital da agricultura de exportação para a indústria. Por outro lado, a nacionalização dos setores básicos da economia e a contenção dos salários dos trabalhadores também eram fatores que garantiam o financiamento interno do desenvolvimento industrial. A combinação destes dois últimos tem grande importância na medida em que a produção de serviços, a preços subsidiados, garantia a manutenção do poder de compra dos trabalhadores, apesar da compressão da massa salarial.

A expansão do setor privado da economia era assegurada pelo subsídio representado por bens e serviços produzidos pelo Estado. Esta não foi uma forma de distribuição de renda ou de propriedade.

---

4 OLIVEIRA, Francisco. *Crítica à razão dualista – O ornitorrinco*. São Paulo: Boitempo, 2003.

Tratava-se de uma ampla participação do Estado na construção de uma economia capitalista, a serviço dos interesses de uma fração das classes dominantes, conforme Oliveira:

> Sob certos aspectos, essa estratégia de industrialização parece-se muito com o modelo de Dobb para a primeira fase da expansão da economia soviética; essa semelhança é apenas teórica, já que nunca esteve, nem na ideologia, nem na prática dos grupos dominantes de então, qualquer veleidade socializante.[5]

O desenvolvimento industrial ocorrido no período anterior a 1955 também teve como características a apropriação dos excedentes gerados pela agricultura de exportação e a utilização de subsídio estatal, geradores do seu financiamento. Na fase subsequente podemos identificar uma diferença quanto à forma de financiamento da expansão industrial: o financiamento do desenvolvimento econômico será feito através da maciça entrada de capital estrangeiro, devidamente institucionalizado pelas agências do Estado, sob o comando de uma fração da burguesia interessada nessa associação.

O total de investimentos e financiamentos de origem externa revela as condições em que se produziu a expansão industrial no Brasil na segunda metade dos anos 50: de acordo com Marini,[6] o montante chegou a quase 2 bilhões e 500 milhões de dólares. Estes capitais tiveram como principal destino investimentos na infraestrutura e na indústria leve e pesada, e sua participação foi possível através da associação com empresas nacionais, graças às facilidades criadas pela Instrução 113 da Sumoc – que permitia a importação de equipamentos sem cobertura cambial, ou seja, livre de impostos.

Esta maneira de financiar o crescimento da produção industrial se tornou política estatal a partir da segunda metade dos anos 50, mas isso só foi possível a partir da construção do consenso em relação a tais políticas. Se considerarmos que "nenhuma política de Es-

---

[5] OLIVEIRA, Francisco de. *A economia da dependência imperfeita*. Rio de Janeiro: Graal, 1989, p. 80.
[6] MARINI, Rui Mauro. *Dialética da dependência*. Petrópolis/Buenos Aires: Vozes/Clacso, 2000.

tado exprime uma intenção, mas uma relação de forças",[7] podemos afirmar que essa mudança reflete a hegemonia de uma fração das classes dominantes interessada nessa transformação.

Segundo Marini,[8] o crescimento do setor industrial não teve como consequência o enfraquecimento da agricultura de exportação, uma vez que ainda se encontrava em situação de dependência em relação às exportações, principal fonte de divisas para importações das indústrias. Do ponto de vista político, a presença de representantes da fração da burguesia identificada com a agricultura de exportação, ocupando posições importantes dentro da sociedade política, também reflete o estado em que se encontrava a correlação de forças naquele momento.

O modelo econômico vigente nas décadas anteriores não gerava grandes contradições entre o estatal e o privado, nem entre os setores agroexportador e industrial. Na verdade, até a segunda metade dos anos 50, todos esses setores eram complementares, havendo, inclusive, uma interdependência entre o estatal e o privado, assim como entre a agricultura de exportação e a indústria. Era importante garantir a lucratividade do setor agroexportador, visto ser ele que sustentava o pagamento dos compromissos internacionais. Assim, é possível entender que a taxa cambial não apresentava grandes oscilações, principalmente nos primeiros anos da década, pois era esta política cambial que financiava a industrialização.[9]

A conjuntura da segunda metade dos anos 50 apresentava características distintas da fase anterior. Na gestão de Eugênio Gudin no Ministério da Fazenda (1955), o padrão de acumulação de capital irá experimentar uma mudança, o que será facilitado pela implementação da Instrução 113 da Sumoc – Superintendência da Moeda e do Crédito –, de janeiro de 1955. Tal medida, analisada no segundo

---

[7] Apud ALMEIDA, Lúcio Flávio. Ideologia nacional e nacionalismo. São Paulo: Educ, 1995, p. 103.
[8] MARINI, Rui Mauro, op. cit.
[9] Segundo Oliveira, entre 1950 e 1953, a taxa do dólar permaneceu fixa em Cr$ 18,72 e a taxa da libra esterlina em Cr$ 55,42. Sendo estas as moedas utilizadas como referência para as transações comerciais internacionais, podemos identificar uma espécie de congelamento da taxa cambial. Apud OLIVEIRA, Francisco, op. cit., p. 81

capítulo, criava facilidades para o ingresso dos capitais estrangeiros e foi utilizada durante os anos posteriores, especialmente durante o período JK. Assim, a partir dessas medidas que garantiam isenções fiscais, o Plano de Metas também contou com grande aporte de capitais estrangeiros, fato que irá aprofundar o processo de internacionalização da economia brasileira. Estes foram os principais fatores que caracterizaram o que consideramos uma transformação no processo de desenvolvimento capitalista brasileiro. A partir da exposição dos números relativos aos investimentos estrangeiros no período anterior e no período enfocado, e da comparação do aumento extraordinário de seu volume nos anos posteriores a 1955, podemos identificar o crescimento da participação do capital internacional na economia brasileira:

Tabela 1: Movimento dos investimentos estrangeiros, 1947-1961 (milhões de dólares)[10]

Anos	Ingressos líquidos**
1947	36
1948	25
1949	6
1950	-3
1951	-4
1952	9
1953	22
1947-1953	97
1954	11
1955	43
1956	89
1957	143
1958	110
1959	124
1960	99
1961	108
1954-1961	727

** Exclusive reinvestimentos

---

10 Extraído de *Ministério do Planejamento e Coordenação Econômica, Programa de Ação Econômica do Governo, 1964-1966*, p. 143. *Apud* CARONE, Edgard. *A República liberal I instituições e classes sociais (1945-1964)*. São Paulo: Difel, 1985, p. 102.

Este significativo crescimento dos investimentos estrangeiros no país teve seu desdobramento nas alianças políticas: foi o momento em que as contradições entre frações das classes dominantes são reveladas, expondo as fissuras no pacto que sustentava a dominação ao longo do período anterior, uma vez que o aumento dos ingressos estrangeiros, facilitado pelas medidas econômicas tomadas pelos governos Café Filho e JK, não será totalmente aceito pelos empresários industriais. Portanto, o foco de nossa análise se encontra nesta fase por considerá-la fundamental para o entendimento do processo político brasileiro das décadas seguintes e de todo o período que sucede estes anos, uma vez que essa mudança no padrão de acumulação de capital iniciada em 1955 também redefiniu a correlação de forças existente no interior da sociedade brasileira.

Nossa análise abrange o período que se inicia em 1955 e se estende até o final da década, por considerarmos que esse novo momento imprimiu à economia brasileira outra forma e outro rumo. Pautada pelo aumento no ingresso de capitais estrangeiros, a economia brasileira mudou radicalmente a partir dessa década. Os setores da economia que apresentaram maior crescimento nesse período foram aqueles nos quais o capital internacional tinha interesse em investir, em especial a indústria, conforme vemos a seguir:

Tabela 2: Inversões privadas diretas (em milhões de dólares) [11]

Atividades	1929	1950	1957	1959
Petróleo	1.100	3.400	9.100	10.400
Atividade Mineral	1.200	1.100	2.400	2.800
Indústria	1.800	3.800	8.000	9.900
Serviços Públicos	1.600	1.400	2.100	2.400
Comércio	400	800	1.700	2.000
Agricultura	900	600	700	600
Outras Atividades	500	700	1.300	1.600

---

11 ROMANOVA, Z. La expansión económica de Estados Unidos em América Latina, p. 13, *apud* CARONE, Edgard. *A República liberal I instituições e classes sociais (1945-1964)*. São Paulo: Difel, 1985, p. 119.

Conforme demonstrado no quadro acima, a partir de 1950, o setor industrial, ao lado do petróleo e do comércio, foi o que experimentou maior crescimento ao longo da década de 1950. O crescimento das atividades ligadas à produção de petróleo foi possível graças à criação da Petrobras, em 1953, garantindo o investimento estatal, mas a expansão industrial, especialmente a indústria de bens de produção, pode ser creditada ao crescimento dos investimentos estrangeiros.

Esse modelo de crescimento – aliando investimentos estatais e capitais estrangeiros – consolidou-se com o Plano de Metas de JK e teve continuidade na década seguinte, quando, a partir do golpe de 1964, foram criadas as condições institucionais para sua continuidade, e continua sendo uma característica de nossa economia.

Para a consolidação do modelo em questão, tornou-se necessária uma redefinição do papel do Estado e das relações deste com a sociedade civil. Esses anos foram um intervalo de tempo extremamente rico para a compreensão dessas novas relações, pautadas pela fissura no bloco histórico, revelando contradições entre dois setores da classe dominante: a burguesia agrário-exportadora e a burguesia vinculada à indústria. As contradições entre essas duas frações da classe dominante estarão localizadas na divergência de interesses em torno do ingresso de capitais externos e de seu papel no desenvolvimento brasileiro e nas diferentes propostas a respeito da participação do Estado na economia, bem como na questão relativa à remessa dos lucros.[12] Tais divergências estão expressas no discurso de suas prin-

---

[12] A Lei n. 9.025, sobre remessa de lucros, datava de 27 de fevereiro de 1946. Por ela, as remessas anuais de lucros, juros e dividendos ficariam limitadas a 8% do capital estrangeiro registrado e as repatriações de capital deveriam obedecer ao limite de 20% por ano. Esta questão, ao longo dos anos seguintes, também foi palco de disputa entre aqueles que pretendiam reduzir esse limite para tornar mais atraentes as condições oferecidas para os capitais estrangeiros. Para burlar essa percentagem, empresários estrangeiros "engordavam" seu capital internamente através de empréstimos, o que gerou denúncias junto a Vargas. Em setembro de 1962, já no governo de João Goulart, a Lei n. 4.131 impunha condições cada vez mais rígidas, aumentando o descontentamento dos capitais internacionais. Após o golpe de 1964, a Lei n. 4.390 alterava a situação anterior, criada no governo anterior, retirando as barreiras e as restrições às remessas de lucros e dividendos por parte das empresas estrangeiras que aqui operavam para suas matrizes no exterior. Mas, em todos esses momentos, o controle sobre o montante a ser remetido para o exterior estava a cargo da Sumoc – Superintendência da Moeda e do Crédito.

cipais lideranças políticas e – principalmente – no ideário de seus intelectuais organizadores que são aqui analisados.

Para assegurar, do ponto de vista institucional, a entrada dos capitais estrangeiros, tornava-se necessário garantir a conquista dos espaços onde esse processo era realizado. O setor agrário-exportador, identificado com o projeto liberal hegemônico em Bretton Woods e interessado em facilitar o ingresso de capitais internacionais, irá dominar a Sumoc – Superintendência da Moeda e do Crédito. É esta agência do Estado, criada em 2 de fevereiro de 1945 pelo Decreto-lei n. 7.293, embrião do Banco Central do Brasil, que seria responsável pela definição das políticas monetária e cambial, fundamentais para a constituição do modelo econômico acima enunciado.

Durante toda a sua vida útil como Superintendência, a Sumoc foi palco de disputas e esteve ocupada pelos agentes sociais ligados à fração da burguesia interessada nesse processo de internacionalização econômica e na redefinição da ação do Estado brasileiro: os empresários ligados à agricultura de exportação. A utilização da Superintendência por esses atores sociais pode ser caracterizada como um exemplo de guerra de posição,[13] e será importante para a definição do rumo de todas essas políticas estatais. Com a promulgação da Lei n. 4.595, que transformou a Superintendência em Banco Central do Brasil, em 31 de outubro de 1964, o BCB assumirá, definitivamente, seu papel e explicitará sua independência de fato através do caráter autônomo de suas políticas monetárias e cambiais, que aparentemente não possuíam conformidade com as políticas implementadas pelas demais agências estatais, mas exprimiam os interesses de frações da burguesia não necessariamente presentes em todos os espaços da sociedade política, mas que controlavam a Sumoc e, mais tarde, o Banco Central.

O controle das taxas de câmbio, dos juros e do crédito pela Sumoc – e posteriormente pelo Banco Central – foi a base do controle

---

[13] Ou seja: a ocupação de espaços da sociedade política para avançar com o processo de construção da hegemonia.

das diretrizes econômicas por parte dos setores vinculados ao capital agrário-exportador e financeiro. A presença de agentes sociais ligados aos interesses dessa fração da burguesia – empresários vinculados a instituições bancárias e a empresas exportadoras de produtos agrícolas – nos diversos departamentos e, principalmente, na superintendência da Sumoc explicita o processo de controle das políticas monetárias e cambiais por parte dessa fração da burguesia brasileira.

Por outro lado, o empresariado vinculado à indústria ressentia-se com a presença, cada vez maior, dos capitais externos, uma vez que o considerava concorrente, um obstáculo ao seu controle do setor. Para fazer frente a tal ameaça, esses empresários lançavam mão de um discurso que invocava a ideologia do nacionalismo de Estado, defendendo a manutenção do modelo vigente no período anterior, no qual as empresas estatais desempenhavam o papel de potencializadores da acumulação privada.[14] Consideramos que este discurso, de cunho nacionalista e estatista, envolvia o apelo à colaboração das massas e à "união de todos para o bem comum", procurando aproximar as camadas médias urbanas e o próprio proletariado na tentativa de novas alianças. Isso não significa que tenha havido uma reformulação das relações entre essas classes. A manutenção da política salarial, que garantia a aceleração da acumulação de capital é um dos indícios de que esta tentativa de aliança não se fazia pelas conquistas econômicas, mas pela ilusão de participação política e pela onipresença do "Estado provedor", característica importante do Estado populista.[15] Na verdade, consideramos que este apelo é parte

---

14 Esta afirmação encontra sua sustentação na definição de populismo estatista como ideologia, presente na obra de vários autores, dentre eles Boito Júnior, para quem o estatismo, da mesma forma que o populismo, não deixa de ser uma ideologia de caráter burguês. *Apud*, BOITO JÚNIOR, Armando. *O sindicalismo de Estado no Brasil*. Campinas: Unicamp/Hucitec, 1991.

15 Por estatismo entendemos a ideia de que o Estado tem o predomínio de todas as relações, em especial no que tange ao poder econômico, sendo o responsável pelo equilíbrio nas relações entre as diferentes classes sociais. Não defendemos a ideia de que o mercado é o grande regulador dessas relações, mas, levando em consideração que o Estado a que nos referimos é uma formação política produzida, apropriada e conduzida pela burguesia, torna-se problemática a defesa de sua predominância em todos os campos das relações sociais e econômicas, especialmente se pretendemos oferecer uma alternativa a essa forma de dominação. Quanto ao conceito de populismo, não pretendemos produzir a resposta definitiva para uma polêmica que ocupa os principais autores que se debruçam sobre este fenômeno e suas diferentes manifestações no mundo contemporâneo das quais

do discurso e do ideário populista, e que não é contraditório com o discurso nacionalista.

Segundo Almeida, esse é o período do "nacionalismo triunfante", ou seja, "o nacionalismo empunhado pelo empresariado por um leque de forças que na fase anterior se mostrara inviável".[16] Trata-se de fração do empresariado nacional que disputava o controle dos espaços estatais – os industriais. O momento imediatamente posterior – os primeiros anos da década de 1960 – foram aqueles em que a crise desse modelo se expressou com mais veemência, representando um tempo em que o discurso nacionalista adquiriu função de contraposição ao imperialismo. Para Almeida, esse é o momento em que foi construída

> [...] a representação de que era possível um desenvolvimento nacional independente nos quadros do sistema imperialista e de que as forças populares, enquadradas em larga medida pelo aparelho estatal, conseguiriam imprimir ao nacionalismo uma mudança de rota no sentido de uma profunda transformação social.[17]

O desenvolvimento capitalista brasileiro a partir de 1955 caracterizou-se pelo forte crescimento industrial, voltado para o abastecimento do mercado interno – tanto de bens de produção quando de bens de consumo – e pelo financiamento ou controle do capital estrangeiro. Este é o fator que desencadeia fissuras no conjunto das alianças que compõem o bloco hegemônico e prepara um novo processo de alianças, no qual a fração da burguesia favorável ao capital internacional consolidará sua hegemonia.

---

o narodnichestvo russo, o People's Party, nos EUA, e o varguismo no Brasil são um bom exemplo. Apenas buscamos identificar nesse um fenômeno correlato ao estatismo, na medida em que se trata de uma identificação de setores populares com o aparelho de Estado burguês. Portanto, se entendermos que as políticas de Estado são conduzidas pela vontade livre e soberana do Estado, estaremos ignorando que todas as ações estatais são fruto da correlação de forças existentes na sociedade.

16 ALMEIDA, Lúcio Flávio, op. cit., p. 99.
17 ALMEIDA, Lúcio Flávio, op. cit., p. 100.

A fração da classe[18] dominante que expunha suas divergências através do discurso nacionalista-estatista durante o período aqui estudado só expressava essa ideia na medida em que temia a concorrência representada pelo capital internacional. Em seus espaços na sociedade civil – o Iseb,[19] e a FIDF[20] – e através de seus intelectuais organizadores, utilizava o discurso nacionalista como maneira de sedimentar seus espaços e conquistas, mas esse discurso continha brechas e, no momento posterior, essa mesma fração de classe se associou ao capital estrangeiro, pois: "no plano do discurso, procurava-se apresentar a industrialização capitalista e dependente como condição da emancipação nacional".[21] Assim, essa mesma fração da burguesia fez parte do bloco do poder nos anos que se seguiram ao golpe de 1964, garantindo sua participação no processo de internacionalização da economia brasileira.

A direção de todo e qualquer processo requer a participação, a intervenção, daqueles que Gramsci identifica como intelectuais. Estes atores sociais não precisam ser necessariamente originários das classes hegemônicas, mas têm por principal função a elabo-

---

18 Utilizamos o conceito de fração de classe para exprimir setores da burguesia que, embora pertencendo à mesma classe social, possuem interesses discrepantes. Baseados em Marx, concebemos que a caracterização de uma classe pode ser feita pelas formas de propriedade, pelos objetivos e projetos que podem ser comuns ou conflitantes e que são, sem dúvida, materiais; mas esta caracterização também passa pela cultura e pelo gênero de vida. Utilizamos como exemplo o descrito no *18 Brumário*: os legitimistas, partidários da dinastia Bourbon, representavam os interesses dos latifundiários, assim como os orleanistas eram os representantes da aristocracia financeira e os republicanos moderados constituíam os empresários e profissionais liberais (especialmente a pequena burguesia). Ao descrever a república parlamentar, Marx identifica nesse regime o que denomina de *campo neutro*, no qual "a grande propriedade territorial e a indústria podiam viver lado a lado com igualdade de direitos". Embora convivendo sob esse mesmo espaço, seus antagonismos permaneciam e eram representados na luta pela supremacia do latifúndio. Da mesma forma, entendemos que a burguesia brasileira não pode ser entendida como uma classe monolítica, na medida em que empresários agrícolas e industriais possuem interesses divergentes. O Estado brasileiro, em seus espaços e agências, comporta representantes desses diferentes setores da burguesia, que disputam entre si o controle das políticas estatais, de acordo com seus interesses e conveniências. O campo neutro, no caso da burguesia brasileira, rompe-se na medida em que os interesses agrários se chocam com os interesses industriais, expondo os antagonismos existentes no interior do bloco composto por esses diferentes setores de uma mesma burguesia.
19 Instituto Superior de Estudos Brasileiros. Instituição fundada nos anos 1940, tornou-se em 1955 uma agência do Estado. O Instituto será analisado em um capítulo denominado "Iseb – um aparelho desenvolvimentista".
20 Federação das Indústrias do Distrito Federal, instituição que agregava os industriais cariocas, cujo papel também será analisado em capítulo próprio.
21 ALMEIDA, Lúcio Flávio, op. cit., p. 99.

ração e execução dos planos de construção da liderança da classe dominante, não só em suas diretrizes gerais, mas também em todas as suas fases. São aqueles que atuam tanto nas associações políticas privadas quanto na sociedade política, organizando e consolidando um projeto de dominação:

> Os partidos elaboram os seus próprios intelectuais: aliás, os partidos contribuem para fornecer os intelectuais ao Estado. O intelectual, na verdade, se forma como quadro no partido e depois assume uma função estatal; os partidos, porém, formam o intelectual de modo mais orgânico, mais vinculante que o Estado: e formam intelectuais de um tipo determinado.[22]

Nenhum intelectual é desvinculado do condicionamento histórico nem das relações de classe. Os intelectuais só extrapolam tal condicionamento na medida em que se definem como intelectuais orgânicos, cuja atuação segue em direção a uma classe social que pode ser distinta daquela de sua origem. Podem ser aqueles – como Eugênio Gudin, Roberto Campos, Raúl Prebisch – que direcionam seus esforços no sentido de contribuir para a consolidação das formas de dominação existentes em uma sociedade capitalista. Ou podem ser aqueles – como Antonio Gramsci – que direcionaram sua produção no sentido da verdadeira superação de sua origem social e passaram a defender uma nova concepção de mundo. Esta nova relação os torna dirigentes, na medida em que redefine sua relação com a sociedade e decorre de uma opção consciente na elaboração e disseminação de ideias que sejam ferramentas para uma verdadeira ruptura.

Confrontamos concepções de intelectuais e quadros técnicos que possuíam vinculação social explícita: Gudin, Campos, Prebisch, intelectuais orgânicos, organizadores das ideias e práticas voltadas para a manutenção da dominação de classe, responsáveis pela elaboração de projetos voltados para a consolidação da hegemonia de frações de classe. De outro lado, encontramos alguns intelectuais

---

22 GRUPPI, Luciano. *O conceito de hegemonia em Gramsci*. Rio de Janeiro: Graal, 1978, p. 81.

– vinculados ao Iseb –, tais como Nelson Werneck Sodré, cuja orientação ideológica era claramente voltada para os movimentos sociais e para a construção de uma contra-hegemonia. Nesse sentido, ressaltamos que não é possível construir uma noção de intelectual sem relacionar essa noção ao conceito de hegemonia, na medida em que estes constituem um fator importante para a construção da hegemonia ou para a contra-hegemonia.

Ao analisar as ideias veiculadas por alguns desses atores sociais – Gudin, Campos, Prebisch – foi possível identificar semelhanças entre os discursos das diferentes frações das classes dominantes através da comparação entre dois debates levados adiante por representantes dos dois setores: por um lado Eugênio Gudin, intelectual vinculado ao empresariado agrário-exportador, por outro intelectuais vinculados ao setor industrial, dos quais destacamos Roberto Simonsen e Raúl Prebisch – este último fundador e presidente da Cepal.[23] Formuladores de diretrizes para a construção da hegemonia das frações de classe às quais estavam vinculados, tais quadros pertencem a essas duas frações e são os elaboradores das ideias que justificam as ações de classe.[24] Ao expressarem suas opiniões, especialmente a respeito do papel do Estado e da participação do capital internacional na economia brasileira, expõem o projeto dos setores por eles representados.

Hegemonia

Consideramos o conceito de hegemonia como o mais importante na obra de Gramsci. É fundamental para o entendimento dos conflitos, e é a partir dele que se constrói a noção de sociedade civil, sociedade política e Estado ampliado. A hegemonia pode ser

---

23 Comissão Econômica para a América Latina e o Caribe, órgão criado com o propósito de incentivar a cooperação econômica entre os países-membros do Conselho Econômico e Social das Nações Unidas, em 1948.

24 Segundo Gruppi, os intelectuais emprestam à classe economicamente dominante a consciência de si mesma e de sua própria função, tanto no campo social quanto no campo político. Dão homogeneidade à classe dominante e à sua direção. *Apud* GRUPPI, Luciano. *O conceito de hegemonia em Gramsci*. Rio de Janeiro: Graal, 1978, p. 139.

caracterizada como a liderança cultural-ideológica de uma classe sobre as outras. Mesmo utilizando este conceito para vários tipos de sociedade, entendemos que a hegemonia não adquire as mesmas formas históricas na medida em que é exercida por diferentes forças sociais, em diferentes momentos. Dessa forma, é possível entendê-la como o governo de uma classe, pois, uma vez conquistada, todas as instituições da sociedade política serão colocadas a serviço dos interesses da classe ou fração de classe hegemônica, ampliando as condições para a dominação.

Nossa concepção de hegemonia não remete somente à ideia de dominação, mas também à construção do consenso necessário à dominação. Este tem por significado e finalidade a conquista do Estado – ou sociedade política. A noção de hegemonia toma aqui um sentido de educação, uma vez que é através da construção de um aparato ideológico que seu caminho será pavimentado. No processo abordado por este trabalho, o aparato ideológico foi construído nas instituições da sociedade civil – a FIDF, a ACSP, o *Digesto Econômico*, a Cepal – e foi produzido pelos quadros intelectuais vinculados aos grupos de interesse que disputavam a hegemonia na sociedade brasileira daquele período. O objetivo da hegemonia é o Estado, mas seu *locus* está em todas as instâncias da sociedade, culminando na conquista dos espaços da sociedade política – no caso uma agência do Estado: a Sumoc.

A importância deste conceito se dá na medida em que é a partir da compreensão do *modus operandi* e dos espaços de sua construção – através das instâncias da sociedade civil e sob a forma de convergência das ideias – e do entendimento de seus objetivos (a conquista de espaços na sociedade política) que percebemos que ambas, sociedades civil e política, pertencem ao mesmo corpo. O entendimento da fragilidade de suas fronteiras é que condiciona a construção da noção de Estado ampliado.

Para Gramsci a sociedade política é o Estado, que possui todos os mecanismos de força e de coerção em direção à sociedade civil, esta compreendida como uma estrutura de funções ideológicas e normativas que dão a direção para o conjunto da sociedade e correspondem ao governo de uma classe.

O Estado, ou sociedade política, também está sujeito a essa direção. Emanado da sociedade civil, não pode ser apartado dela, uma vez que é nesta última que se origina e também onde são produzidas, organizadas e definidas suas formas de dominação. Podemos, inclusive, considerar que a participação de atores sociais oriundos da sociedade civil, especialmente representantes de grupos de interesses, nos espaços da sociedade política – como as agências do Estado, por exemplo – constitui a prova de que ambas as sociedades pertencem ao mesmo espectro. Por outro lado, esta participação também nos leva a identificar as formas de construção da hegemonia de uma classe ou fração de classe. Nesse sentido, a presença de quadros técnicos e de intelectuais que se articulavam nos espaços da sociedade civil e exerciam cargos na Sumoc, conforme demonstramos, evidencia que as duas instâncias não são, de forma alguma, espaços da sociedade isolados entre si.

A hegemonia é derivada do consenso e este é construído por atores sociais que se articulam através de suas organizações ou aparelhos privados. Tais organizações têm por objetivo a articulação da ocupação dos espaços da sociedade política e são resultantes daquilo que Gramsci define como uma guerra de posições

A guerra de posições é constituída de batalhas nas quais os contendores conquistam as trincheiras existentes na sociedade civil e nelas produzem as ideias que serão as armas para a construção da hegemonia de uma classe ou fração de classe. Tais ideias constituirão a direção a ser seguida pela sociedade política e são organizadas e difundidas pelos intelectuais a serviço das classes sociais em disputa. Por sua vez, a direção tomada pela sociedade política, motivo do antagonismo entre classes ou frações de classe, pode ser identificada como sendo o conjunto de políticas sociais e econômicas levadas adiante por essa mesma sociedade política, tanto no que diz respeito à economia quanto a todas as instâncias das relações sociais:

> A supremacia de um grupo social manifesta-se de duas maneiras, como "dominação" e como "direção intelectual e moral". Um grupo social é dominante em relação a grupos adversos, que ele busca 'liquidar' ou mesmo submeter pela força das armas, e é dirigente em relação a grupos que lhe são próximos e seus aliados.[25]

Todas essas definições tornam mais claras as atuações dos intelectuais analisados neste trabalho e as ideias por eles defendidas no *Digesto Econômico*: abertura para os capitais internacionais, liberação das taxas de câmbio, redução do Estado como agente econômico e como regulador da economia. Todas essas orientações fazem parte dessa direção, que será implementada a partir da consolidação da hegemonia da fração burguesa representada pela Associação Comercial de São Paulo.

Compreendemos que uma fração da burguesia brasileira tenha submetido a classe operária – sua classe adversária – através da coerção, usando para isso as ferramentas existentes no aparelho de Estado, especialmente as Forças Armadas e policiais e todo o aparato jurídico construído ao longo dos séculos de existência do Estado de direito – que nada mais é do que o Estado burguês –, mas, ao mesmo tempo, precisa garantir o seu papel de dirigente em relação às demais frações da mesma burguesia, através da construção do consenso em torno de seus interesses, transformando os grupos sociais mais próximos em aliados. Temos, então uma clara diferenciação entre os conceitos de *dominação* e *consenso*, ou seja, o primeiro é exercido em direção às classes antagônicas, e o segundo é produzido em relação às classes ou frações de classes cujos interesses não se chocam diretamente e podem ser absorvidos pela classe dirigente, tornando-se, então, aliados.

Para Gramsci, o Estado "tem e pede o consenso, mas também 'educa' este consenso, utilizando as associações políticas e sindicais que são organismos privados, deixados à iniciativa particular da classe dirigente".[26]

---
25 MACCIOCCHI, Maria-Antonieta, op. cit., p. 153.
26 GRAMSCI, Antonio, op. cit., p. 145.

Um exemplo da construção do consenso pode ser identificado nas ideias veiculadas pelos atores sociais aqui pesquisados. A noção de que a presença do Estado no âmbito econômico é prejudicial era defendida pelos intelectuais que estavam presentes no *Digesto Econômico* e tornou-se consenso nas décadas seguintes, especialmente no final do século XX. A análise da documentação tornou possível identificar tais ideias e os intelectuais que veiculavam esse pensamento, que se tornará hegemônico no Brasil. A construção desse consenso levou à hegemonia dessa fração de classe. Por outro lado, a ideia de que o desenvolvimento da economia brasileira necessitava da participação do capital internacional, defendida pelos mesmos intelectuais, foi absorvida pela sociedade brasileira, servindo, também, à conquista do Estado por parte dessa mesma fração de classe a partir de 1964.[27] Esses intelectuais vinculados à fração da burguesia que se organizava para conquistar o poder serão aqueles que ocuparão os postos-chave no interior do aparelho do Estado, especialmente na Sumoc – agência decisiva para definir os rumos das políticas econômicas.

Essa dinâmica da construção do consenso já nos dá um indício de que sociedade política e sociedade civil constituem um mesmo corpo, uma vez que estes organismos privados pertencem à sociedade civil, mas seus membros atuam no interior da sociedade política. Também consideramos que a noção de "educar" possui o sentido de consentimento, mas também pode ser considerada como uma forma de descrição do papel coercitivo das associações políticas e sindicais. Este papel educativo e ao mesmo tempo coercitivo de uma associação de classe pode ser identificado na análise das atas de reunião dos empresários ligados à indústria.

Para Gramsci, a sociedade política é o espaço da construção das formas de coerção, mas para isso se torna necessária a presença da sociedade civil, que é quem dá a direção do processo:

---

27 Cf. DREIFUSS, René Armand. *1964: a conquista do Estado*. Petrópolis: Vozes, 1987.

Na polêmica (de resto superficial) sobre as funções do Estado (o Estado entendido como organização político-jurídica num sentido estrito), e a expressão "Estado-veilleur de nuit" corresponde à italiana "Stato-carabiniere", que significaria um Estado cujas funções limitam-se à tutela da ordem pública e do respeito às leis. Não se insiste sobre o fato de que nesta forma de regime (que além do mais só existiu, como hipótese-limite, no papel) a direção do desenvolvimento histórico pertence às forças privadas, à sociedade civil, que é também "Estado", aliás o próprio Estado.[28]

A direção tomada pelo Estado é definida pela liderança, que é construída a partir do consentimento e da coerção. Essa liderança, também identificada como hegemonia, tem por principal propósito garantir que as políticas assumidas pelo Estado estarão em conformidade com os interesses das classes ou frações de classe que detêm essa hegemonia. A liderança exercida pela burguesia garante que o Estado estará a serviço de seus interesses e garante os mecanismos de dominação da burguesia sobre a classe operária em uma sociedade capitalista.

No Brasil o processo de construção da hegemonia da fração da burguesia identificada com a internacionalização da economia inicia-se na segunda metade dos anos 50 – período aqui analisado – e teve sua culminância com o golpe de 1964. A direção deste processo foi construída pelos organizadores do ideário liberal, Roberto Campos e Eugênio Gudin, cujos discursos também se explicitam nas páginas do *Digesto Econômico*. Seu contraponto deveria ser o ideário nacionalista e desenvolvimentista, partidário da ampliação da intervenção do Estado na economia. No entanto, o cotejamento das duas ideias demonstra que os limites do estatismo/desenvolvimentismo estão na sua semelhança com as ideias marcadamente influenciadas pela escola liberal.

A liderança identificada como hegemonia, por sua vez, tende a constituir aquilo que denominamos de bloco histórico. Este deriva

---

28 GRAMSCI, Antonio, op. cit., p. 148.

da coesão entre diferentes forças sociais, seja através da identidade de interesses, seja através da semelhança entre as concepções de mundo. A absorção de forças sociais aliadas por parte de uma fração de classe, reduzindo – ou, se possível, eliminando – as contradições internas, tem por principal objetivo a formação e consolidação de um bloco histórico.

Através do bloco histórico consolida-se um processo de hegemonia. Entendida como direção, essa hegemonia só se sustenta na medida em que a classe – ou fração de classe – mantém a sua capacidade de dar a direção política. Ao perder essa capacidade – e isso implica, inclusive, o questionamento do seu poder e de sua visão de mundo –, sobrevém o que Gramsci define como crise de hegemonia. No período estudado a burguesia agrário-exportadora conduz a formação de um bloco histórico, levando a reboque a fração da burguesia vinculada à produção industrial.

Uma vez que a noção de bloco histórico engloba estrutura e superestrutura, entendemos que a crise de hegemonia também atinge as duas instâncias, produzindo um esvaziamento que será ocupado, imediatamente, por outro feixe de alianças, que passará a conduzir a sociedade política, originando uma nova direção para o Estado e a sociedade, definida pelos interesses do novo bloco no poder. Exemplo desse processo foi o movimento de 1930.

Uma outra questão abordada é a questão cambial. Originariamente o câmbio é considerado um dado financeiro, portanto, assunto da ordem econômica, não cabendo em uma análise das relações entre o Estado e a sociedade civil, que, a princípio, estaria no rol das questões classificadas como sociais e políticas. Mas como analisar uma disputa que pretende garantir o controle das políticas econômicas se consideramos os fatos econômicos como alheios à disputa política? Trata-se de uma contradição. É neste ponto que retomamos a ideia de que os fatores econômicos são definidos pelas relações políticas e que as relações políticas são, por sua vez, determinadas pelos fatores econômicos. O entendimento dessa inter-relação só será possível se nos remetermos ao conceito marxista acerca do método da economia política:

> Os economistas do século XVII, por exemplo, começam sempre pelo todo vivo: a população, a nação, o Estado, vários Estados, etc.; mas terminam sempre por descobrir, por meio da análise, certo número de relações gerais abstratas que são determinantes, tais como a divisão do trabalho, o dinheiro, o valor, etc. Estes elementos isolados, uma vez mais ou menos fixados e abstraídos, dão origem aos sistemas econômicos que se elevam do simples, tal como o trabalho, divisão do trabalho, necessidade, valor de troca, até o Estado, a troca entre as nações e o mercado mundial.[29]

Para o marxismo, a noção de Estado é entendida como uma construção social e se encontra no mesmo padrão de abstração que a ideia de moeda e de valor de troca. Assim, podemos considerar que as questões econômicas e políticas não são concepções conflitantes e pertencem ao mesmo nível de abstração ou de concretude. Portanto, não é possível construir um entendimento sobre as relações entre o Estado e a sociedade sem levar em conta as questões econômicas, a princípio localizadas na infraestrutura, mas que também seriam uma construção social, ou seja, também poderiam ser concebidas como definidoras das relações existentes na superestrutura.

A noção de infraestrutura assim como a de superestrutura e suas relações de determinação são concepções socialmente estabelecidas. Não há como analisar um processo social sem abordar a infraestrutura. Assim, a questão cambial não poderia deixar de estar presente nesta pesquisa. Isso porque entendemos que a construção da hegemonia no período abordado também deve ser entendida como a prática, por parte do Estado, de uma política cambial que atendia aos interesses da fração hegemônica, isto é, o setor agrário-exportador da burguesia brasileira. O interesse e a disputa pelos

---

[29] MARX, Karl. *Para a crítica da economia política*. In: MARX, Karl. *Manuscritos econômicos-filosóficos*. Rio de Janeiro: Abril, 1974, p. 122. (Coleção Os Pensadores.)

rumos da política cambial levada adiante pelo Estado brasileiro foi objeto de debate e pregação por parte desse setor das classes dominantes, especialmente nos seus espaços de articulação – aparelhos privados de hegemonia –, fazendo parte da construção do consenso que desembocaria na sua conquista do poder.

Capítulo I
A guerra acabou, a guerra continua

Choramos ao nascer porque chegamos a este imenso cenário de dementes. (William Shakespeare)

I.1 – Uma nova ordem?

O capitalismo, a partir de 1945, entendido como um "capitalismo reconstruído", é uma nova versão para o velho sistema, uma combinação entre democracia social e liberalismo econômico. Nessa reestruturação do pós-guerra, iniciou-se mais um processo de globalização e internacionalização das economias, ao mesmo tempo em que o planejamento econômico foi retomado como medida profilática para crises como a de 1929. Tratava-se de um planejamento baseado na utilização racional dos fatores. Tal procedimento tinha por finalidade manter a economia em expansão, especialmente a partir do aumento da demanda de bens de consumo.

Pode parecer contraditório, mas é como se as classes dominantes tivessem aprendido a lição com a História e pretendessem expandir a economia sem riscos ou danos ao sistema. O crescimento da produção, nesse período, excedia o crescimento da população, embora a riqueza não chegasse até a maioria dos trabalhadores. O século XX, além de breve, segundo Hobsbawn,[1] foi o século do imperialismo, no qual capital industrial e capital bancário fundiram-se criando o capital financeiro, os monopólios passaram a desempenhar importante papel na economia e as áreas periféricas passam a constituir muito mais espaços exportadores de capital do que propriamente

---
1 HOBSBAWN, Eric J. *Era dos extremos – O breve século XX*. São Paulo: Companhia das Letras, 1995.

exportadores de matérias-primas, como ocorria nos séculos anteriores.

Ao final da Segunda Guerra, as grandes potências trataram de definir uma nova ordem política. Expressão da hegemonia dos EUA, essa ordem garantia a expansão econômica norte-americana, que se contrapunha à URSS, potência surgida fora do campo capitalista. A bipolarização resultante desse conflito não resultou em confronto aberto entre as duas potências, mas no surgimento de conflitos nas regiões periféricas, especialmente naquelas onde se esboçavam movimentos de contestação à dominação das duas potências rivais.

O período que se seguiu à Segunda Grande Guerra, embora denominado Guerra Fria, não é definido como um momento de iminente guerra mundial, pois, ainda conforme E. Hobsbawn, "os governos das duas superpotências aceitaram a distribuição global das forças no fim da Segunda Guerra Mundial".[2] Esse processo de distribuição global de forças será caracterizado pela consolidação da hegemonia dos EUA, através do Plano Marshal e pela ordenação de um sistema monetário internacional proposto na Conferência de Bretton Woods.

Em julho de 1944, a guerra ainda não havia terminado, mas era urgente criar uma nova ordem mundial – especialmente uma nova ordenação econômica – que refletisse a consolidação de uma nova hegemonia e o fortalecimento de um novo império.

Representantes de quase todos os países que compunham a aliança contra os países do Eixo reuniram-se em Bretton Woods, EUA, com o objetivo de criar novas regras de organização do sistema monetário internacional. A proposta surgiu em decorrência da insatisfação com as regras predominantes (câmbio livre e padrão-ouro internacional), que, no entendimento daqueles que convocaram a reunião, teriam sido o principal fator gerador da crise de 1929 e de seu principal desdobramento: a Segunda Guerra Mundial.

---

2 HOBSBAWN, Eric J. *Era dos extremos – O breve século XX*. São Paulo: Companhia das Letras, 1995, p. 224.

A Conferência girou em torno de duas propostas principais, capitaneadas por representantes de duas potências presentes: de um lado, John Maynard Keynes, representante da Inglaterra, e de outro o representante dos EUA, Harry Dexter White. A diferença básica entre o conteúdo das duas propostas pode ser expressa na forma como cada um dos campos compreendia uma economia de mercado. As duas propostas tinham um ponto em comum: a busca por um capitalismo viável, ou "funcional", e o fato de expressarem os interesses das duas nações representadas ali pelos dois projetos em discussão. Ambos pretendiam oferecer uma alternativa ao capitalismo que não gerasse mais crises, não remetesse à recessão ou à guerra, situações vividas nas décadas anteriores. A ideia seria produzir regras que incentivassem as trocas econômicas internacionais sem perder o controle sobre elas, especialmente no que dizia respeito ao câmbio.

O Plano White, defendido pelos EUA, preconizava que era mais importante evitar as restrições ao comércio externo e as já conhecidas consequências da inexistência do padrão-ouro, tal como havia ocorrido nos anos 30, quando este foi substituído pela liberdade cambial na qual cada país determinava a taxa de câmbio que lhe fosse mais vantajosa. Assim, ao promover uma desvalorização para incentivar as exportações, cada país forçava o outro a desvalorizar também sua moeda para compensar aquela feita por seu parceiro, gerando o que White denominava de *desvalorizações competitivas*, fator de instabilidade e disputas comerciais acirradas.

Segundo White, tais disputas poderiam desembocar em restrições comerciais, assim como em medidas protecionistas que, em última instância, seriam prejudiciais ao comércio, especialmente o norte-americano.

Para o Plano Keynes, a retomada do padrão-ouro iria aumentar os custos para a economia dos países que o adotassem. Segundo os ingleses, o aumento do volume e do número das transações comerciais e a consequente exigência de moeda levariam a uma redução no preço das mercadorias e a uma alta nos juros. Ao atrelar a moeda ao ouro, a falta deste último levaria à falta de numerário, inibindo as transações comerciais. Para combater a escassez, os países seriam obrigados a elevar os juros internamente a fim de tornar atraentes para estrangeiros os investimentos em ouro.

De acordo com Keynes, o crescimento de uma economia, quando não fosse acompanhado por todos os países de forma equilibrada, geraria déficit nas transações comerciais, pois uma economia em crescimento tende a ampliar seu volume de importações. Se, ao contrário, nos demais países não houvesse crescimento e consequentemente aumento na demanda por produtos importados, as economias em crescimento não teriam como financiar suas importações. Tal situação, segundo ele, levaria à suspensão do crescimento ou ao endividamento. Para Keynes, seria fundamental o abandono do padrão-ouro para garantir o crescimento econômico, especialmente nos países periféricos, a fim de evitar o que ele denominava de *ajuste assimétrico*, ou seja, lançar o peso do desequilíbrio nos países que apresentavam déficit na balança comercial. Para isso, segundo ele, seria necessária a criação de prescrições para que fossem resolvidos os problemas de oferta de moeda e dos países com déficit sem que estes fossem obrigados a reduzir sua atividade econômica, especialmente através da redução das importações, utilizando para isso políticas protecionistas.

A principal convergência entre os dois planos consistia na preocupação com a manutenção de condições satisfatórias para o crescimento das transações comerciais. No entanto, uma das divergências tinha como motivo o padrão-ouro e o câmbio livre. Do ponto de vista dos EUA, o que iria garantir a expansão do comércio seria a adoção de uma regra internacional que organizasse os regimes cambiais, assim como um acordo que evitasse o controle da entrada de seus produtos em outros países. Para os norte-americanos, tal controle poderia levar a conflitos armados.[3]

---

3 *"When they do not agree, and when single nations and small groups of nations attempt by special and different regulations of the foreign exchanges to gain trade advantages, the result is instability, a*

Na Conferência de Bretton Woods, foi pactuado que seria fundamental manter um sistema monetário internacional homogêneo. Para este propósito, foi criado um corpo internacional constante, o *Fundo Monetário Internacional (FMI)*, com poderes e recursos adequados para executar tais tarefas. Ao mesmo tempo, a Conferência definiu que para prover a quantidade de capital necessário à reconstrução e ao desenvolvimento seria necessário garantir a expansão dos investimentos internacionais. Assim, as nações deveriam cooperar para aumentar o volume de investimentos externos e partilhar seus riscos. Para isso, seria necessário estabelecer um organismo mundial e permanente, que auxiliaria na provisão de capitais: o *Banco Internacional para a Reconstrução e o Desenvolvimento (Bird)*.[4]

Assim, de acordo com o Plano White, foi criado um *fundo de estabilização* que passava a possuir um estoque de moeda com aceitação internacional – no caso o dólar, principal meio de pagamento nas operações internacionais – e um banco com o objetivo de financiar a reconstrução das economias abaladas pela guerra. Cumpria-se, dessa forma, de acordo com seus participantes, o principal propósito da Conferência, qual seja, evitar a volta da depressão através do incentivo ao reerguimento das economias e do comércio internacional.

Em 1947, o próprio FMI retomava a questão do perigo da instabilidade econômica, não mais a partir da recessão, mas sim da ameaça de inflação – gerada pelo excesso de demanda –, tendência reforçada pelo Plano Marshall.

Para os defensores da proposta preponderante – ou seja, o Plano White –, esse aumento na demanda, sem ter como contrapartida um aumento na produção, seria um fator inflacionário e deveria ser contido. Para isso seria necessária a adoção de políticas restritivas,

---

reduced volume of foreign trade, and damage to national economies. This course of action is likely to lead to economic warfare and to endanger the world's peace" (*Apud PILLARS OF PEACE. Documents pertaining to american interest in establishing a lasting world peace*: January 1941-February 1946. Published by the Book Department, Army Information School, Carlisle Barracks, Pa., Pamphlet, n. 4, May 1946).

4 *PILLARS OF PEACE Documents Pertaining To American Interest In Establishing A Lasting World Peace*: January 1941-February 1946. Carlisle Barracks, Pa. The Book Department, Army Information School, May 1946.

especialmente nos países onde houvesse um aumento na procura de produtos importados, o que geraria déficit na balança de pagamentos. A atuação do FMI passou, então, a ser a de impor ajustes a esses países, com o objetivo de forçá-los a diminuir a demanda, controlando assim a inflação. Os ajustes passaram a se realizar através de políticas de restrição ao crédito para todos aqueles que apresentassem balanços deficitários.

A maior parte dos países que se encontravam nessa situação era constituída por aqueles cujo desenvolvimento havia sido acelerado no pós-guerra, especialmente os chamados países periféricos, maiores clientes do Fundo. As medidas assumidas pelo FMI incidiam sobre esses países a fim de diminuir o déficit através de restrições ao processo de expansão de suas economias. No entanto, o país que apresentava o maior déficit era exatamente os EUA, junto ao qual o Fundo não podia atuar com tanto rigor em virtude de sua preeminência entre as nações participantes do acordo.

Aqui encontramos os primeiros paradoxos nas políticas implementadas pelos organismos fundados em Bretton Woods: 1) os EUA sustentam sua economia através do déficit constante e 2) o dólar, moeda na qual se efetuavam as transações internacionais, só apresentava liquidez quando os EUA apresentavam déficit nas suas operações internacionais.

Uma das convenções da Conferência foi o sistema de cotas, no qual as instituições criadas em Bretton Woods estavam divididas e das quais os países industriais possuíam maioria. Como exemplo, podemos comparar o número de cotas de cada país dentro do Bird:[5]

---

[5] THE BRETTON WOODS AGREEMENTS. Articles of Agreement of the International Bank for Reconstruction and Development, July 22, 1944 In: *The Avalon Project at Yale Law School – Documents in law, history and diplomacy*. Disponível em http://www.yale.edu/lawweb/avalon/avalon.htm. Acesso em 08/10/2005.

Tabela 3: Número de cotas dos países componentes do Bird

(milhões de dólares)		(milhões de dólares)	
Austrália	200	Irã	24
Bélgica	225	Iraque	6
Bolívia	7	Libéria	5
Brasil	105	Luxemburgo	10
Canadá	325	México	65
Chile	35	Países Baixos	275
China	600	Nova Zelândia	50
Colômbia	35	Nicarágua	8
Costa Rica	2	Noruega	50
Cuba	35	Panamá	2
Tchecoslováquia	125	Paraguai	8
Peru	17.5	República Dominicana	2
Filipinas	15	Equador	3.2
Polônia	125	Egito	40
África do Sul	100	Estados Unidos	3.175
El Salvador	1	Etiópia	3
URSS	1.200	França	450
Inglaterra	1.300	Grécia	25
Guatemala	2	Uruguai	10,5
Honduras	1	Venezuela	10,5
Índia	400	Iugoslávia	40

O exame da tabela explica como a hegemonia de países como EUA e Inglaterra (especialmente o primeiro) no controle do banco encontrava sua base no número significativamente maior que as cotas dos demais países. A partir dessa constatação, pode-se entender que as características do modelo de ordenamento monetário inaugurado em 1944 tenham se pautado pelas premissas do Plano White, ou seja, a manutenção do padrão-ouro e políticas de restrição ao crescimento econômico, bem como a busca de equilíbrio tanto nas transações externas quanto nos gastos estatais como forma de debelar as ameaças de inflação. Estas eram as premissas defendidas pelos norte-americanos.

Entre as formas preconizadas de restrição ao crescimento econômico, encontrava-se a diminuição do crédito através do aumento dos juros internos. Tais práticas, por mais que estivessem inseridas em um modelo que se pretendesse meramente econômico, não podiam descartar o envolvimento de seus agentes nos assim chamados espaços políticos, uma vez que para levar adiante tais medidas fazia--se necessário o controle das instituições que definem as políticas econômicas e financeiras. Portanto, o controle dos espaços dentro da sociedade política por parte das classes ou frações de classe interessadas nesse modelo constitui a garantia de sua implantação e continuidade.

Os empréstimos concedidos pelo Bird aos países em desenvolvimento traziam consigo alguns condicionantes que, na prática, representavam a adesão ao modelo de economia recomendada pelo Plano White, especialmente no que dizia respeito ao papel dos Bancos Centrais. Estes últimos não constituíam uma novidade no conjunto das instituições do Estado, mas, a partir da implementação dos acordos definidos em Bretton Woods, passam a desempenhar um papel importante na geração das políticas desenvolvidas pelo Estado[6] nos países capitalistas.

I. 2 A centralidade dos Bancos Centrais

O primeiro Banco Central foi criado na Inglaterra em 1694, como modelo para os demais. Em 1800, foi criado o Banco Central francês e em 1875 o Reichsbank – Banco Central alemão. No Japão, o Banco Central foi criado em 1882 e na Itália em 1893. O Banco Central norte-americano (Federal Reserve) foi criado em 1913, inicialmente sem nenhuma atribuição específica sobre o controle da moeda e do crédito. No Chile, o Banco Central foi criado em 1925, como instituição subordinada ao Poder Executivo.

Na primeira metade do século XX, os Bancos Centrais, mesmo existindo como agências estatais, não possuíam as atribuições que passaram a ter a partir do pós-guerra. Até mesmo o BC inglês, o

---

[6] Estamos nos referindo às políticas públicas, na linguagem atual, mas procuramos utilizar um termo adequado ao linguajar do momento que abordamos.

mais antigo de todos, durante todo o século XVIII atuava como emissor de moeda ou repassador de crédito sem interferir nas políticas econômicas.

No início da década de 1960, quase todos os países do mundo já possuíam um Banco Central, com exceção do Brasil, onde o BC não foi criado como tal, de imediato, mas sim a partir de um departamento do Banco do Brasil denominado Sumoc (Superintendência da Moeda e do Crédito). A transformação da Sumoc em Banco Central só foi realizada em 1965.

Enquanto funcionou como Superintendência, foi espaço dos conflitos entre as diferentes ideias econômicas, que se caracterizavam, de um lado, pela defesa do industrialismo e, por outro, pela defesa do capital financeiro.[7] Importa ressaltar que estas ideologias não estão sendo aqui consideradas a partir do critério de verdade e falsidade, mas sim por possuírem função de cimentar e unificar um bloco social. Assim, tal como em Gramsci, a verdade de uma ideia pode ser identificada a partir de sua eficácia de mobilização política e principalmente sua capacidade de organicidade histórica.

No Brasil, como em Bretton Woods, o confronto entre as ideias keynesianas e as ideias neoliberais estabeleceu uma espécie de pano de fundo sobre o qual se desenrolou a trama das mudanças institucionais e funcionais da autoridade monetária. Estas mudanças começaram no Brasil dos anos 50, criando as condições para o modelo vigente nos nossos dias.

A criação dos Bancos Centrais, a princípio, pode identificar interação entre a necessidade de intervenção estatal e as tendências econômicas, especialmente aquelas ligadas ao sistema bancário privado.

Segundo Corrazza:

> No caso dos Estados Unidos, a própria Constituição nada diz sobre a regulação monetária por qualquer instituição específica, mas afirma apenas que o Congresso deve regular o valor da moeda metálica.

---

7 Utilizamos aqui os termos "industrialismo" e "defesa do capital financeiro" por serem termos usados à época para designar "estruturalismo desenvolvimentista" e "monetarismo neoliberal", respectivamente.

Com base nesse argumento, foram extintos o First Bank (FB) e o Second Bank (SB) dos Estados Unidos. A história do Banco da Inglaterra também está repleta de exemplos de restrições legais para que ele assumisse responsabilidades de banco central. Basta citar a Lei Bancária de 1844. Os Governos da Inglaterra, da França e dos Estados Unidos não só não criaram arbitrariamente funções de BCs, mas, ao contrário, chegaram mesmo a impor obstáculos para que os bancos governamentais não se transformassem em BCs. Apesar disso, no entanto, forças mais poderosas agiam em sentido contrário e essas instituições foram progressivamente se transformando em BCs.[8]

A princípio, os Bancos Centrais atuavam como uma espécie de Câmara de Compensação, liberando ouro e repassando para os bancos menores o numerário necessário à movimentação financeira, e foram responsáveis pelo enfrentamento de diversas crises em seus países. A substituição de sua função pela de controladores das emissões e créditos e, finalmente, para a de espaços de regulamentação econômica pode ser explicada, segundo o mesmo autor, "na própria natureza privada e no conflito de interesses interno a essas organizações".[9]

A função disciplinadora dos Bancos Centrais consolidou-se na medida em que o próprio sistema passou a demandar a criação de um espaço onde pudesse ser construída a hegemonia de um conjunto de ideias norteadoras da economia, especialmente a partir da segunda metade do século XX.

Nesse período, os Bancos Centrais passam a ser os gestores das políticas econômicas, adquirindo, na prática, autonomia em relação às demais agências estatais. Isso pode ser constatado no discurso de Alan Blinder, ex-vice-presidente do Federal Reserve. Ao iniciar uma palestra no London School of Economics com a frase "Os bancos

---

[8] CORRAZZA, Gentil. Os Bancos Centrais e sua ambivalência público-privada. In: *Revista Nova Economia*, Belo Horizonte, v. 11, n. 1, jul. 2001, p. 146.

[9] Idem, p. 136.

centrais nunca foram tão poderosos quanto hoje em dia",[10] ele já nos fornece uma pista. Em que consiste esse grande poder dos Bancos Centrais? É o próprio Blinder quem responde:

> É essencial, na minha opinião, que os dirigentes de bancos centrais percebam que, em uma economia dinâmica com defasagens longas na política monetária, a decisão de política monetária de hoje precisa ser pensada como um primeiro passo de um caminho. A razão é simples: a menos que você tenha pensado a respeito de suas ações futuras esperadas, é impossível tomar a decisão atual racionalmente. Por exemplo, quando um banco central inicia um ciclo de contração ou expansão monetária, deve ter alguma idéia do rumo que está tomando antes de dar o primeiro passo.[11]

Analisando o discurso de Blinder, podemos depreender que nos Bancos Centrais são decididas as políticas monetárias definidoras dos rumos das relações econômicas. Daí sua crescente importância. A presença de agentes de diversos campos nesse espaço é essencial para que essas políticas atendam aos interesses dos grupos que representam.

I. 3 – Homens, classes sociais, ideias

Evidentemente cada campo estará representado por uma ideia ou linha de pensamento, justificando seus interesses. Aqui não estamos recorrendo à noção de *campo de poder*, corrente na obra de Bourdieu,[12] especialmente porque não consideramos as ideias econômicas apenas como expressão de linhas de pensamento. As ideias não representam mera superestrutura assentada sobre uma determinada base econômica: possuem papel importante nos processos apontados por possuírem o caráter de força material e representarem as forças

---

10 BLINDER, Alan S. *Bancos centrais: teoria e prática*. São Paulo: Ed. 34, 1999, p. 13.
11 Idem, p. 36.
12 BOURDIEU, Pierre. *O poder simbólico*. Rio de Janeiro/Lisboa: Bertrand/Difel, 1989, p. 28.

políticas participantes dos processos históricos, enfim, os interesses de classe. Tais concepções estão identificadas com grupos de interesse e estes, por sua vez, com as instituições da sociedade civil. Apontá-los e caracterizar quais são, bem como seus meios de atuação no período abordado, constituem nosso objeto. Portanto, nos alinhamos a Rangel quando este afirma que "se determinada medida convém ao processo econômico, corresponde ao jogo real de interesses do corpo social, tenham ou não consciência desses interesses os atores formais do drama, podemos estar certos de que essa medida será tomada".[13]

O estudo dos conflitos e interações entre os interesses das classes dominantes e as instituições estatais se apresenta como forma de utilização da concepção de Estado ampliado de Gramsci para análise de nossa sociedade. Ao abordar essas interações, acreditamos contribuir para a compreensão da organização e das políticas do Estado capitalista e da interferência dos interesses das classes dominantes na produção dessas políticas no Brasil.

Os homens e suas ideias não são abstrações. São regulados pelo momento histórico, interesses e condicionamentos.[14] E estas ideias são a internalização do mundo exterior.[15] Assim, a concepção industrialista, assim como a monetarista (usando termos atuais), expressam interesses de frações das classes dominantes. O conflito entre os projetos que priorizam o desenvolvimento industrial e aqueles que concedem primazia ao capital financeiro pode ser explicado a partir dessa concepção.

Ao focalizar esse conflito, identificamos a disputa entre frações de classe pela hegemonia. Disso trata este estudo: demonstrar que as instituições da sociedade política, especialmente os Bancos Cen-

---

13 RANGEL, Ignácio. A economia e a política ou resposta a Guerreiro Ramos. In: *Revista Tempo Brasileiro*. Rio de Janeiro: Tempo Brasileiro, jul./set. 1962, p. 16.
14 "É necessário passar pela mediação dos homens concretos, do caráter que o condicionamento de base lhes forneceu, dos instrumentos ideológicos que usam, do meio real da Revolução; e sobretudo não se deve esquecer que a política tem *por si mesma* um sentido social e econômico, já que a burguesia luta contra os entraves de um feudalismo envelhecido que a impede *do interior* de realizar seu pleno desenvolvimento." (SARTRE, J. Paul. *Questão de método*. São Paulo: Abril Cultural, 1973, p. 136. [Coleção Os Pensadores.]).
15 "Aqui a tarefa da crítica da ideologia é justamente discernir a necessidade oculta, naquilo que se manifesta como mera contingência". (ZIZEK, Slavoj. O espectro da ideologia. In: ZIZEK, Slavoj. *Um mapa da ideologia*. Rio de Janeiro: Contraponto, 1996, p. 10).

trais, constituem espaço preferencial de confronto entre projetos ou ideias. E que estas expressam interesses que podem ser consensuais mas que, na maior parte do tempo, são contraditórios entre os membros do bloco no poder, enquanto podem ser vistas como prejudiciais aos setores dominados da sociedade.

Tais ideias, expressão das condições objetivas, constituem uma mediação da consciência de classe.[16] As ideias pertencem à esfera superestrutural e é nessa esfera que se encontram os fenômenos da vida política, cultural, a produção das concepções de vida que interagem, muitas vezes contraditoriamente, com as esferas mais diretamente ligadas à produção das condições materiais da existência.

As manifestações ideológicas existentes em uma sociedade mantêm uma dialética complexa com os fenômenos da vida econômica. Esta relação não pode ser reduzida a um mero reflexo das contradições presentes nas esferas mais diretamente ligadas à produção material.

Os espaços de produção se articulam intensamente com as formas superestruturais – e de modo ainda mais intenso no capitalismo monopolista. Estes espaços se conformam historicamente enquanto processo, enquanto relações sociais passíveis de mudança através da ação consciente dos sujeitos político-sociais. A estrutura não pode ser reduzida a uma "determinação econômica" que conduz de forma mecânica a ação dos sujeitos de uma determinada formação social. As estruturas também são conflitos, movimentos:

> Se o conceito de estrutura é concebido "especulativamente", ele se torna certamente um "deus oculto"; mas, ao contrário, ele não deve ser concebido especulativamente, mas historicamente, como o conjunto das relações sociais nas quais os homens reais se movem e atuam, como um conjunto de condições objetivas que podem e devem ser estudadas com os métodos da "filologia" e não da "especulação".[17]

---

16 "A essência do marxismo científico consiste, portanto, em reconhecer a independência das forças motrizes reais da história em relação à consciência (psicológica) que os homens têm delas" (LUKÁCS, Georg. *História e consciência de classe*. São Paulo: Martins Fontes, 2003, p. 135).

17 GRAMSCI, Antonio. *Maquiavel, a política e o Estado moderno*. Rio de Janeiro: Civilização Brasileira, 1989, p. 221.

As superestruturas não são meros reflexos de uma realidade rígida e dificilmente alterável. Não possuem leis próprias ou funcionam de forma mais ou menos autônoma em relação à consciência e à ação dos homens. É no espaço da superestrutura que se desenvolvem e se propagam as condições de conformação ou contestação às circunstâncias de produção da existência que predominam em cada contexto histórico. As contradições dessas circunstâncias podem ou não ser percebidas, ou, quando percebidas, o são de diferentes formas, o que permite a formulação de concepções que tenham por objetivo negar as relações sociais hegemônicas. Para Gramsci, o próprio marxismo, a "filosofia da *praxis*", ideologia da negação radical da "naturalidade" das relações capitalistas, constitui exemplo de uma produção que pertence à superestrutura:

> Para a filosofia da praxis, as superestruturas são uma realidade (ou se tornam, quando não são meras elucubrações individuais) objetiva e operante; ela afirma explicitamente que os homens tomam consciência de sua posição social (e, conseqüentemente, de suas tarefas) no terreno das ideologias, o que não é uma pequena afirmação de realidade; a própria filosofia da praxis é uma superestrutura, é o terreno no qual determinados grupos sociais tomam consciência do próprio ser social, da própria força, das próprias tarefas, do próprio devenir.[18]

Ao negar a separação, a não ser para fins de análise da realidade, entre infraestrutura e superestrutura, Gramsci elabora o conceito que melhor permite a análise dos posicionamentos dos sujeitos políticos frente às transformações que se realizam na economia, na sociedade civil e na sociedade política durante um determinado período de tempo: o conceito de bloco histórico. Segundo ele, "a estrutura e as superestruturas formam um 'bloco histórico', isto é, o conjunto complexo – contraditório e discordante – das superestruturas é o reflexo do conjunto das relações sociais de produção".[19]

---

18 Idem, p. 270.
19 Ibidem, p. 52.

A reprodução das relações concretas de vida depende da maneira como os indivíduos tomam consciência dessas relações, da forma como os homens concretos – agentes sociais – nelas se inserem e com elas se harmonizam. Para Gruppi, "a hegemonia tende a construir um bloco histórico, ou seja, a realizar uma unidade de forças sociais e políticas diferentes; e tende a conservá-las juntas através da concepção de mundo que ela traçou e difundiu".[20]

Compreendemos as duas correntes de pensamento, o estruturalismo desenvolvimentista e o monetarismo neoliberal,[21] como manifestações das relações concretas e de projetos que exprimem um bloco histórico, bem como os conflitos no interior desse mesmo bloco. Tais conflitos, inscritos no processo de desenvolvimento capitalista, se realizam exatamente no espaço onde as decisões políticas expressas nos planos passam a ser definidas, especialmente após a Conferência de Bretton Woods: os Bancos Centrais.

Encontramos aí elementos de análise econômicos e políticos: a tomada de decisões sobre a moeda, o câmbio e as exportações alcançam os interesses de todos os setores de uma sociedade, de uma forma ou de outra. Portanto, compreendemos não ser possível abordar as questões políticas ao largo das disputas econômicas.[22] Mais do que isso: identificamos que as políticas cambiais constituem a expressão da hegemonia de uma fração de classe, naquilo que Gramsci convencionou chamar luta no interior do bloco no poder, pela direção do bloco histórico. "Sem conhecer o processo econômico, não é possível visualizar a trama de interesses, nem distinguir os interesses conciliáveis dos inconciliáveis".[23]

---

20 GRUPPI, Luciano. *Tudo começou com Maquiavel (as concepções de Estado em Marx, Engels, Lenine Gramsci)*. Porto Alegre: L&PM, 1980, p. 78.
21 Ou, respectivamente, a defesa do desenvolvimento industrial e o capital financeiro.
22 "Não é, pois – como querem acreditar alguns por mera comodidade –, um efeito automático da situação econômica, são ao contrário os homens, eles próprios, que fazem sua história; mas o fazem em um meio dado que os condiciona, sobre a base de condições reais anteriores, entre as quais as econômicas por mais influenciadas que possam ser pelas outras condições, políticas e ideológicas" (SARTRE, J. Paul. *Questão de método*. São Paulo: Abril Cultural, 1973, p. 130 [Coleção Os Pensadores]).
23 RANGEL, Ignácio, op. cit., p. 15.

Estudamos a política cambial entre os anos de 1955 e 1960 porque ela é fundamental para identificar os grupos de interesse que disputavam as ações do Estado. Da mesma forma, ao observarmos a constituição da Sumoc – embrião do Banco Central do Brasil – e as instruções que emanam dessa Superintendência, especialmente a Instrução 113, podemos conhecer a natureza das ações assumidas pelo Estado brasileiro nesse período. Alvo de acirrada disputa política, a Sumoc constitui objeto interessante para compreender os embates entre os setores das classes dominantes que pretendem direcionar as políticas produzidas pelo Estado. A Instrução 113 irá desencadear manifestações de apoio e repúdio a partir das diferentes perspectivas.[24] Analisando a forma como cada um destes campos reagia às medidas implantadas pela Instrução 113, verificamos cada um deles se afirmando como portador da ideia de nação, identificando seus interesses como os interesses nacionais. Aí está o discurso nacionalista produzido pela burguesia brasileira em duas vertentes de planejamento econômico: mais próximo ou distanciado das determinações de Bretton Woods.

Consideramos que a disputa em torno das políticas de Estado passou a ser feita a partir da constituição de um bloco histórico no qual a burguesia irá se definir como classe fundamental e sua fração ligada ao capital internacional o bloco dominante. Composto por interesses diversos, este bloco no poder empreendeu uma luta incessante pela direção das políticas estatais. No Brasil, tais confrontos se explicitaram especialmente em 1930, 1932, 1954, 1955 e 1964.

Distinguimos que essa fração hegemônica da burguesia expressava seus interesses a partir da corrente de pensamento monetarista. Mas não estamos utilizando a concepção de *burguesia compradora* e *burguesia nacional*. Da mesma forma que Dreifuss,[25] identificamos

---

24 Entendemos que as medidas econômicas se realizam a partir da hegemonia de um ou de outro setor, tal como em Ignácio Rangel: "Se determinada medida convém ao processo econômico, corresponde ao jogo real de interesses do corpo social, tenham ou não consciência desses interesses os atores formais do drama, podemos estar certos de que essa medida será tomada" (RANGEL, Ignácio. A economia e a política ou Resposta a Guerreiro Ramos. In: *Revista Tempo Brasileiro*. Rio de Janeiro: Edições Tempo Brasileiro, 1962).
25 DREIFUSS, René Armand, op. cit.

nesse setor a vanguarda dos interesses de um novo bloco de poder que se organizava – através de seus intelectuais – em espaços próprios para moldar a economia e o sistema político. A hegemonia desse setor não resultava de sua supremacia econômica, mas de uma luta política empreendida por esse mesmo bloco enquanto vanguarda de uma classe. A realização dessa hegemonia se efetivou na medida em que sua capacidade de liderança foi traduzida em políticas implementadas pelo Estado que atendiam aos seus interesses.

O Banco Central é uma agência do Estado. Nessa agência, representantes do bloco histórico disputavam espaço em defesa de seus interesses. No período abordado, qual seja, entre 1955 e 1960, a Sumoc, como embrião do Banco Central brasileiro, foi o espaço em que se desenrolava essa disputa política.

I.4 – Estado: uma construção social

Torna-se necessário ressaltar que não estamos considerando o Estado brasileiro como objeto, mas sim como um espaço onde se realizavam as relações de classe. Portanto, ao identificar a Sumoc enquanto agência desse Estado, admitimos que é também nela que se desenrolavam instâncias de conflitos inerentes às relações políticas.

Tais conflitos são produzidos pelos agentes representantes das classes sociais entendidas como bloco histórico.[26] Este bloco constitui a base da hegemonia de uma classe, assim como esta hegemonia é a base da sustentação do bloco histórico.[27] Não é apenas na chamada sociedade política que esses agentes se organizam. É também nos chamados aparelhos privados de hegemonia:

> Pensar o Estado gramscianamente é pensá-lo sob dupla perspectiva. A primeira remete às formas mediante as quais as frações de classe

---

[26] "O único caso de bloco histórico 'dominante' é aquele considerado anteriormente, o de um bloco local que permite realizar a hegemonia a nível nacional" (PORTELLI, Hugues. *Gramsci e o bloco histórico*. Rio de Janeiro: Paz e Terra, 1977).

[27] "...a formação do bloco histórico italiano sob a dominação da burguesia foi facilitada pela força hegemônica da burguesia sobre todas a Europa na mesma época, e pela prévia formação de um bloco histórico local estreitamente dirigido pela burguesia, no Piemonte. In. PORTELLI, Hugues. op. cit., 7.p. 76.

se consolidam e se organizam para além da produção, no seio da Sociedade Civil, enquanto a segunda refere-se às formas pelas quais as agências ou órgãos públicos contemplam projetos e/ou atores sociais emanados dos aparelhos privados de hegemonia dos quais a Sociedade Civil é portadora.[28]

Esses agentes, ao longo do recorte cronológico que elegemos, possuíam papel fundamental em instituições que apontamos como aparelhos privados de hegemonia: a Federação das Indústrias do Distrito Federal e a Associação Comercial de São Paulo. Nesses espaços, podemos assistir às articulações entre essas frações de classe que se organizavam como grupos de interesses e travam uma disputa pela hegemonia, numa guerra de posições. É dessa forma que se realiza a noção de Estado ampliado de Gramsci.

Não é possível existir sociedade política sem sociedade civil. Não são autônomas, não se opõem nem se anulam. Nenhuma paira sobre a outra. A sociedade política é parte da sociedade civil e também inclui esta. *Trata-se, portanto, de uma relação onde há equilíbrio e onde este constitui aquilo que Gramsci considerava como uma "trincheira avançada" da sociedade civil.*[29]

Sociedade civil e sociedade política constituem dois momentos de um mesmo conjunto: o Estado capitalista em sua forma contemporânea plenamente desenvolvida. Nela o Estado assume o papel de fiador das relações capitalistas de produção, organizando tanto o convencimento do conjunto da sociedade para a legitimidade dessas relações, quanto o possível uso da força para defendê-las em situações de exceção. Nesse sentido, o Estado pode

---

28 MENDONÇA, Sonia. *Introdução*. In: MENDONÇA, Sonia (org.). *O Estado brasileiro: agências e agentes*. Niterói: Eduff/Vício de Leitura, 2005.

29 Aqui a distinção entre "sociedade política" e "sociedade civil" se mantém, enquanto o conceito de "Estado" inclui os dois. Em outras passagens, entretanto, Gramsci vai mais além e rejeita diretamente qualquer oposição entre sociedade civil e sociedade política, como uma confusão da ideologia liberal. "A sociedade civil se torna o núcleo central ou a casamata da qual o Estado é apenas uma superfície externa e dispensável. Isso é compatível com a imagem de uma 'relação equilibrada' entre os dois? A oposição entre as duas relações entre o Estado e a sociedade civil no Leste e no Ocidente torna-se aqui uma simples inversão – não mais a preponderância versus equilíbrio, mas uma preponderância contra outra preponderância" (ANDERSON, Perry. As antinomias de Gramsci. In: *Afinidades seletivas*. São Paulo: Boitempo, 2002, p. 24).

ser considerado como a união entre a sociedade civil e a sociedade política.[30]

Segundo Anderson,[31] no século XX, tanto as organizações da sociedade política quanto a sociedade civil são complexas, sólidas e desenvolvidas, o que explica a relação de identidade-distinção entre sociedade civil e sociedade política.

O desenvolvimento da sociedade civil e de novas formas de exercício da dominação, muitas vezes consensuais, é fenômeno paralelo ao da expansão generalizada do capitalismo industrial a partir da segunda metade do século XX. É exatamente nesse período que as formas liberais de organização (econômicas, sociais, políticas) são abandonadas, abrindo caminho para o que Gramsci identifica como ocidentalização, ou seja, a ampliação das condições gerais da sociabilidade política resultante dos fenômenos fundamentais da industrialização monopolista e da urbanização sem precedentes. O desenvolvimento das forças produtivas levou a sociedade política a aprimorar suas funções mais estritamente repressivas, abarcando também situações de conflito, especialmente através da oposição aos projetos de desenvolvimento capitalista autônomo. No Brasil, como forma de produzir algum consenso angariando o apoio das classes trabalhadoras, produziu medidas como a expansão da educação escolar, criação de organismos de seguridade social, órgãos de representação classista etc.

Nesse novo momento histórico, o exercício da vida política também passa a se dar sob novas bases, isto é, não se realiza somente nos estreitos corredores da política palaciana ou da luta parlamentar, ou seja, apenas no âmbito da sociedade política, onde apenas uma ou poucas classes sociais se fazem representar. A vida política expande-se para os espaços amplos e disputados da sociedade civil, onde, sob as condições representadas pelas práticas sociais hegemônicas, a

---

30 Isso significa que por "Estado" deve-se entender, além do aparelho governamental, também o aparelho "privado" de "hegemonia" ou sociedade civil (GRAMSCI, Antonio, op. cit., p. 147).
31 ANDERSON, Perry, op. cit.

vida política implicará a capacidade de mobilização, de negociação, de enfrentamento e conciliação entre os vários sujeitos que atuam nas inúmeras estruturas formadas pela ampliação da sociedade política e de suas funções. Entre essas estruturas, destacamos a criação de um sindicalismo de Estado, tendo em vista imprimir uma direção às lutas dos trabalhadores, as instituições representativas de setores patronais, e ainda os partidos políticos.

Para Gramsci, essas novas condições impõem para as classes sociais – cujos interesses se expressam pela constituição de sujeitos políticos capazes de atuar nas condições estabelecidas pela socialização da vida pública – que se pretendam hegemônicas uma estratégia de guerra de posições, de conquista gradual das trincheiras abertas na sociedade civil. Tais sujeitos, que consideramos como classe fundamental, disputam o controle das políticas estatais em função de seus interesses.

Torna-se, então, necessária uma estratégia de longo prazo, que não abra mão da utilização do poder repressivo, mas também – e principalmente – assegure o consentimento do conjunto da sociedade para os seus projetos:

> Na estrutura de massa das democracias modernas, tanto as organizações estatais como o complexo de associações na vida civil constituem para a arte política o mesmo que as "trincheiras" e as fortificações permanentes da frente na guerra de posição: elas fazem com que seja apenas 'parcial' o elemento do movimento que antes constituía toda a guerra etc.[32]

A guerra de posições só é possível dentro do contexto da expansão sem precedentes das forças produtivas do capitalismo industrial. Tal expansão pode ser identificada não só como a reorganização e ampliação da capacidade dos instrumentos técnicos de produção a partir dos interesses do capital monopolista, mas também como o desenvolvimento das forças econômicas em um sentido amplo, em

---

32 GRAMSCI, Antonio. *Maquiavel, a política e o Estado moderno*. Rio de Janeiro: Civilização Brasileira, 1988, p. 92.

que se incluem as relações políticas, especialmente o Estado, considerado por Gramsci como instrumento de ajuste da sociedade civil à estrutura econômica.

Nosso referencial teórico aponta para a transformação das relações entre Estado/sociedade política e sociedade civil no contexto das sociedades capitalistas contemporâneas em relações cada vez mais complexas, inclusive no Brasil. O quadro das políticas adotadas pelo Estado nesse tipo de sociedade se insere numa barganha complexa, envolvendo classes e frações de classes. Estas se encontram organizadas de diversas maneiras em sujeitos políticos que atuam, se confrontam e se articulam nos espaços políticos criados pelo processo de ampliação do sistema capitalista, transferindo o papel do Estado para empresas privadas, reduzindo e até abolindo o Estado controlador.

Empregamos também a concepção de Lukács quando este afirma que "certamente o materialismo dialético, assim constituído, não contesta de modo algum que os homens cumprem e executam conscientemente seus atos históricos",[33] considerando também que estes atos históricos se encontram dominados pelas relações econômicas.[34] Mas é da matriz gramsciana que retiramos o conceito de hegemonia, uma vez que este contempla a complexidade das relações que se desenvolvem em uma sociedade urbano-industrial. Isso significa dizer que percebemos o Estado como uma relação social, e que numa sociedade de classes a supremacia de uma classe se realiza através de diferentes modalidades. Entre essas modalidades estão os mecanismos de coerção da sociedade política ou através dos mecanismos hegemônicos presentes na sociedade civil.

Assim, as políticas sociais têm sua origem, contemporaneamente, na própria ampliação do Estado capitalista, ao ultrapassarem

---

33 LUKÁCS, Georg, op. cit., p. 139.

34 "Mas ela [a História] é, antes, justamente a história dessas formas, sua transformação como formas de reunião dos homens em sociedade, como formas que, iniciadas a partir de relações econômicas objetivas, dominam todas as relações dos homens entre si (e assim também as relações dos homens consigo mesmos, com a natureza, etc.)" (LUKÁCS, Georg. op. cit., p. 136).

suas fronteiras, inicialmente restritas às funções mais efetivamente repressivas e que garantem as relações econômicas para a própria indução direta na produção e reprodução das condições sociais de existência. A sociedade política, ao se ampliar, constituindo os aparelhos privados de hegemonia, tende a tomar para si funções que tradicionalmente eram exercidas por outros sujeitos, mesmo que estes mantivessem com ele anteriormente relações orgânicas. Nesse sentido, a ampliação do papel da sociedade política é também a ampliação do seu poder, de sua capacidade de intervir na organização de múltiplos aspectos da vida social.

Na origem das políticas sociais do Estado capitalista encontramos, portanto, todo um movimento histórico de ampliação de suas funções, com a dupla tarefa de garantir a continuidade do processo de reprodução ampliada do capital e, ao mesmo tempo, promover a hegemonia através da absorção seletiva e da contenção dos interesses das classes sociais.

As classes sociais fundamentais, através da atuação dos sujeitos políticos que se constituem no processo de socialização da vida política, reivindicam do Estado as políticas que melhor atendam aos seus interesses. As ações da sociedade política, mesmo sendo consequência da mediação necessária à obtenção da hegemonia, visam fundamentalmente à ampliação das relações capitalistas de produção.

I.5 – O Estado brasileiro

À medida que reconhecemos a existência de aparelhos privados de hegemonia no Brasil, admitimos que a sociedade brasileira sofreu – ao longo dos séculos XIX e XX – transformações que apontavam no sentido da ampliação de sua sociedade civil. Isso não significa que não houvesse instituições organizadas durante o período que antecedeu o processo de Independência, mas que, a partir da organização do Estado brasileiro como instituição independente de Portugal, houve uma ampliação da esfera institucional para além da criação de espaços de luta no interior da sociedade política.

A classe senhorial durante o período monárquico é composta por grupos de distintas extrações sociais, com interesses diversos.

Dentre estes grupos, a classe dirigente possuía um projeto de nação claro, pois, "para os Saquaremas a manutenção de uma Ordem e a difusão de uma Civilização apareciam como objetivos fundamentais; eram também os meios pelos quais empreendiam a construção de um Estado e a constituição de uma classe".[35]

Isso não significa que não existissem outros projetos, mas que compreendemos este como hegemônico. A existência de um celeiro dos dirigentes a partir do qual vão se espraiar os projetos de hegemonia, bem como de uma sociedade civil organizada, adaptados tanto ao sistema monárquico quanto ao republicano (partidos políticos, parlamento, a separação entre Igreja e Estado a partir da República), aponta para uma ampliação do Estado brasileiro desde o século XIX. Estes fatores estão presentes, no século XX, na repressão às lutas sociais, na ausência de direitos políticos e sociais por parte da imensa maioria da população, bem como na reduzida representatividade dos partidos e do Parlamento.

Tomamos como um de nossos pressupostos a noção de que a sociedade brasileira já dispõe, desde o século XIX, de instituições que podem ser identificadas como constituintes do Estado ampliado, e as agremiações políticas no Brasil podem ser identificadas ora como pertencentes à sociedade política, ora como parte da sociedade civil. Ainda no século XIX isso é identificado por outros autores, como Chacon:

> A pré-história dos partidos brasileiros começa pouco antes da Independência política.
>
> "Partido", tanto quanto "facção", eram palavras malvistas.
>
> José Honório Rodrigues registra o General Luís do Rego, último governador colonial de Pernambuco e expulso pelos patriotas nas vésperas do 7 de setembro, usando "partido" em "sentido pejorativo": "É este o caso em que me considero; tendo-me visto atacado pelos sectários

---

35 MATTOS, Ilmar Rohloff de. *O tempo Saquarema*. São Paulo/Brasília: Hucitec/INL, 1987, p. 281.

de um partido, que julguei não dever seguir, por isso mesmo que era um partido..." João Soares Lisboa, redator do Correio do Rio de Janeiro, equiparava "partido" e "cabala", "que se arroga um poder que não tem". Empregava-se o vocábulo "partidista", em vez de "partidário", bem como "faccionário", depois substituído por "faccioso".

Em janeiro de 1822, o *Correio Braziliense* referia-se ao primeiro partido brasileiro de fato: o Partido da Independência, que "não é tão pequeno como se imagina".

Pouco antes, em dezembro de 1821, *A Malagueta* enumerava facções pré-partidárias agindo no Rio de Janeiro: os constitucionais, os republicanos e os "corcundas", centro, esquerda e direita daqueles tempos.[36]

Além do seu caráter tardio e dependente em relação aos centros do capitalismo mundial, a modernização capitalista brasileira até a década de 1930 teve como principal característica a permanência da grande propriedade agrária (latifúndio),[37] anteriormente escravista, em lento processo de adaptação às formas capitalistas de produção, à expansão bastante restrita do capitalismo industrial – com a industrialização bastante localizada e um pequeno mercado interno.[38] Esta modernização teve como característica a exclusão da participação política ampliada como princípio fundamental do bloco no poder hegemonizado pela fração de classe dos grandes cafeicultores paulistas. Para estes, vinculados à economia de exportação, a adequação das instituições liberais – em especial o Parlamento – às condições de uma sociedade ainda fundamentalmente agrária constitui um caso típico de adaptação transformista de ideologias e

---

36 CHACON, Vamireh. *História dos partidos brasileiros: discurso e práxis dos seus programas*. Brasília: UNB, 1981, p. 23.

37 "No plano econômico, é oportuno lembrar que os nossos governos e regimes se sucedem, deixando intacta a estrutura rural do país" (Cf. LEAL, Victor Nunes. *Coronelismo, enxada e voto*. São Paulo: Alfa-Ômega, 1975).

38 "Ainda sem a hegemonia direta do capital estrangeiro, a burguesia brasileira não deixava de ser uma burguesia dependente e de produzir um desenvolvimento dependente, porque não conseguiu criar uma base industrial baseada nos seus próprios interesses e numa tecnologia nacional, independente do pagamento de 'royalties', da compra de maquinarias e matérias-primas norte-americanas e européias e, portanto, mantendo-se dependentes das rendas geradas pelas exportações" (SANTOS, Theotonio dos. *Evolução histórica do Brasil: da colônia à crise da "nova República"*. Petrópolis: Vozes, 1994, p. 52).

instituições resultantes de um longo período de lutas sociais – especialmente do contexto histórico europeu – às condições específicas em que se realizava seu domínio de classe no Brasil.

Embora não possamos considerar como o fator que desencadeou a industrialização brasileira, a Primeira Guerra Mundial contribuiu para o crescimento da indústria e para que se processassem importantes mudanças na sociedade brasileira, especialmente a partir do fortalecimento dos setores urbanos – tanto o proletariado quanto as camadas médias. Desse período datam a fundação dos primeiros sindicatos e sociedades cooperativas, bem como a expansão das ideias socialistas e anarquistas no interior da classe trabalhadora. A presença da classe operária se fez sentir também a partir das inúmeras greves, que não tinham caráter apenas local ou reivindicações de cunho meramente econômico, mas também apontavam para questões políticas e de âmbito internacional, como os movimentos contra a repressão no Império Russo e contra a Primeira Guerra Mundial. Também nesse período (1922) foi fundado o Partido Comunista, concorrendo às eleições de 1929 sob a sigla Bloco Operário e Camponês. No entanto, a sociedade civil não se organiza só no plano estritamente político, mas também do ponto cultural: são desse período a Semana de Arte Moderna em São Paulo, defensor da modernização. Tais fatores, embora não fossem determinantes para a crise da República Velha, constituíram peça importante para induzir uma rearticulação entre as frações das classes dominantes. Sob o signo do "façamos a revolução antes que o povo a faça", um novo bloco histórico irá se formar no espaço produzido pela crise da hegemonia do café com leite.

A rearticulação da dominação burguesa no Brasil a partir da derrubada da "República Velha", em 1930, por um bloco de forças liderado por frações regionais dissidentes da burguesia agrária, mas fundamentalmente ligadas à indústria e à produção voltada para o mercado interno, buscando incluir, mesmo que de forma subordinada, outras classes e frações, constitui-se um marco extremamente importante. É o momento em que se expressou a crise da hegemonia de uma fração de classe nitidamente vinculada a um projeto que não ultrapassava os limites de um capitalismo agrário voltado para o mercado externo, articulado a um regime liberal extremamente formalista e excludente.

A crise de hegemonia que resultou no movimento de 1930 gerou nova tensão, decorrente da diversidade das forças envolvidas na derrubada da velha ordem. Esse conflito se expressou através do surgimento de movimentos como a insurreição paulista de 1932, a constituinte de 1934 e o levante de 1935. A solução para a crise veio com o golpe de 1937 e a instauração da ditadura do Estado Novo, que se caracterizou por um Estado centralizado e fortemente interventor, regulando todos os aspectos da vida econômica e social.[39]

O período pós-1930 aparece como fundamental para as transformações na constituição histórico-social brasileira. Segundo Oliveira,[40] a realização de um processo de modernização capitalista no Brasil marca o fim da hegemonia agrário-exportadora e o início da predominância da estrutura produtiva de base urbano-industrial. Isso não significa que não houvesse uma transferência de capital agrário em direção às atividades urbanas nos períodos anteriores. Segundo Sodré:

> Antes de existir como empresário industrial, o capitalista brasileiro já existia, nesta mesma qualidade de capitalista, como comerciante, como plantador ou como financista, e como tal, capitalista, criava as condições para a implantação do regime capitalista de produção industrial.[41]

---

[39] "O segundo aspecto refere-se à intervenção do Estado na esfera econômica, operando na regulamentação dos demais fatores, além do trabalho: operando na fixação de preços, na distribuição de ganhos e perdas entre os diversos estratos ou grupos das classes capitalistas, no gasto fiscal com fins direta ou indiretamente reprodutivos, na esfera da produção com fins de subsídio a outras atividades produtivas. Aqui o seu papel é o de criar as bases para que a acumulação capitalista industrial, no nível das empresas, possa se reproduzir" (OLIVEIRA, Francisco de. *Crítica à razão dualista*. São Paulo: Boitempo, 2003, p. 40).
[40] Idem, p. 35.
[41] Cf. SODRÉ, Nelson W. O declínio do latifúndio. In: *Revista Tempo Brasileiro*. Rio de Janeiro: Tempo Brasileiro, jun./set. 1962.

Com a crise da economia de exportação operou-se um movimento de transferência de capitais para a área industrial, que se tornou mais rentável. Até então a desvalorização da moeda revertia em lucratividade, mas, com o crescente investimento na indústria, a própria burguesia verificou que as taxas de câmbio podiam significar perda de capital. O equilíbrio das forças e a consequente partilha do poder com o latifúndio não gerava, ainda, condições necessárias à reversão da política cambial. Assim, tornava-se necessário lançar sobre a classe trabalhadora o ônus desse processo.

Ao longo da Era Vargas, a acumulação de capital e o processo de industrialização estavam baseados no seguinte binômio: 1) manutenção e controle das taxas cambiais e 2) contenção relativa dos ganhos (salários). A contenção salarial era relativa porque seus efeitos foram abrandados pela transferência parcial do poder de compra dos trabalhadores através da subvenção estatal aos bens e serviços produzidos por empresas estatais e privadas.

Segundo Décio Saes, o Estado pós-30 pode ser caracterizado como um "Estado de compromisso",[42] o que definiria a complexidade do bloco político dominante numa conjuntura de transição periférica para o capitalismo industrial. Esta rearticulação do exercício da dominação política abriu espaço para a expressão de novos sujeitos político-sociais, especialmente através da cooptação das camadas médias urbanas.

Nenhum desses sujeitos, porém, possuía condições para impor sua hegemonia, especialmente porque naquele momento a reduzida participação da indústria na renda interna (que só superará a da agricultura em 1956) demonstra que, embora crescente, esse setor ainda não era predominante. As transformações nas relações entre a sociedade política e a sociedade civil, realizadas a partir de então, já apontavam para mudanças na correlação de forças:

> O processo mediante o qual a posição hegemônica se concretizará é crucial: a nova correlação de forças sociais, a reformulação do

---

42 SAES, Décio. *Classe média e sistema político no Brasil*. São Paulo: T.A Queiroz, 1984, p. 84.

aparelho e da ação estatal, a regulamentação dos fatores, entre os quais o trabalho ou o preço do trabalho, têm um significado, de um lado da destruição das regras do jogo segundo as quais a economia se inclinava para as atividades agrário exportadoras e, de outro, de criação das condições institucionais para a expansão das atividades ligadas ao mercado interno.[43]

Diante do impasse entre duas frações de classe, o Estado brasileiro passou a ter maior autonomia, intervindo nas relações econômico-sociais, especialmente no que diz respeito à submissão da força de trabalho do operariado urbano, criando uma estrutura sindical – que na prática, constituía um ramo do aparelho de Estado –, órgãos reguladores da atividade econômica – e intervindo diretamente na produção.[44] Tais mudanças foram operadas sem que o Estado perdesse seu caráter classista, deixando intocadas as relações de propriedade e de trabalho no campo, onde ainda vivia a maior parte da população brasileira; a autonomia do Estado populista[45] possui seus limites: as próprias classes e frações de classe nele representadas.

Essa autonomia trazia consigo duas noções que caracterizam o Estado populista: 1) a ideia de Estado acima das classes e 2) o "culto ao Estado". Ambas se caracterizam pelo que denominamos "fetiche" do Estado e que, segundo Boito Júnior, não possui conteúdo de classe preciso, mas emana da pequena burguesia e demonstra sua incapacidade de auto-organização.[46] Nesse sentido, a noção de "Estado protetor", ou seja, aquele que atende às aspirações populares, sem que seja necessária a iniciativa ou a

---

43 OLIVEIRA, Francisco de, op. cit., p. 35.
44 Alguns intelectuais estudiosos da América Latina, como Gino Germani e Torcuato di Tella, introduziram um componente novo na discussão sobre o populismo: associaram-no à noção de modernização (BOITO JR., Armando. *O sindicalismo de Estado no Brasil – uma análise crítica da estrutura sindical*. Campinas/São Paulo: Unicamp/Hucitec, 1991, p. 68).
45 Compreendemos o Estado populista como uma relação onde, mesmo havendo uma inclusão da classe trabalhadora e de suas demandas, sua participação é instrumentalizada através de uma estrutura sindical controlada pelo Estado e dos partidos políticos legais – no caso o PTB e o PSD.
46 BOITO JUNIOR, Armando, op. cit.

mobilização da classe trabalhadora, o que pode ser identificado no discurso de Vargas:

> Tendes uma legislação que vos foi concedida sem nenhuma exigência, imposição ou pressão de qualquer ordem, mas espontaneamente. E isso é exatamente o que inclui o traço predominante que nos coloca, em matéria de legislação social, acima de todos os países. O que se chama de reivindicações trabalhistas não foram jamais obtidas em qualquer país, como estão sendo aqui verificadas. No Brasil, não há reivindicações nesse assunto. Há concessões. Concessões do governo aos eficientes colaboradores, que são os trabalhadores, quer braçal, quer intelectual.[47]

Diferentemente do que Vargas afirmava, no Brasil dos anos 30 os movimentos sociais ainda se mantinham ativos, herança das lutas dos trabalhadores ocorridas ao longo da República Velha, daí a organização de uma estrutura sindical que remetia essas lutas para o controle do Estado. Mesmo sob a armadura e os limites da estrutura sindical constituída em 1930, observamos um crescimento do movimento sindical entre 1955 e 1964. Cresce o número de greves, as entidades sindicais passam a participar da construção da pauta política e a ter maior visibilidade para a sociedade e constituem-se centrais sindicais. Tudo isso significa que os trabalhadores conseguiram inserir algumas de suas demandas na agenda política.

Ao definir desta maneira o Estado populista não estamos nos identificando com o modelo neoliberal, que é apontado como seu antípoda. Ao contrário, pretendemos apresentar ambos como formas de dominação burguesa, mesmo constatando que no primeiro as concessões à classe trabalhadora são mais amplas e no segundo o processo de exclusão dessa mesma classe é cada vez mais violento.

No período compreendido entre os anos de 1930 e 1945, entendemos que o Estado brasileiro passou por um processo de reorga-

---

[47] Discurso de Vargas citado em CARONE, Edgard. *A segunda República*. São Paulo: Difel, 1974, p. 227.

nização. Sem deixar de se caracterizar como um Estado burguês, o novo bloco de poder incorporou a burguesia industrial ao lado da burguesia agrária. O ano de 1937 constitui um marco importante para esse período, pois, com a instauração definitiva da ditadura de Vargas, completou-se o processo de centralização política. Esse processo criou condições para a consolidação do capitalismo industrial.

Para Coutinho,[48] o Estado Novo, centralizado na figura de Vargas, ao mesmo tempo em que modernizou as estruturas econômicas do País, constitui um exemplo claro de *restauração progressista*, conforme a definição estabelecida por Gramsci.

Se caracterizarmos a passagem da sociedade brasileira para a modernidade capitalista como autoritária, preservando privilégios – sobretudo das frações de classe ligadas à grande propriedade agrária –, não podemos negar essa modernização, mesmo mantido o caráter autoritário do Estado. A estrutura socioeconômica que gerou o sistema político anterior a 1930 não desapareceu com o regime varguista, nem com a ditadura do Estado Novo. Segundo Carone:

> A persistência está ligada à continuidade do poder oligárquico que, mesmo passando por momentos críticos, consegue se adaptar às realidades objetivas da sociedade brasileira, que passam a sofrer graves pressões exteriores de mudança, nos níveis econômico, social e político.[49]

Após 1945, com o fim da ditadura de Vargas, observa-se que as bases de existência da sociedade brasileira foram profundamente alteradas em relação ao período anterior a 1930, permitindo que estivessem criadas as condições para uma ampliação da sociedade civil:

> A modernização capitalista se reforçou no decorrer dos anos 30 e, sobretudo, durante o "Estado Novo" varguista. Os pressupostos *objetivos* de uma sociedade civil autônoma haviam sido criados; seus resultados *subjetivos* (ou seja, a formação de aparelhos de hegemonia

---
48 COUTINHO, Carlos Nelson. *Gramsci: um estudo sobre seu pensamento político*. Rio de Janeiro: Campus, 1992.
49 CARONE, Edgard. *A República liberal I: instituições e classes sociais (1945-1964)*. São Paulo: Difel, 1984, p. 265.

independentes do Estado) podiam certamente sofrer um processo repressivo, como ocorreu sob a ditadura de Vargas; mas, em si, aqueles pressupostos já não eram mais elimináveis.[50]

O interregno compreendido entre os anos de 1930 e 1945 pode ser considerado como um tempo em que se desenvolveram condições objetivas para a ampliação do Estado brasileiro. O fim do Estado Novo, em 1945, deu lugar, pela primeira vez em nossa história, a alguns dos traços mais característicos da modernidade capitalista ocidental. Além do desenvolvimento do sindicalismo operário já existente no período anterior e do próprio crescimento numérico do eleitorado, sobretudo urbano, relacionado ao próprio desenvolvimento sem precedentes da população urbana no momento: nesse período foram fundados os partidos políticos nacionais – UDN, PSD, PSP e PR. O PCB (Partido Comunista Brasileiro), fundado em 1922, só se mantém na legalidade por curto período, não só em virtude do contexto repressivo ao comunismo causado pela "Guerra Fria". Apesar de sua expressiva votação no pleito de 1945, quando obteve quase 10% do eleitorado (cerca de 600 mil votos, para Yeddo Fiúza), elegendo um senador e quatorze deputados federais, a manutenção do aparato repressivo contra a classe trabalhadora e qualquer partido que significasse ameaça à partilha do poder do Estado no sistema democrático desencadeava nova onda de violência igual à do Estado Novo. A contenção do descontentamento popular foi feita através da absorção de suas lideranças e da repressão, pacífica ou não, a primeira através dos instrumentos fornecidos pelo Estado cartorial[51] e a segunda através dos próprios aparelhos de vigilância e repressão. Como exemplo disso podemos constatar que a produção

---

50 COUTINHO, Carlos Nelson. *Gramsci: um estudo sobre seu pensamento político*. Rio de Janeiro: Campus, 1992, p. 132.
51 Até os anos 30, as elites agroexportadoras hegemônicas sustentavam uma política de clientela que demandava a existência de uma administração pública ineficiente. Predominando durante todo o período que antecedeu o golpe de 1930, tal estrutura expressa a dominação destas elites e é denominada de *Estado cartorialista*. Este tipo de Estado teria sido funcional na fase agrário exportadora, mas, a partir de 1930, passou a se constituir um entrave ao projeto de modernização capitalista.

de material pelo DPS[52] sobre os movimentos e as organizações populares após 1945 é tão grande quanto a do período anterior.

Entre os anos de 1920, 1940 e 1960, a população total do país passou de aproximadamente 30,6 milhões para 41,2 e 70,9 milhões, respectivamente, mas no mesmo período a porcentagem de habitantes nas cidades de mais de 20 mil habitantes passou de (também respectivamente) 11,3 para 15,3 e 28,1, com acentuada concentração nas principais metrópoles. São Paulo, que em 1920 tinha 579.000 habitantes, passou em 1940 para 1.326.000 e em 1960 para 3.825.000. O Rio de Janeiro, tendo como referência os mesmos anos, passou de 1.157.000 para 1.764.000 e 3.307.000 habitantes. Outras capitais regionais (Recife, Salvador, Belo Horizonte) seguiram a mesma tendência, com ritmos distintos. O percentual de eleitores sobre a população total do país passou de 3,7% na década de 20 para 6,5 % nas eleições de 1934 e 22,2% em 1960.[53]

A mudança no regime eleitoral, a partir de 1934, não significou uma ruptura com o caráter excludente da participação política, pois, conforme identifica Leal, "o aperfeiçoamento do processo eleitoral está contribuindo, certamente, para abalar o 'coronelismo', conquanto a ampliação do alistamento opere em sentido inverso, pelo aumento das despesas eleitorais".[54]

A modernização econômica não implicou a superação do caráter autoritário do Estado. Ao contrário: a Constituição de 1946 manteve o atrelamento dos sindicatos ao Estado através de toda a legislação sindical varguista, bem como manteve a proibição do voto aos adultos analfabetos e aos segmentos inferiores das Forças Armadas.

A dimensão estrutural das mudanças pode ser percebida na necessidade de o Estado brasileiro obter consenso para suas políticas, sobretudo entre as massas urbanas, cada vez mais numerosas. No Brasil, as condições específicas de conquista de amplos setores sociais – em parti-

---

52 Divisão de Polícia Política e Social, órgão de polícia política encarregado da vigilância sobre a sociedade, criado em 1944 por Vargas, junto com o Departamento Federal de Segurança Pública, em substituição à DESPS (Delegacia Especial de Segurança Pública).
53 Cf. WEFFORT, Francisco. *O populismo na política brasileira*. Rio de Janeiro: Paz e Terra, 1980, p. 131-133.
54 LEAL, Victor Nunes, op. cit., p. 256.

cular, de busca da adesão das camadas médias urbanas e do operariado – para o projeto implementado pelo Estado, ainda no período getulista, implicaram a concessão de alguns direitos, ou seja, a adoção de políticas sociais de ampliação da participação política, embora dentro de parâmetros delimitados pelo Estado, o que restringia essa participação.

Entre 1945 e 1964, temos, no Brasil, na relação entre sociedade política e sociedade civil, o predomínio de políticas populistas, a tal ponto que alguns autores denominam o período como democracia populista, ou seja, mesmo existindo uma estrutura sindical, a correlação de forças no interior da sociedade política priorizava o próprio aparelho de Estado, e não as reivindicações dos trabalhadores. Com certeza bastante diferente do modelo neoliberal, em que a manipulação se dá através dos "projetos de inclusão" e políticas compensatórias, mas sem deixar de ser uma relação de dominação.

Segundo Mendonça:

> O populismo enquanto regime não deve ser encarado como a mera manipulação das massas, muito menos como o produto de sua passividade. Se por um lado são importantes, para a compreensão do fenômeno, os aspectos carismáticos do líder, pela identificação que estabelece entre presidente e cidadão (ou entre Estado e indivíduo) e que lhe serve de base, por outro o populismo também representa o reconhecimento institucional do acesso do trabalhador à cidadania política, isto é, do seu direito de reivindicar e exigir o que lhe é devido. Três eram as pressões das massas de cujo atendimento dependia a estabilidade do pacto populista: a oportunidade de acesso ao emprego urbano, à condição de consumidores e à participação eleitoral. Os limites da manipulação esbarravam aí.[55]

O populismo foi o momento político no qual o Estado possuía uma orientação global que apontava para consolidação de um aparelho administrativo e formulador de diretrizes políticas que garantiam

---

55 MENDONÇA, Sonia Regina de. *Estado e economia no Brasil: opções de desenvolvimento*. Rio de Janeiro: Graal, 1985, p. 41.

um processo de crescimento industrial baseado na substituição de importações e no aumento do mercado interno. Esse processo também incorporou as massas trabalhadoras urbanas aos direitos políticos e sociais e oportunidades econômicas, sobretudo à possibilidade de empregos urbanos gerados por uma economia industrial e também por um aparelho de Estado, ambos em processo de expansão, inexistentes no Estado liberal-agrário anterior a 1930. Não estamos defendendo a ideia de um "Estado inovador, que rompia com o passado político da República Velha"[56] ou uma "*refundação do Estado brasileiro*". Ao contrário: consideramos que a necessidade de incorporação dessa classe trabalhadora ao novo projeto foi produzida de forma a não gerar impedimentos ao processo de acumulação ou resultar numa ruptura profunda nas formas de dominação, tal como indica Décio Saes:

> Tomemos as reivindicações imediatas das classes trabalhadoras relacionadas com o objetivo da conquista de melhorias nas condições de vida e de trabalho dentro da sociedade capitalista. Tais demandas podem se cristalizar e ganhar acesso à cena política por duas vias distintas. Primeira via: tais demandas são codificadas e conduzidas por organizações (sindicais e partidárias) que se mantêm independentes, do ponto de vista organizacional e político com relação ao Estado capitalista (embora não sejam necessariamente independentes, do ponto de vista ideológico, com relação à classe capitalista). Nesse caso, desenvolve-se uma política efetivamente trabalhista como aquela implementada pelas Trade-Unions inglesas e pelo Labour Party, nas primeiras décadas subseqüentes à sua formação em 1906. Segunda via: as aspirações imediatas das classes trabalhadoras são diretamente codificadas pelo Estado capitalista; e se convertem em questões governamentais sem o concurso real da mediação político partidário.[57]

No entanto, consideramos que havia tentativas de mediação, através do PTB (vinculado à máquina sindical) e do PSD, cujas bases eram

---

56 GOMES, Ângela de Castro. *A invenção do trabalhismo*. Rio de Janeiro: Relume Dumará, 1994, p. 178.
57 SAES, Décio. A superação do populismo. In: *Linha Direta* [Órgão do Diretório Regional do PT de São Paulo], ano VIII, n. 330, São Paulo, DR, 6 a 12 set. 1977, p. 6.

formadas por interventores estaduais, industriais paulistas e alguns oligarcas remanescentes do coronelismo. Este último, inclusive, caracterizando-se especialmente pelo que Chacon denomina de *flexibilidade estamental*,⁵⁸ ou seja, ajeitando ou minorando o patrimonialismo oligárquico. Como vemos, tratou-se de abandonar antigos valores, nos quais a questão social era um caso de polícia, para superar a crise e garantir a continuidade do processo de acumulação, buscando um "novo equilíbrio que tornasse possível a vida em sociedade".⁵⁹ Ou ainda constituir partidos que se caracterizassem por serem máquinas de domínio ideológico e controle social, conforme Dreifuss:

> Após anos de autoritarismo e predominância do Executivo, o populismo favorecia a reentrada em cena do político profissional, juntamente com a participação de industriais e banqueiros em atividades político-partidárias no então reativado Congresso.⁶⁰

As políticas aplicadas durante o período populista enfrentaram resistência de setores mais independentes e combativos da classe trabalhadora. A industrialização e a urbanização transformaram a consciência dos trabalhadores, especialmente os urbanos, sem diminuir a hegemonia ideológica das classes dominantes.

No projeto de previdência de Vargas, os sindicatos e direitos dos trabalhadores estavam previstos, embora os primeiros fossem atrelados ao Estado. As pressões dos produtores de São Paulo e Minas (grupo café com leite) foram mais fortes. Mesmo sufocando o "Levante de 32", o grupo no poder teve de negociar o "acordo do café" (financiamento, subvenção) e a não extensão dos mesmos direitos dos trabalhadores industriais aos agrícolas.

A legislação excluía os direitos sociais e políticos das massas rurais, alijadas do processo pela manutenção do regime de propriedade no campo, pela negação da participação eleitoral aos analfabetos,

---

58 Cf. CHACON, Vamireh. *História dos partidos brasileiros: discursos e práxis dos seus programas.* Brasília: UNB, 1981.
59 ALMEIDA, Lúcio Flávio. *Ideologia nacional e nacionalismo.* São Paulo: Educ, 1995, p. 115.
60 DREIFUSS, René A., op. cit., p. 27.

que constituíam grande parte da população rural no Brasil, e pela não extensão aos trabalhadores rurais dos direitos sociais e trabalhistas.[61]

I.6 – Os "dourados" anos 50

Essas políticas obtiveram consenso na sociedade brasileira, notadamente na década de 50, embora com nuances entre os vários governos do período, e com sucessivas crises a partir de fins dessa década.[62] Nesse período, o Estado brasileiro estabeleceu um padrão de desenvolvimento econômico cuja base era a política de substituição de importações e de promoção da industrialização, incluindo-se aí investimentos diretos do Estado em infraestrutura e em alguns setores produtivos, notadamente as indústrias de base, como a siderurgia e o petróleo. Esse foi um padrão que subsistiu até a década de 80.

Tal processo de desenvolvimento e concentração de capital desenvolvia-se paralelamente ao da internacionalização da economia. O reingresso dos interesses multinacionais na economia necessitava de novo arranjo, especialmente no que dizia respeito aos canais de formulação das ações do Estado. Assim, o governo Kubitschek, mesmo se sustentando sobre uma base política semelhante à de Vargas (do ponto de vista da relação Estado-sociedade), promoveu uma mudança definitiva no padrão de acumulação de capital, o que significa o fortalecimento do "desenvolvimento associado".[63]

A noção de que haveria uma resistência, por parte do capital nacional, à entrada dos investimentos estrangeiros inspirou não só a carta-testamento de Vargas, como também inúmeros historiadores e

---

61 COUTINHO, Carlos Nelson, op. cit., p. 127-128.
62 Também segundo Sonia Regina de Mendonça, havia no período intenso conflito entre dois projetos básicos de desenvolvimento do país: "Um deles já apontava para a associação com o capital estrangeiro como única forma possível de promover a modernização da economia industrial brasileira. O outro – congregando setores de classe média, pequena burguesia industrial, além de setores do Exército, do proletariado e intelectuais - continuava a bater-se pela promoção de um capitalismo nacional, na base de sérias restrições à entrada de tecnologia e capitais externos" (MENDONÇA, Sonia Regina de, op. cit., p. 44).
63 *Apud* DREIFUSS, René, op. cit.

cientistas sociais. Segundo o Iseb,[64] havia duas burguesias no Brasil: a "entreguista", vinculada ao capital internacional, e a burguesia "nacionalista", que via no capital estrangeiro um concorrente. No entanto, nos filiamos à ideia de que não se trata de uma contradição entre uma "burguesia nacionalista" e uma "burguesia associada", mas sim de um conflito entre frações de classe. Como em Poulantzas, não identificamos um conflito entre capital nacional e capital internacional:

> Pois bem, essa distinção entre "burguesia compradora" e "burguesia nacional" não recobre inteiramente posições econômicas; graças à interpenetração pronunciada dos capitais sob o imperialismo, a distinção entre capitais vinculados ao imperialismo estrangeiro e capitais nacionais torna-se muito imprecisa e discutível. Por outro lado, esta distinção não coincide com a que existe entre grande capital e médio capital: podem existir grandes monopólios nacionais de interesses relativamente contraditórios com os dos monopólios estrangeiros, assim como podem existir médias empresas enfeudadas por múltiplos subconvênios, ao capital estrangeiro.[65]

A inexistência de contradição entre capital nacional e estrangeiro no Brasil também é identificada por Almeida, que explica os conflitos existentes no período como fruto da contradição entre frações de classe. Para o autor, tais contradições não dizem respeito a algum tipo de resistência dos industriais brasileiros ao ingresso de capitais internacionais:

> Mas que não se conclua aí pela inexistência de qualquer contradição entre os industriais brasileiros e o sistema imperialista. Da mesma forma que a burguesia industrial não rejeitava o capital estrangeiro em bloco, também não dispensava a ele, em seu conjunto, a mesma hospitalidade.[66]

---
64 Instituto Superior de Estudos Brasileiros – que será analisado no capítulo IV.
65 POULANTZAS, Nicos. *Classes sociais e luta de classes*. In: SILVEIRA, Paulo (org.). *Poulantzas*. São Paulo: Ática, 1984, p. 109.
66 ALMEIDA, Lúcio Flávio. *Ideologia nacional e nacionalismo*. São Paulo: Educ, 1995, p. 129.

Portanto, mesmo existindo divergências entre as frações de classe a respeito da participação do capital externo na economia brasileira, este não era o fator que contrapunha as distintas frações. Mas essas contradições no interior do bloco no poder eram vistas pelos petebistas e sindicalistas, e posteriormente até pelo PCB, como uma possibilidade de engajamento da burguesia industrial brasileira na luta contra a entrada do capital estrangeiro na economia do país. Essas análises resultaram na derrota dos movimentos que atrelaram suas propostas a uma aliança com uma burguesia considerada anti-imperialista, mas que, na prática, estava a caminho de associar-se ao capital internacional.

Da mesma forma como identificamos contradições entre as diversas frações das classes dominantes, não apontamos uma oposição entre sociedade política e sociedade civil no Brasil. Ao analisarmos o papel da Federação das Indústrias do Estado do Rio de Janeiro ou da Associação Comercial do Estado de São Paulo, identificando-as como instituições dessa sociedade civil que representam diferentes grupos de interesse, não as estamos contrapondo ao Estado. Ao contrário: elas estão contidas na noção de Estado ampliado formulada por Antonio Gramsci, portanto, constituem o *locus* da formação e difusão da hegemonia das frações de classe que representam. E é a partir dessas agências que as diferentes frações das classes dominantes irão disputar o controle das políticas estatais, especialmente no que diz respeito à política cambial, que atinge, de forma diferente, tanto a fração ligada à exportação de produtos agrícolas quanto a fração ligada à indústria.

No Brasil dos anos 50, o frágil equilíbrio, no interregno entre tentativas de golpe, decorre da política de compromisso entre burguesia industrial, latifundiários e grupos comerciais. Para garantir algum equilíbrio era necessário também implementar concessões sociais ao proletariado, concretizadas na legislação trabalhista do Estado Novo, ao lado de uma legislação sindical que garantia a existência de um sindicalismo de Estado.⁶⁷ Apesar das pressões externas, especialmente as norte-americanas, esse equilíbrio precário foi mantido até a metade da década de 1950, quando lutas políticas e disputas entre as frações das classes dominantes levaram ao que Marini identifica como "dez tormentosos anos",⁶⁸ que se encerraram com o golpe de 1964. O período compreendido entre os anos de 1955 e 1960, portanto, não se caracteriza como um interregno de equilíbrio, como aponta Benevides:

> Ressalve-se, porém, que neste período não se trata mais de "arrancada", mas de *reorientação do desenvolvimento econômico*. Observe-se, igualmente, que na perspectiva teórica mais ampla aqui adotada, a relação desenvolvimento econômico e estabilidade política surge como a mais freqüente e coerente.⁶⁹

A ideia de que os anos JK consistiram num período de harmonia, tão corrente na produção historiográfica, pode ser questionada não só a partir do exame das tentativas de golpe (Aragarças, Jacareacanga), como especialmente pelo exame da acirrada disputa entre as frações da burguesia analisadas neste estudo. Da mesma forma que a questão da democracia pode ser revista, quando nos informamos a respeito do número de intervenções realizadas pelo Estado em sindicatos e associações de trabalhadores.

Tendo como ponto de partida os pressupostos teóricos explicitados anteriormente, nos filiamos à noção de que é nesse período que se deterioram as condições que garantiam esse compromisso, em virtude do crescimento industrial, das dificuldades no setor externo

---

67 Vimos que o sindicato oficial é um ramo do aparelho de Estado. E observamos, em seguida, que a ideologia da legalidade sindical oculta a estrutura desse aparelho e atrai os sindicalistas para o seu interior (BOITO JR. Armando. *O sindicalismo de Estado no Brasil*. Campinas/São Paulo: Unicamp/Hucitec, 1991, p. 157). Esta estrutura sindical manteve-se intacta até o final do século XX, quando a implantação do modelo neoliberal tratou de eliminar até as concessões feitas durante a Era Vargas. Atualmente o sindicalismo transformou-se em um dos principais agentes da financeirização, conduzindo as categorias de trabalhadores à aceitação do fim da Previdência Social Pública, substituída pelos Fundos de Pensão, onde as centrais sindicais se tornaram exploradoras e destruidoras do trabalho.
68 MARINI, Ruy Mauro. *Dialética da dependência*. Petrópolis/Buenos Aires: Vozes/Clacso, 2000.
69 BENEVIDES, Maria Victoria de Mesquita. *O governo Kubitschek – desenvolvimento econômico e estabilidade política*. Rio de Janeiro: Paz e Terra, 1979, p. 21.

e das lutas sociais. Nesse sentido, a complementaridade entre indústria e agricultura de exportação existente desde o golpe de 1930 até os anos 50 transforma-se em antagonismo.

Segundo Marini, esse antagonismo se reflete na política cambial, pois:

> Enquanto a indústria se empenha em manter altos os tipos de câmbio, o que a leva a chocar com o setor agroexportador, cujos lucros ficavam assim diminuídos, este setor já não pode oferecer à indústria o montante de divisas que lhe proporcionava em outros tempos.[70]

Se, num primeiro momento, o desenvolvimento capitalista no Brasil caracterizava-se pela desigualdade combinada, "é produto antes de uma base capitalista de acumulação razoavelmente pobre para sustentar a expansão industrial e a conversão da economia pós-anos 30, que da existência de setores 'atrasado' e 'moderno'".[71]

O desenvolvimento do capitalismo brasileiro, a partir de 1930, foi muito mais um processo resultante da luta de classes interna do que das condições externas do capitalismo internacional. De forma diferente, os anos 50 refletem a nova correlação de forças no nível mundial, especialmente no que dizia respeito à expansão dos investimentos de origem externa – direcionados preferencialmente para a indústria e a infraestrutura – e à dependência da indústria das divisas provenientes da exportação. Estes, entre outros, são fatores que identificam a quebra do compromisso entre setores antes complementares:

> Portanto, num momento em que os investimentos estrangeiros na indústria tendem a minimizar o divórcio crescente entre os interesses industriais e os do setor agroexportador, a oposição entre a indústria e a agricultura para o mercado interno agrava a contradição existente entre o setor industrial e o setor agrícola globalmente.[72]

---

70 MARINI, Ruy Mauro, op. cit., p. 17.
71 OLIVEIRA, Francisco de, op. cit., p. 36.
72 MARINI, Ruy Mauro, op. cit., p. 24.

Neste ponto identificamos que a conjuntura se caracterizava pela necessidade de "criar condições políticas, nas frentes interna e externa, para o desenvolvimento do capitalismo em novas bases".[73] Tais condições foram criadas pela presença de representantes dos grupos de interesses no interior do aparelho de Estado. Uma prova disso foi a disputa entre as frações das classes dominantes pela indicação de quadros para figurar nas diversas instâncias estatais (Ministérios, BNDE). Trata-se de uma disputa entre dois setores da economia, representados por duas frações das classes dominantes, que se realizava na Sumoc. Este era o espaço onde competiam em torno da elaboração de políticas que atendessem aos seus interesses. Mas essas frações de classe também estavam presentes na sociedade civil, através de suas instituições de classe.

Segundo Gramsci, a supremacia de um desses setores se impõe através de mecanismos de coerção da sociedade política, e a hegemonia é alcançada através de mecanismos hegemônicos da sociedade civil. Tais mecanismos são resultado da articulação dessas frações nos aparelhos privados de hegemonia. Considerando a Federação das Indústrias do Estado do Rio de Janeiro e a Associação Comercial de São Paulo como esses aparelhos, identificamos as relações entre o Estado e a sociedade no Brasil a partir da noção de Estado ampliado de Gramsci.[74]

A presença de representantes dessas frações nesses espaços será analisada especialmente no Capítulo III, quando identificamos a origem social e a práxis de cada um dos dirigentes da Superintendência da Moeda e do Crédito.

Analisamos, também, a atuação de suas lideranças, especialmente daqueles que entendemos como seus principais organizadores. Tais organizadores possuem o papel de agentes da superestrutura, pois sua atuação se dá no interior das relações sociais. Gramscianamente, denominamos esses agentes de intelectuais orgânicos:

---

73 ALMEIDA, Lúcio Flávio, op. cit., p. 133.
74 O conceito de Estado ampliado foi desenvolvido na Introdução.

O caráter orgânico do vínculo entre estrutura e superestrutura reflete-se exatamente nas camadas de intelectuais cuja função é exercer esse vínculo orgânico: os intelectuais formam uma camada social diferenciada, ligada à estrutura – as classes fundamentais no domínio econômico – e encarregada de elaborar e gerir a superestrutura que dará a essa classe homogeneidade e direção do bloco histórico.[75]

Por se encontrarem na sociedade política assim como na sociedade civil, tais agentes evidenciam o caráter dialético de sua atuação. Seu vínculo não emana de sua origem de classe, mas de seu transformismo e adesão às classes dominantes. Assim, seu papel predomina sobre sua origem social. São os chamados quadros técnicos, especializados no exercício da função.[76]

Faz-se necessário refutar a ideia de que a posição desses agentes é uma *construção social*, tal como em Bourdieu.[77] Preferimos lidar com a ideia de que são *agentes sociais*, uma vez que esses atores operam em estreita relação com um grupo dominante ou dominado, e que essa dominação nos remete às condições de vida. No caso dos agentes aqui estudados, sua relação é com as classes dominantes. Entendemos, dessa maneira, que tais intelectuais orgânicos atuam no sentido de justificar e garantir que as políticas estatais sejam voltadas para os interesses de frações de classe que representam e, por sua vez, vinculam-se a setores da produção.

Muitos desses intelectuais não são somente uma influência, mas têm papel decisivo na produção dessas mesmas políticas, na medida em que se encontram diretamente situados no interior do aparelho de Estado. É o caso de Eugênio Gudin, ministro da Fazenda durante o governo Café Filho, Octávio Gouvêa de Bulhões, diretor da Sumoc, e Roberto Campos, também ministro e diretor do BNDE

---

75 PORTELLI, Hugues, op. cit., p. 84.
76 PORTELLI, Hugues, op. cit., p. 85.
77 *Profession* é uma palavra da linguagem comum que entrou de contrabando na linguagem científica; mas é, sobretudo, uma construção social, produto de todo um trabalho social de construção de um grupo e de uma representação dos grupos, que se insinuou docemente no mundo social (BOURDIEU, Pierre, op. cit., p. 40).

(atual BNDES) em 1952 e 1955, além de membro do Conselho de Desenvolvimento Econômico em 1956.

Priorizamos a análise de dois desses agentes, Eugênio Gudin e Roberto Campos, por sua importância e pela amplitude de sua atuação. Encontramos esses agentes formulando teses e propostas, ao longo dos anos 50, na *Revista Digesto Econômico*, publicada pela Associação Comercial de São Paulo. Tais propostas constituem os instrumentos de coesão que garantem suas atividades práticas. Mas essa coesão é também consequência de tais atividades. Mais uma vez nos deparamos com o caráter dialético na concepção marxista de ideologia: esta é um desdobramento da estrutura e atua, como superestrutura, na manutenção das condições concretas de vida, ou que "as circunstâncias fazem os homens assim como os homens fazem as circunstâncias".[78] Esses homens atuam também na superestrutura, apontando as mudanças necessárias nas condições concretas.

Da mesma forma que o campo ideológico fortemente identificado com as políticas ligadas à exportação articulava seus interesses em alguns espaços, como a Associação Comercial de São Paulo, o campo vinculado aos interesses industrialistas possuía dois espaços de articulação: a Firjan – Federação das Indústrias do Estado do Rio de Janeiro – e o Iseb – Instituto Superior de Estudos Brasileiros. Todos esses espaços, entendidos como aparelhos privados de hegemonia, constituíam os lugares onde se produziam os instrumentos necessários à construção do consenso, este último entendido como um dado fundamental para a consolidação do capitalismo brasileiro.

O estudo aqui proposto não constitui algo que nos remete apenas a um passado do qual queremos apenas "retirar ensinamentos". O registro do passado é importante, pois, como para Hobsbawn, "o problema para os historiadores profissionais é que seu objeto tem importantes funções sociais e políticas. Essas funções dependem de

---

78 MARX, Karl & ENGELS, Friedrich. *A ideologia alemã* (Feuerbach). São Paulo: Ciências Humanas, 1979, p. 57.

seu trabalho – quem mais descobre e registra o passado além dos historiadores?".[79]

Mas não se trata de mero registro do passado ou da necessidade de compreender e produzir esquemas explicativos a respeito de momentos pretéritos da nossa história. Mais importante do que uma análise é a consciência do estudo do passado como algo em conexão com o presente, o que torna possível produzir o entendimento de nosso papel como atores sociais e da produção histórica como uma ferramenta para a compreensão e transformação da sociedade. Os mecanismos e disputas correntes nos anos 50, aqui analisados, continuam presentes. Os elementos que compõem a dominação burguesa, em especial a grande burguesia financeira, conhecem o jogo econômico e político, acomodando interesses dos setores ligados à agroexportação[80] e dos próprios setores industriais. Mas, a cada novo movimento, emergem as contradições entre essas frações, e novas disputas se desenvolvem. A atualidade das questões abordadas se evidencia nos jornais:

> Carneiro contesta a blindagem da economia e afirma que a união entre a política de juros elevados e a política cambial adotada é uma verdadeira bomba de nêutrons, que pode explodir a um ataque especulativo. "Se o cenário internacional se reverter, não acho que tenhamos posição de curto prazo forte como dizem", afirma o economista, temeroso de que as melhorias obtidas estejam ancoradas a fatores externos.[81]

Nesse momento, com a oscilação da taxa de juros por parte do Copom,[82] alguns setores identificam que, quando há um aumento, a medida é um "equívoco de política monetária", mas, entendendo

---

79 HOBSBAWN, Eric J. *Sobre história*. São Paulo: Cia das Letras, 1998, p. 284.
80 Que nos últimos tempos passou a se autodenominar *"agro business"*.
81 CARNEIRO, Ricardo. Bomba de nêutrons na blindagem. Entrevista. In: *Jornal do Commercio*, Rio de Janeiro, segunda-feira, 31 de outubro de 2005. Seção Economia, p. A-2.
82 Sigla que tem como significado Comitê de Política Monetária. O Copom é um órgão do Banco Central que tem por função definir as diretrizes da política monetária e a taxa básica de juros do País. O Copom é composto pelos oito membros da Diretoria Colegiada do Banco Central e presidido pelo presidente da autoridade monetária.

que o Banco Central é uma agência do Estado e que esta agência está sob o controle de uma fração das classes dominantes que detêm a hegemonia, sabemos que não há equívoco. O comentário mais próximo da realidade pode ser encontrado no artigo, publicado na *Folha de São Paulo*, sobre o assunto:

> Sob esse ponto de vista, o Brasil vive no pior dos mundos. Tem um Banco Central independente de fato, mas cuja independência foi imposta pelo sistema financeiro, sem que viesse acompanhada de nenhum tipo de regulamentação. Criou-se assim uma instituição fechada, opaca, guardiã de interesses rentistas, permanentemente contracionista, inimiga do crescimento e socialmente irresponsável. A qualquer pretexto, impunemente, puxa o gatilho dos juros e ataca os suspeitos de sempre, misteriosas ameaças de inflação.[83]

O Estado brasileiro continua em permanente processo de ampliação. Novos espaços de atuação da sociedade civil e novas disputas surgem em torno da manutenção de políticas que representem interesses de frações das classes dominantes, algumas destas hegemônicas. Novos atores são incorporados às lutas políticas. Procuramos demonstrar como o modelo econômico vigente no Brasil dos nossos dias, fortemente internacionalizado e concentrador de renda, encontra sua gênese ao longo dos anos 50, através do atrelamento das políticas de Estado aos moldes preconizados pelos organismos internacionais fundados em 1944, políticas essas identificadas com interesses de frações das classes dominantes no Brasil e no capitalismo internacional.

---

[83] BENJAMIN, César. Os suspeitos de sempre. In: *Folha de São Paulo*, São Paulo, sábado, 19 de abril de 2008. Caderno Dinheiro, p. D2.

Capítulo II
O ISEB

Não há arte patriótica nem ciência patriótica. As duas, tal como tudo o que é bom e elevado, pertencem ao mundo inteiro e não podem progredir a não ser pela livre ação recíproca de todos os contemporâneos e tendo sempre em conta aquilo que nos resta e aquilo que conhecemos do passado. (Goethe)

O Instituto Superior de Estudos Brasileiros – Iseb – desempenhou importante papel nas disputas ocorridas entre frações das classes dominantes brasileiras ao longo de sua existência. A trajetória do Instituto, bem como o peso político de cada campo ideológico[1] no seu interior, refletiam as diversas circunstâncias desse processo, no qual ele desempenhou papel relevante. Entender suas principais características e os diversos momentos em que se divide a sua história, bem como as ideias nele veiculadas, contribui para a compreensão do seu significado e de sua atuação nas disputas políticas analisadas neste trabalho.

Durante a Era Vargas, ainda como Ibesp (Instituto Brasileiro de Economia, Sociologia e Política), constituía espaço de produção de ideias e projetos que direcionaram o crescimento industrial no Brasil, especialmente durante as décadas de 1940, 1950 e 1960.

---

1 Segundo Bourdieu, o estudo do campo (ou dos campos) em que se situavam determinadas instituições, tornaria possível, a partir de uma análise aprofundada das leis deste(s) campo (s), e das disputas pelo poder existentes no seu interior, produzir uma análise a respeito dos padrões de formação dos habitus dos sujeitos nelas presentes. Dessa forma, seria possível reconstruir (ao menos em parte) elementos da história social dessas instituições, especialmente quanto aos sujeitos nelas presentes e às relações destes com o campo e as estruturas sociais à época estudada (*Apud* BOURDIEU, Pierre. *Esboço para uma auto-análise*, Lisboa : Edições 70, 2004).

Nelson Werneck Sodré definiu o Ibesp como instituição privada onde os membros assumiam a maior parte das despesas, além do financiamento proveniente da Capes, que nessa época se denominava Campanha de Aperfeiçoamento do Pessoal de Nível Superior. Esse financiamento não o transformou em instituição oficial, mas através dele foi possível a publicação da revista *Cadernos do Nosso Tempo* e a realização de 12 seminários, ocorridos no auditório do Ministério da Educação. Tais seminários, segundo Joel Rufino dos Santos, pretendiam discutir a realidade brasileira e organizar algo que Rufino definia como uma instituição com atuação similar à do Collège de France.[2]

Dentre as várias pesquisas que analisam a identidade do Instituto, destacamos as que foram produzidas por Caio Navarro de Toledo.[3] Toledo defende que o Iseb – ao gerar as ideias que deram sustentação ao desenvolvimentismo, este último entendido como ideologia – poderia ser identificado como uma "fábrica de ideologias." Em trabalhos e depoimentos que tiveram como objeto o Iseb, esta concepção parece se confirmar. Nelson Werneck Sodré, um de seus principais membros, afirma que "o pensamento da direção [do Instituto] era, assim, o de formular a ideologia do desenvolvimento".[4]

A "ideologia do desenvolvimento", na prática, consistia na formulação de propostas que, segundo seus autores, levariam ao rompimento com as estruturas herdadas do período colonial, nas quais predominava o setor agrário-exportador. Para uma parte dos isebianos, esse rompimento é que resultaria no desenvolvimento que, por sua vez, tinha como principal significado o fortalecimento da indústria nacional. Tal desenvolvimento se realizaria como decorrência de uma política de priorização dos investimentos na indústria, em detrimento da agricultura. Daí a proximidade de um

---

2 SANTOS, Joel Rufino. História nova: o conteúdo histórico do último Iseb. In: TOLEDO, Caio Navarro de (org.). *Intelectuais e política no Brasil. A experiência do Iseb*. Rio de Janeiro: Revan, 2005, p. 33.
3 TOLEDO, Caio Navarro de. Iseb: fábrica de ideologias. São Paulo: Ática, 1982, e TOLEDO, Caio Navarro de. (org.). *Intelectuais e política no Brasil. A experiência do Iseb*, op. cit.
4 SODRÉ, Nelson Werneck. *A verdade sobre o Iseb*. Rio de Janeiro: Avenir, 1978, p. 12.

dos campos do pensamento isebiano das posições defendidas pelos membros da FIDF e das reivindicações do empresariado vinculado à indústria. Outro campo do pensamento isebiano propunha a ruptura com as estruturas arcaicas herdadas do processo de colonização, especialmente a agricultura de exportação – desdobramento da estrutura denominada de "plantation"[5] – como etapa para superação do capitalismo. A concepção de rompimento com as estruturas consideradas "arcaicas" não constituía novidade na historiografia brasileira, nem se deve somente ao Iseb, pois já havia sido formulada na obra de Octávio Brandão, *Agrarismo e industrialismo*, produzida no início dos anos 20 e publicada sob o pseudônimo de Fritz Mayer.

> Economia agrária, economia feudal, como a Espanha, Pérsia, Síria, Mesopotâmia, Japão. A indústria é incipiente, reduzida ao litoral e adjacências.(...) Existem 13 mil estabelecimentos industriais quando nos Estados Unidos seu número se eleva a mais de 290 mil.[6]

O reconhecimento da existência de relações de produção feudais ou pré-capitalistas no Brasil, bem como a necessidade de romper com essa estrutura, fazia parte das análises não só do campo progressista do pensamento isebiano, mas também de todos aqueles que se identificavam com as teses da III Internacional, ou seja, o PCB e alguns de seus dissidentes. A ideia de uma oposição entre um campo progressista e um campo conservador no interior do Iseb, exposta em Barros,[7] em nosso entendimento, expõe de forma clara as contradições e conflitos correntes na sociedade brasileira e no Instituto. Para o PCB, tais análises tiveram como derivação a tática de revolução democrático-burguesa, antifeudal e anti-imperialista. A predominância das discussões ligadas à questão nacional e colonial da III Internacional foi determinante para que se produzisse a

---

5 Latifúndio, monocultura, mão de obra escrava e produção para a exportação.
6 MAYER, Fritz [BRANDÃO, Octávio]. *Agrarismo e industrialismo*. Buenos Aires: s./e., 1926, p. 8.
7 BARROS, Luitgarde Oliveira.Cavalcanti. Questão nacional e globalização na abordagem de Nelson Werneck Sodré. In: *Revista do Instituto Histórico e Geográfico Brasileiro*. Rio de Janeiro: IHGB, out./dez. 2006, p. 155.

teoria da revolução democrático-burguesa no Brasil. Essa revolução se definia especialmente pela associação entre uma burguesia nacional que possuiria contradições com o capital internacional, o proletariado e o campesinato. Para o PCB, este era o caminho possível para a promoção do desenvolvimento capitalista brasileiro. Seria a condição imprescindível para o esgotamento de uma das etapas necessárias para se alcançar o socialismo e realizar a revolução brasileira.

Assim como Octávio Brandão, Nelson Werneck Sodré, uma das principais lideranças isebianas, cujo pensamento foi profundamente influenciado pelo marxismo, desenvolveu análises próximas às do PCB. Segundo José Carlos Reis, a obra de Sodré aproxima-se das análises de Lênin, especialmente quando Sodré definia as estruturas econômicas e sociais brasileiras, bem como a conjuntura nacional dos anos 50.[8]

A afirmação se justifica quando Sodré, analisando as ferrovias brasileiras, utiliza como referência o texto de Lênin: "A estatística das ferrovias oferece dados notavelmente precisos sobre os diferentes ritmos de desenvolvimento do capitalismo e do capital financeiro na economia mundial".[9]

O Iseb, do ponto de vista ideológico, não era uma instituição monolítica. Contava com quadros – como Roberto Campos e Hélio Jaguaribe – que, de acordo com a classificação anterior, poderiam ser considerados liberais ou monetaristas, visto defenderem a necessidade da abertura da economia brasileira para o capital internacional. Campos e Jaguaribe se confrontavam no Iseb com intelectuais de outro campo ideológico, como Nelson Werneck Sodré, Ignácio Rangel e Álvaro Vieira Pinto, defensores de uma visão autonomista para o capitalismo brasileiro e de um projeto de superação das estruturas capitalistas. Essa diversidade era fator de

---

8 REIS, José Carlos. *As identidades do Brasil: de Varnhagen a FHC*. Rio de Janeiro: FGV, 2002.
9 V.I. Lênin: *L'Imperialismo stade suprême du capitalisme*, apud SODRÉ, Nelson Werneck. *História da burguesia brasileira*. Petrópolis: Vozes, 1983, p. 135.

disputa interna pelo controle e pela direção do Instituto, disputa que, segundo Sodré, teria sido um dos motivos de seu desmantelamento, como veremos adiante.

Assim, podemos identificar o Iseb como uma fábrica de ideias, mas não apenas isso. Fabricar ideias significa, em verdade, organizar as relações sociais, como escreve Gramsci:

> O erro metodológico mais difundido, ao que me parece, é ter buscado este critério de distinção no que é intrínseco às atividades intelectuais, em vez de buscá-lo no conjunto do sistema de relações no qual estas atividades (e, portanto, os grupos que as personificam) se encontram no conjunto geral das relações sociais.[10]

Esse entendimento pode justificar o fato de que no Iseb se debatiam, mas também se disseminavam as análises que serviam de base para a atuação de vários tipos de agrupamentos políticos além do PCB. Foi no Iseb que muitos militantes de diversas organizações de esquerda, de diferentes matizes políticos, fizeram cursos de formação. Lá estiveram, inclusive, ativistas de grupos cuja tática tinha como ponto de partida uma crítica às propostas do PCB. Como exemplo dessa afirmação, podemos ver o depoimento de Jelcy Rodrigues Correa, um dos militantes do MNR, grupo que organizou a guerrilha de Caparaó, ocorrida em 1966. Os participantes desse movimento também sofreram profunda influência do Iseb. É Jelcy, um dos comandantes da guerrilha, quem faz referência ao Iseb:

> *Esther*: Quais as pessoas, acontecimentos e leituras que o influenciaram à época?
>
> *Jelcy Correa*: Ah, muita gente. Há um que eu acho sensacional, que eu li muito. Aliás, eu vi conferências dele sensacionais: Nelson Werneck Sodré. É uma pessoa que marcou muito no Iseb. Outro que me marcou muito no Iseb foi o Corbisier, pelas suas conferências. Roland Corbisier. Tem um outro que eu não lembro o nome mas era

---

10 GRAMSCI, Antonio. *Cadernos do cárcere*. Rio de Janeiro: Civilização Brasileira, 2006, v. 2, p. 18.

um português, jornalista, sensacional. Ele vibrava quando falava em Mossadeg, no Irã. Álvaro Vieira Pinto. Esse foi espetacular... O Iseb...[11]

Outros autores, como Renato Ortiz[12] e Jorge Miglioli,[13] também consideram o Iseb como fábrica de ideologias. Para eles, o Instituto constituiu espaço de troca de ideias que serviriam de base para projetos políticos de diversos matizes e propósitos. É a concepção que predomina na maior parte da produção historiográfica que tem como objeto o Instituto Superior de Estudos Brasileiros.

No entanto, a ideia de um Iseb apenas como espaço de formulação e debate de ideias é contestada por outras análises, como a de Alzira Alves de Abreu. Para a autora, o fato de os participantes do Iseb também atuarem nas instituições da sociedade política daria a ele a condição de *agregador de interesses*.[14]

O Iseb foi contemporâneo de outros dois espaços produtores de ideias: a chamada Sociedade de Mont Pélerin e a Escola de Chicago. A primeira, fundada em 1947 pelo economista austríaco Augusto Friedrich von Hayek, representou o *locus* de disseminação das teorias liberais, e a Escola de Chicago, o de difusão e formação dos quadros executores das políticas neoliberais.

A sociedade do Mont Pélerin retirou seu nome da cidade suíça próxima de Montreux e reúne-se até hoje, uma vez por ano, contando em suas fileiras com expoentes como Margareth Thatcher. Seu fundador, Hayek, foi professor na Universidade de Chicago, onde teve como principal discípulo Milton Friedman. Ambos eram opositores ferrenhos das políticas econômicas de inspiração keynesiana e defendiam que o melhor indicador de estabilidade e crescimento era o equilíbrio monetário e fiscal. Para os discípulos de Hayek, o

---

11 CORREA, Jelcy Rodrigues. Depoimento. In: KUPERMAN, Esther. *A guerrilha de Caparaó (1966 – 1967): um ensaio de resistência*. Rio de Janeiro, 1992, Anexo I, p. 231. Dissertação de mestrado apresentada ao Departamento de História da UFRJ.
12 ORTIZ, Renato. *Cultura brasileira e identidade nacional*. São Paulo: Brasiliense, 2003, p. 46.
13 MIGLIOLI, Jorge. O Iseb e a encruzilhada nacional. In: TOLEDO, Caio Navarro de (org.). *Intelectuais e política no Brasil. A experiência do Iseb*. Rio de Janeiro: Revan, 2005.
14 ABREU, Alzira Alves. A ação política dos intelectuais do Iseb. In: TOLEDO, Caio Navarro de (org.). *Intelectuais e política no Brasil. A experiência do Iseb*. Rio de Janeiro: Revan, 2005, p. 100.

cenário ideal para a economia era aquele em que o Estado tivesse a menor participação possível. O único papel aceitável para o Estado, segundo essa corrente, era o de implementar contratos e proteger fronteiras. Tudo o mais deveria ser entregue ao mercado, pois este era, para eles, o melhor administrador, regulando e organizando a economia e a sociedade. Para Hayek e seus discípulos, o mercado deveria ser o disciplinador de todas as relações, fossem elas econômicas, sociais ou políticas. Instituições educacionais, parques de diversão, hospitais, correios, enfim, tudo que pudesse produzir lucro não deveria ser controlado por uma instituição política – o Estado. A disciplina não deveria vir de regras estabelecidas pela sociedade política, mas seria um resultado da competição entre os agentes econômicos. Um dos seguidores de Hayek, Milton Friedman, afirmava, inclusive, que o consumo constituía a forma mais elevada de democracia e liberdade. Para ele, o grau de liberdade de uma sociedade só pode ser medido a partir do volume de comércio que ela apresenta.[15]

Friedman, continuador do pensamento da Sociedade de Mont Pélerin, expoente e popularizador desse campo ideológico, estudou na Universidade de Chicago (onde foi aluno de Von Hayek) e também foi professor da instituição. Ele reuniu em torno de si um grupo de economistas que ficou conhecido como "Escola de Chicago".[16] As ideias disseminadas por esse grupo representam uma contraposição ao Estado do Bem-estar Social, preconizado por Keynes, e foram justamente as que predominaram nos tempos posteriores à Segunda Guerra Mundial, impulsionadas pelas decisões do Encontro de Bretton Woods.

A importância da Escola de Chicago decorre também de sua relação com Wall Street, para onde forneceu suporte teórico. Para isso, os banqueiros de Wall Street proporcionaram financiamento para as pesquisas e publicações do grupo, facilitando muito sua

---

15 *Apud* FRIEDMAN, Milton & FRIEDMAN, Rose D. *Capitalism and freedom*. Chicago: Chicago University Press, 1989.
16 Os membros dessa escola também ficaram conhecidos como "The Chicago boys".

difusão. Mas não só de teoria viveu a Escola. Os principais postos econômicos nos governos autoritários do Chile e da Argentina pertenciam a representantes desse ideário liberal. Friedman prestava, pessoalmente, assessoria a Pinochet, entre outros.[17] No Brasil, após o golpe de 1964, seus discípulos – Octávio Gouvêa de Bulhões, Roberto Campos e Eugênio Gudin, entre outros – também ocuparam importantes postos nos ministérios e agências do Estado ligados à área econômica, e eram conhecidos como os "Chicago boys" ou os "Delfim boys", em referência a Delfim Netto,[18] um dos quadros profundamente influenciados pelo pensamento liberal, que ocupou, por algumas vezes, o Ministério da Fazenda, após o golpe de 1964.

Quanto ao Iseb, ainda como Ibesp, por abrigar intelectuais que se encontravam no campo ideológico oposto ao da Escola de Chicago, atuava como espaço de articulação das ideias que iriam se confrontar com o ideário liberal. Isso nos remete à concepção gramsciana acerca dos espaços existentes na sociedade civil:

> Por enquanto, podem-se fixar dois grandes "planos" superestruturais: o que pode ser chamado de "sociedade civil" (isto é, o conjunto de organismos designados vulgarmente como "privados") e o da "sociedade política ou Estado", planos que correspondem, respectivamente à função de "hegemonia" que o grupo dominante exerce em toda sociedade e àquela de "domínio direto" ou de comando, que se expressa no Estado e no governo "jurídico".[19]

---

17 Cf. BELLO, Walden. *Friedman-Pinochet e o Sul globalizado*. In: Instituto Humanitas UNISINOS. Disponível em *http://www.unisinos.br/ihu/index.php?option=com_noticias&Itemid=18&task=deta lhe&id=2250*. Acesso em 28/12/2007.
18 Antonio Delfim Netto foi Secretário de Fazenda de São Paulo durante o governo de Laudo Natel, Ministro da Fazenda durante os governos Costa e Silva e Médici, Ministro da Agricultura e do Planejamento no governo Figueiredo. Após 1985 concorreu a uma vaga na Câmara dos Deputados pelo Partido Progressista, ingressando, recentemente, no PMDB. Durante a sua gestão como Ministro da área econômica, o PIB apresentou maior índice de crescimento, fenômeno que ficou conhecido como "milagre econômico", o que, na prática, resultou na redução dos salários, flexibilização do emprego e aprofundamento das desigualdades sociais, com uma forte concentração monetária, política preconizada pela Escola de Chicago (*Apud* ABREU, Alzira Alves. *Dicionário histórico biográfico brasileiro pós-1930*. Rio de Janeiro: FGV/Positivo, 2001).
19 GRAMSCI, Antonio. *Cadernos do cárcere*, op. cit., 2006, v. 2, p. 21.

Encontramos diferentes conceitos acerca do papel do Iseb. Ele é identificado como fábrica de ideologias e, segundo esta perspectiva, sua principal característica era servir de espaço de concepção e disseminação de ideias por parte de intelectuais que tinham um ponto em comum: a preocupação em formular propostas teóricas para o desenvolvimento brasileiro. Também é entendido como *agregador de interesses*, uma vez que servia de espaço onde se articulavam aqueles que atuavam nas agências de Estado.

Cabe aqui expor a nossa concepção sobre o Iseb: compreendemos o Instituto como espaço de articulação da contra-hegemonia, na medida em que abrigava alguns intelectuais cuja ligação ideológica era com a classe trabalhadora, e também de veiculação das ideias ligadas aos interesses de um setor do empresariado – os industriais. Para além da função de "fabricar ideologias", o Instituto, contemporâneo da Escola de Chicago, era um espaço de confronto de projetos. Agregava e organizava ideias e intelectuais comprometidos com um projeto que representava interesses de uma fração do empresariado brasileiro e de outros setores da nossa sociedade que se contrapunham ao projeto liberal. Mas o Iseb não era apenas um espaço aglutinador de intelectuais críticos das classes dominantes: ele também era o lugar onde se produziam as ideias e propostas que informavam os movimentos populares.

Por ser o Ibesp contemporâneo da Escola de Chicago e por defender propostas diametralmente opostas às dessa Escola, consideramos o Instituto um aparelho de contra-hegemonia. Como instituição pertencente à sociedade civil, sua função seria aglutinar intelectuais organizadores do projeto que se contrapunha ao liberalismo, não só produzindo as diretrizes do nacional-desenvolvimentismo,[20] como também organizando as propostas que direcionariam as lutas sociais do período.

Nessa perspectiva, o Ibesp pode ser caracterizado, de acordo com Gramsci, como espaço social mediador das relações entre intelectuais e Estado:

---

20 A noção de desenvolvimentismo será analisada no Capítulo V.

A relação entre os intelectuais e o mundo da produção não é imediata, como ocorre no caso dos grupos sociais fundamentais, mas é "mediatizada", em diversos graus, por todo o tecido social, pelo conjunto das superestruturas, do qual os intelectuais são precisamente os "funcionários".[21]

No governo Café Filho – 1955 – o Ibesp foi transformado em agência do Estado, tendo, inclusive, uma dotação orçamentária própria e função definida entre as instituições. Recebeu também uma nova denominação – Iseb – deixando de ser aparelho privado de hegemonia. Neste segundo momento, o Iseb teria, no seu interior, representantes de todas as concepções a respeito do desenvolvimento brasileiro, desde os liberais, defensores da internacionalização da economia brasileira, até os progressistas, representados por Nelson W. Sodré, defensores da soberania nacional, ou nacionalistas.[22]

Tanto o Iseb quanto a FIDF representavam espaços de articulação de ideias e interesses de campos políticos que se opunham ao projeto que se tornaria hegemônico. Por outro lado, a Associação Comercial de São Paulo, a Escola Superior de Guerra e a Escola de Chicago representavam os espaços onde se articulavam as ideias do campo que caminhava para a conquista da hegemonia. Estamos, portanto, tratando de projetos que se confrontavam em torno da conquista do Estado e possuíam, cada um, espaços de articulação na sociedade civil.

Em depoimento concedido a Denis de Moraes,[23] Sodré identifica no Iseb a matriz de uma concepção de cultura e o elemento impulsionador de transformações socioeconômicas e de fixação de identidades nacionais. Segundo ele, no começo de 1964, mesmo sendo ainda uma agência do Estado, o Instituto já não desfrutava do prestígio de anos anteriores. Para o autor, as disputas no seu interior assim como sua inserção no conjunto das forças progressistas do

---

21 GRAMSCI, Antonio, op. cit., p. 20.
22 *Apud* BARROS, Luitgarde Oliveira Cavalcanti, op. cit.
23 MORAES, Denis. *Nelson Werneck Sodré, o Iseb e a crise de 1964*. Disponível em: http://www.artnet.com.br/gramsci/arquiv118.htm. Acesso em 06/08/2006.

momento – que ele define como sendo de tendência *esquerdizante* – levaram ao seu fechamento quando do golpe de 1964.[24]

Ignácio Rangel compartilhava da mesma concepção. Para ele, o Iseb "não é uma repartição anódina, mas uma agência ideológica do governo. Está, portanto, numa área em que política e administração se confundem".[25]

Mesmo como agência do Estado, e talvez especialmente por isso, o Instituto foi palco de disputas políticas. Em seu interior se confrontavam teses desenvolvimentistas e propostas nacionalistas.

A condição de aparelho de hegemonia não é contraditória com a de agência do Estado. Segundo a noção gramsciana de Estado ampliado, a sociedade política é parte da sociedade civil. Não são espaços estanques porque a sociedade política não está acima da sociedade civil, mas ambas fazem parte de um só organismo.

Os intelectuais do Iseb tinham em comum a preocupação em elaborar alternativas de políticas para o Estado brasileiro e formulavam diferentes proposições, a partir dos seus respectivos matizes ideológicos. Nesse sentido, entendemos que, como intelectuais, os isebianos eram os prepostos dos diferentes campos políticos para o exercício das funções subalternas da hegemonia social. Mas, no exercício dessas funções, esses mesmos intelectuais isebianos representavam frações de classes, ou seja: os conflitos existentes no interior do Iseb representavam os diversos projetos existentes na sociedade brasileira durante a década de 1950.

Para Sodré, a crise do Iseb pode ser considerada um reflexo dos embates existentes no interior da sociedade brasileira dos anos 50:

> O próprio Iseb, em sua criação, em sua curta existência, em sua extinção, constituiu sintoma e parte da crise brasileira. A sua crise, a crise interna, só pode ser analisada e compreendida, pois, quando devidamente inserida na crise geral que a emoldurou e presidiu.[26]

---

24 MORAES, Denis, op. cit.
25 RANGEL, Ignácio. Iseb. In. *Do ponto de vista nacional*. São Paulo: Bienal/BNDES, 1992, p. 55
26 SODRÉ, Nelson Werneck, op. cit., p. 28.

Além da heterogeneidade dos campos de pensamento, o Instituto Superior de Estudos Brasileiros também não teve uma trajetória homogênea. Em sua maioria, os analistas dividem sua existência em diferentes estágios. Para Daniel Pécaut,[27] houve duas fases, separadas pela publicação do livro *O nacionalismo na atualidade brasileira*, de Hélio Jaguaribe, onde este explicita sua discordância da ideia de monopólio estatal do petróleo.

Segundo Hélio Jaguaribe, a trajetória do Instituto pode ser distribuída em três fases: na primeira, sob sua orientação, expressa pela escolha de Roland Corbisier como diretor, o Iseb refletia suas ideias e posições. Ele define esta primeira fase como *problematizante*,[28] pois nesse momento foram equacionados e identificados os problemas brasileiros. As propostas elaboradas nessa circunstância tinham como característica, segundo Jaguaribe, "o nacionalismo aberto, incorporativo de todas as grandes ideias do pensamento ocidental, sem nenhum xenofobismo, mas também sem nenhum dependentismo colonial".[29] A segunda fase, para Jaguaribe, ocorreu após sua saída do Instituto. Para ele, a conversão do Conselho da Direção do Iseb em órgão consultivo, possibilitando a designação do diretor por ato do ministro da Educação, tornou sua permanência inviável. Neste ponto, vemos mais um indício de que o Iseb constituía uma agência do Estado: a alteração de seus estatutos só foi feita mediante ato do Poder Executivo. A alteração, ocorrida em 1959, bem como a utilização do Instituto como instrumento de propaganda política para a candidatura de Roland Corbisier, foram determinantes para a saída de Jaguaribe do Iseb, segundo ele mesmo declara.

De acordo com Nelson Werneck Sodré, a saída de Jaguaribe foi provocada por outro fator: a disputa entre ele e Guerreiro Ramos.

---

27 PÉCAUT, Daniel. *Os intelectuais e a política no Brasil – entre o povo e a nação*. São Paulo: Ática, 1990.
28 JAGUARIBE. Hélio. O Iseb e o desenvolvimento nacional. In: TOLEDO, Caio Navarro de (org.). *Intelectuais e política no Brasil. A experiência do Iseb*. Rio de Janeiro: Revan, 2005.
29 JAGUARIBE, Helio, op. cit., p. 35.

Utilizando-se do apoio da UNE, Guerreiro Ramos acusou Jaguaribe de "traição dos ideais nacionalistas do Iseb" pelo conteúdo de seu livro sobre a Petrobras. Ainda de acordo com Sodré, esse estratagema foi utilizado antes mesmo que o livro de Jaguaribe sobre a Petrobras entrasse em circulação. Para Sodré, a luta política interna, que sempre existira no Instituto, transformou-se em conflito aberto nesse momento porque as contradições internas chegaram a um nível agudo.[30]

Para Sodré, os projetos em choque no Iseb eram os mesmos que se contrapunham nos demais espaços da sociedade:

> O Iseb fora fundado com o propósito de criar o que se poderia conhecer como teoria do desenvolvimento. E a crise surgiu, precisamente, do antagonismo entre as duas correntes: uma pretendia que o desenvolvimento deveria repousar principalmente no ingresso massivo de capitais estrangeiros, tratados em regime de privilégio; a outra corrente defendia o oposto, o desenvolvimento deveria alicerçar-se, fundamentalmente nos capitais nacionais, que deveria ser protegidos da concorrência alienígena. Acontece que no governo Kubitschek continha, desde a fase da propaganda, a mesma contradição: ao mesmo tempo que se propunha (e executou) grandes obras destinadas a fortalecer a estrutura econômica do país, obedeceu, como seguidor da Instrução 113 da extinta Sumoc (hoje Banco Central), germinada na rápida passagem de Eugênio Gudin pelo Ministério da Fazenda de Café Filho, e do Plano de Metas, elaborado pelo economista Roberto Campos, e que acobertava as deformações que este ingresso acarretou, reduzindo o desenvolvimento ao simples esforço de alcançar determinados índices numéricos, nos diversos setores da produção, facilitando e protegendo a entrada de grandes capitais estrangeiros. A indústria automobilística, tal como existe hoje em nosso país, deriva dessa concepção e deu no que deu.[31]

---
30 SODRÉ, Nelson Werneck, op. cit., p. 38.
31 SOBRÉ, Nelson Werneck. Iseb: quarenta anos depois. In: SODRÉ, Nelson Werneck & ALVES FILHO, Ivan. *Tudo é política*. Rio de Janeiro: Mauad, 1998, p. 112.

Tais afirmativas corroboram a ideia de uma disputa no Iseb, especialmente durante o período situado entre os anos de 1962 e 1964, considerados por Jaguaribe como a terceira fase do Instituto. São os anos anteriores à dissolução. Segundo Jaguaribe, o Iseb, nesta fase, tornou-se porta-voz de grupos radicais e possuía grande identidade com as posições do Partido Comunista Brasileiro na época, o que levou à sua eliminação após o golpe militar. Naquele momento o Instituto caracterizava-se por ser um espaço de articulação dos movimentos sociais. Nesse sentido, o golpe de 1964, que tinha entre seus objetivos a eliminação desses movimentos, foi implacável com o Instituto.

De nossa parte, consideramos que a trajetória do Iseb não pode ser dividida em fases identificadas apenas pelos seus conflitos internos. Entendemos que as fases nas quais se divide a história do Instituto também podem ser definidas tendo como referência o lugar/função que este ocupava na sociedade. Esse era também fator que produzia os conflitos internos. Podemos tomá-lo como referência para definir as fases da história do Iseb e entender os conflitos como expressão da disputa no seu interior. Portanto, mesmo considerando importante identificar os confrontos internos do Instituto, pensamos que estes não deveriam ser a principal referência na definição das diferentes etapas na sua história, mas que seus diferentes momentos em relação à sociedade civil e à sociedade política poderiam servir como balizadores da análise sobre o Instituto.

Identificamos duas fases: a primeira, conforme já exposto, aquela na qual o Instituto se caracterizava como aparelho privado de hegemonia, e a segunda na qual passou a desempenhar o papel de agência de Estado. Assim, nossa diferenciação leva em conta, especialmente, o papel do Iseb e sua relação com as demais instituições da sociedade civil e política.

O Iseb, como agência do Estado, também era palco dos embates que ocorriam na sociedade brasileira dos anos 50. No Iseb os confrontos entre as frações das classes dominantes envolviam o chamado grupo dos nacionalistas-desenvolvimentistas e o grupo que defendia a necessidade de uma associação com o capital internacional para promover o crescimento econômico desejável para a economia brasileira. Além dos dois grupos, alguns intelectuais identificados com as lutas sociais também disputavam o espaço do Iseb.

É neste ponto que nos debruçamos, mais uma vez, sobre a questão da hegemonia para entender as diferentes concepções existentes no Iseb, pois era nele que se explicitavam e se confrontavam esses dois projetos que representam as frações da burguesia. A disputa entre esses projetos, representados como diferentes concepções de desenvolvimento, se realizava em todos os espaços da sociedade. Eram concepções construídas pelos intelectuais orgânicos. Os intelectuais, por sua vez, vinculavam-se a cada uma das frações de classe em disputa. Trata-se daquilo que Gramsci denomina de "agentes produtores do consenso "espontâneo" dado pelas grandes massas da população à orientação do grupo fundamental à vida social".[32] Esse consenso seria fator fundamental para a expansão do capitalismo, bem como para a modernização da sociedade brasileira, sendo o Iseb um dos *locus* de realização desse consenso.

Para Bresser Pereira,[33] apesar das divergências quanto à questão da nacionalidade do capital utilizado no desenvolvimento, os intelectuais ligados ao Instituto tinham em comum a defesa de que as transformações nos países subdesenvolvidos – especialmente as de caráter econômico e social – só seriam possíveis caso fossem fruto de planejamento e de estratégia, tendo como agente principal o Estado. Pereira também identifica como *revolução capitalista*[34] a forma como os intelectuais isebianos concebiam a ideia de desenvolvimento. Esta "revolução capitalista", segundo Pereira, era uma concepção comum a todos os intelectuais isebianos, mesmo os de orientação

---

32 GRAMSCI, Antonio, op. cit., p. 21.
33 PEREIRA, Luís Carlos Bresser. O conceito de desenvolvimento do Iseb rediscutido. In: *Revista Dados*, v. 47, n. 1, Rio de Janeiro, Iuperj, 2004.
34 Idem.

marxista, e seria feita através do processo de industrialização e nos marcos de um Estado-nação moderno, ou seja: o desenvolvimento deveria acontecer em um mercado capitalista definido e regulado pelo Estado.[35]

A ideia de revolução capitalista, comum aos intelectuais isebianos, poderia ser interpretada como a noção de revolução burguesa, processo que seria um estágio necessário tanto para os isebianos ligados às teses marxistas, que defendiam a "etapa democrático burguesa" para o Brasil, quanto para os isebianos não marxistas, que defendiam o fortalecimento da burguesia como condição para o desenvolvimento industrial, ou seja, o desenvolvimento industrial como condição para o desenvolvimento capitalista. Apontando para a ideia de uma revolução burguesa, os dois campos preconizavam apoio ao empresariado industrial através das políticas estatais, formulando as propostas que serviriam de base para o processo de modernização do capitalismo no Brasil. Estas propostas, suas convergências e contradições, serão mais bem desenvolvidas no próximo capítulo – "Desenvolvimentismo e liberalismo" –, no qual veremos Raúl Prebich, representante do campo desenvolvimentista, terçar armas com Eugênio Gudin, legítimo representante do projeto liberal.

Os intelectuais isebianos também convergiam em torno da ideia de que o desenvolvimento constituía uma necessidade e de que a sociedade brasileira se encontrava dividida em dois setores: *dinâmicos* e *estáticos*, ou *produtivos* e *parasitários*.[36] Dentro dessa lógica, a modernização seria feita através do fortalecimento dos setores considerados dinâmicos. E a indústria era o setor considerado o mais dinâmico.

Outro ponto em comum entre os dois grupos era a noção de que a iniciativa do Estado era importante para se realizar a modernização brasileira. Mas neste ponto divergiam, pois possuíam dife-

---

35 Ibidem.
36 TOLEDO, Caio Navarro, op. cit., p. 118.

rentes concepções a respeito do papel do Estado enquanto agente econômico. Jaguaribe, um dos fundadores do Instituto e um de seus intelectuais mais destacados, considerava que o impulso para o desenvolvimento não seria obtido através do que ele chamava de *nacional-capitalismo*, ou seja:

> Um esforço para empreender o desenvolvimento sócio-econômico e endógeno do país, preservando o sistema de iniciativa privada, sob a direção dos empreendedores nacionais e usando o Estado como um órgão para o planejamento, a coordenação e a suplementação de tal esforço.[37]

Segundo Lovatto, o pensamento de Jaguaribe tinha como principal característica a defesa do papel do Estado como condutor dos processos de desenvolvimento. Mas para isso, ainda segundo ele, o Estado brasileiro deveria sofrer uma reforma política, uma transformação de *"Estado cartorial* em *Estado funcional"*.[38]

Apesar da enunciação de um ideário nacionalista em Jaguaribe, Lovatto identifica nesse autor a defesa da utilização do capital estrangeiro como condição para que a industrialização brasileira fosse possível, sob a justificativa de que a poupança interna era insuficiente para fazer frente à necessidade de capitais para promover uma aceleração do crescimento industrial. Para esta autora, o nacionalismo de Jaguaribe seria um *nacionalismo de meios* e não um *nacionalismo de fins*, pois o capital externo não deveria ser considerado como "força oposta" e sim como "força externa".[39]

Jaguaribe considerava o papel do Estado fundamental como condutor das transformações necessárias na economia e sociedade brasileiras porque sem sua interferência a burguesia nacional não

---

37 JAGUARIBE, Hélio. *Desenvolvimento econômico e desenvolvimento político – uma abordagem teórica e um estudo do caso brasileiro*. Rio de Janeiro: Paz e Terra, 1969, p. 207.
38 LOVATTO, Angélica. A utopia nacionalista de Hélio Jaguaribe – os tempos do Iseb. In: *Revista Lutas Sociais*, n. 3, out. 1997, p. 59.
39 LOVATTO, Angélica, op. cit., p. 65.

poderia superar internamente a resistência das forças tradicionais contrárias ao desenvolvimento socioeconômico. Mesmo assim, por suas posições, ele está longe de poder ser enquadrado dentre os intelectuais ditos nacionalistas do Iseb. Ele considerava o Brasil um "país de eleição para a imigração de capitais", mas isso só se realizaria se fossem eliminados os "velhos preconceitos de escola, os arcaísmos mentais", tarefa que seria desempenhada, segundo ele. pelo Iseb.[40] Portanto, para Jaguaribe, o Iseb deveria ser o espaço de produção das ideias que dariam o suporte aos setores dispostos a combater tais "arcaísmos" em nome do desenvolvimento. Jaguaribe encontrou em Roberto Campos, outro integrante do Iseb, um aliado quanto à necessidade de mobilizar o que eles chamam de "empreendedores nacionais" para a indução do desenvolvimento:

> Os países latino-americanos, do outro lado, ainda se acham em processo de constituir sua personalidade nacional. Precisam recorrer ao nacionalismo como força coesiva para manterem a unidade contra a pressão centrífuga da heterogeneidade de regiões e de grupos e para abater as tensões entre classes. Dentro deste contexto, o nacionalismo pode ainda constituir importante mobilizador do esforço nacional e elemento vital na arrancada para a modernização, apesar de ser naturalmente, como o é a maioria das ideologias, sujeito ao perigo da perversão ideológica.[41]

Para Campos, o ideário nacionalista teria funcionalidade apenas em sociedades arcaicas, o que demonstra que sua noção de modernização envolve necessariamente a internacionalização, colocando-o em oposição a qualquer proposta de desenvolvimento autônomo. Campos só reconhecia uma ideologia nacional como motor de unidade política, principalmente como instrumento para reduzir

---

40 TOLEDO, Caio Navarro, op. cit., p. 118.
41 CAMPOS, Roberto de Oliveira. Relações Estados Unidos-América Latina. Palestra proferida na Conferência sobre Tensões de Desenvolvimento no Hemisfério Ocidental. In. CAMPOS, Roberto de Oliveira. *Ensaios de história econômica e sociologia*. Rio de Janeiro: Apec, 1964, p. 160.

os conflitos entre as classes sociais. Para ele, pelo menos naquele momento, o Estado tinha papel importante: seria o promotor do desenvolvimento. A revisão dessa concepção fica explícita em depoimento posterior:

> Minhas divergências com Gudin e Bulhões, muito comentadas na época, eram talvez mais de ênfase que de substância. E diminuíram rapidamente, à medida que adquiri maturidade intelectual e experimentei desilusões quanto à eficácia do serviço público. Gudin e Bulhões tinham alergia às palavras *planejamento* e *desenvolvimentismo*, que eu defendia com ousadia juvenil.[42]

De fato, ao longo da década de 1950, Roberto Campos abandonou a defesa do Estado como propulsor da economia, passando a defender abertamente a redução da participação do Estado tanto na regulamentação quanto como agente econômico. Essa mudança pode ser constatada no breve comentário crítico sobre a ação do Estado: "O dirigismo econômico acabou se transformando em autoritarismo político".[43]

Tanto para Hélio Jaguaribe quanto para Roberto Campos, a grande ferramenta para a consolidação do desenvolvimento latino-americano – e consequentemente brasileiro – seriam as inversões de capital internacional. Nesse sentido, ambos podem ser alinhados dentro do campo daqueles intelectuais isebianos que defendiam a abertura para o capital internacional como forma de desencadear o processo de desenvolvimento industrial:

> Mais uma vez, fugiria ao escopo deste estudo analisar como e porque a aplicação do modelo do nacional-capitalismo ao Brasil causou as referidas distorções. O que se pode afirmar, muito sumariamente, é que a experiência brasileira demonstrou que a aplicação pura e simples do modelo nacional-capitalismo requer, por um lado, uma sociedade menos heterogênea e, por outro lado, uma consciência

---

42 CAMPOS, Roberto de Oliveira, op. cit., p. 169.
43 CAMPOS, Roberto de Oliveira, op. cit., p. 241.

mais generalizada, de parte da burguesia nacional de seu próprio interesse de classe e da sua função social. As enormes diferenças que separam o mundo rural-agrícola do urbano-industrial e que favorecem a região Centro-sul em detrimento de outras, demonstraram ser excessivas para sua superação pela burguesia nacional. A despeito da ajuda do Estado – que por motivos políticos, não tem sido tão poderoso como deveria – os empreendedores nacionais têm estado naturalmente propensos a intensificar o desenvolvimento do setor e da região mais desenvolvidos, agravando destarte a defasagem ao invés de reduzi-la. A insuficiente consciência de classe e de função, por parte da burguesia nacional, por outro lado, jamais permitiu a acumulação de força política suficiente para robustecer o Estado e assim reforçar a própria burguesia nacional.[44]

Para Roberto Campos, a presença do capital internacional não constituía apenas fator de desenvolvimento, mas uma forma de "preservação" da ordem social e econômica contra o que ele identificava como "a ameaça do comunismo".[45] Ele considerava que somente o desenvolvimento capitalista iria livrar o país da "barbárie". Havia, segundo sua concepção, uma distinção entre nacionalismo e cosmopolitismo, e este último também teria dois desdobramentos: o liberal e o desenvolvimentista. Mesmo encontrando pontos em comum com Jaguaribe, Roberto Campos identifica a posição deste autor como diferente da sua, e denomina de *cosmopolita-desenvolvimentista*.[46]

A partir do exposto, podemos concluir que o Iseb não era monolítico, especialmente quanto às questões ligadas ao grau de internacionalização da economia brasileira. Mesmo no campo daqueles que defendiam a abertura da economia brasileira para o capital estrangeiro, havia nuances quanto à forma de inserção e ao papel do capital internacional. Havia aqueles isebianos que

---

44 JAGUARIBE, Hélio, op. cit., p. 217.
45 CAMPOS, Roberto de Oliveira, op. cit., p. 160.
46 CAMPOS. Roberto de Oliveira, op. cit., p. 296.

se opunham a esse "internacionalismo" e se situavam no campo oposto ao de Jaguaribe e Campos quanto à questão do capital nacional, como é o caso de Nelson Werneck Sodré e Ignácio Rangel.[47] Por sua formação marxista e vinculação ao Partido Comunista, Rangel estivera preso por dois anos durante o Estado Novo. Também participou da Cepal, e essa participação representou um novo marco no seu pensamento, uma vez que o conduziu ao reconhecimento da necessidade de produzir argumentos para um processo de modernização da sociedade brasileira nos moldes capitalistas. Segundo Fernando Pedrão,[48] foi na Cepal que Rangel encontrou uma proposta de tratamento econômico da modernização, o que influenciou sua atuação e produção ao longo de sua permanência no Iseb, especialmente a concepção da Teoria da Dualidade. Com a Teoria da Dualidade, Rangel procurou demonstrar que o planejamento e o controle estatal deveriam estar de acordo com os ciclos econômicos mundiais, mas que, ao mesmo tempo, a estrutura brasileira não é um reflexo imediato de estruturas mundiais. Para ele, forças internas e externas interferiam no nosso desenvolvimento. Segundo Pinto,[49] a dualidade da economia brasileira, em Rangel, estaria definida pela sua condição de empreendimento externamente capitalista e internamente feudal. Decorrente dessa concepção, Rangel advogava o controle do Estado sobre os investimentos, mas também defendia que estes deveriam ser feitos através da concessão de serviços públicos à iniciativa privada nacional.[50]

A partir dessas concepções, podemos definir Ignácio Rangel como um isebiano vinculado ao campo aqui denominado desen-

---

47 *Apud* BARROS, Luitgarde Oliveira Cavalcanti, op. cit.
48 PEDRÃO, Fernando Cardoso. Ignácio Rangel. In: *Revista do Instituto de Estudos Avançados*, v. 15, n. 41, jan./abr. 2001, p. 127-137.
49 PINTO, João A. C. Historiografia, projeto teórico e práticas institucionais – um estudo de caso: Nelson Werneck Sodré e o Iseb. In: MENDONÇA, Sonia Regina de. (org.). *O Estado brasileiro: agências e agentes*. Niterói: Eduff/Vício de Leitura, 2005.
50 RANGEL, Ignácio. História da dualidade brasileira. In: *Revista de Economia Política*, São Paulo, v. 1, n. 4, 1981, p. 5-34.

volvimentista-nacionalista, na medida em que advogava a defesa do capital nacional e era defensor da participação estatal, embora radicalmente contra o monopólio do Estado. Para ele, a modernização seria alcançada através da oligopolização da economia, o que romperia com traços feudais da sociedade brasileira, especialmente no setor agrário. Para Rangel, a questão agrária era um dado importante na contradição entre o capital financeiro e o capital industrial no Brasil e parte da dinâmica dos interesses do capital.[51] Diferente da visão de Rangel era o ideário de Nelson Werneck Sodré. Para Sodré, o Brasil colonial deveria ser identificado como feudal, e o capitalismo brasileiro só teria se consolidado enquanto sistema a partir do século XIX:

> Uma das condições que influíram no nascimento e no desenvolvimento da burguesia brasileira – a condição essencial – foi o aparecimento do imperialismo. Sem compreender a influência que o imperialismo exerceu no mundo, a partir do seu aparecimento nos fins do século XIX, é impossível compreender a gênese da burguesia em países do tipo do Brasil.[52]

Para Sodré, uma vez que o capitalismo brasileiro surgira a partir de impulsos externos – o imperialismo –, este era o fator que determinava sua condição de país periférico. Assim, a ruptura com essa característica só poderia se realizar pela iniciativa de uma burguesia nacionalista, ou seja, a partir do capital nacional:

> Uma economia se caracteriza como colonial ou dependente quando não se estrutura em bases próprias e nacionais, mas em função de objetivos que lhe são estranhos, os objetivos, nesta fase, do imperialismo. Estes objetivos são, normalmente, visados pelos investimentos: o capital estrangeiro monopolista não é estrangeiro pela sua procedência, é estrangeiro porque deve ser, obrigatoriamente, remunerado em moeda estrangeira, porque os seus lucros devem

---

51 PEDRÃO, Fernando Cardoso, op. cit.
52 SODRÉ, Nelson Werneck. *História da burguesia Brasileira*, op. cit., p. 134.

ser remetidos às fontes estrangeiras e, para isso, devem encontrar possibilidade de conversão naquela moeda.[53]

Segundo Sodré, o Iseb era um espaço de articulação e discussão dos problemas brasileiros, a partir de uma ótica que estivesse realmente de acordo com os interesses nacionais. Para ele, "todos os problemas que o Iseb se propunha a discutir, propondo soluções, continuam no palco, continuam sem solução".[54]

Entendemos que o fechamento do Iseb logo após o golpe de 1964 é um indício de que o Instituto representava, para as classes dominantes, um espaço de articulação de projetos que iam para além da "revolução capitalista", uma vez que informava os movimentos sociais e dali partiam projetos alternativos aos das classes dominantes. Dessa forma, o Iseb, durante os anos 50, refletia as disputas políticas que se desenrolavam na sociedade brasileira, especialmente no que diz respeito à forma como o desenvolvimento econômico seria alcançado. Produzindo as ideias que serviriam de suporte para cada um dos campos que disputavam o controle dos espaços e das políticas implementadas pelo Estado brasileiro, o Iseb refletia o processo político ao longo de sua trajetória.

O Instituto confrontava o campo desenvolvimentista com o campo liberal, também identificado com as ideias atualmente denominadas de monetarismo,[55] representantes das frações do empresariado brasileiro, mas também era o *locus* dos debates de "tudo aquilo que representasse a defesa dos interesses nacionais e particularmente dos interesses populares".[56] Essa foi a motivação do seu fechamento. Mas não poderia deixar de ser diferente, pois o Iseb não era algo à parte da sociedade, mas um de seus espaços de disputa de

---

53 SODRÉ, Nelson Werneck. *Formação histórica do Brasil*. São Paulo: Brasiliense, 1973, p. 265.
54 SODRÉ, Nelson Werneck. Iseb: quarenta anos depois. In: SODRÉ, Nelson Werneck & ALVES FILHO, Ivan. *Tudo é política*. Rio de Janeiro: Mauad, 1998, p. 112.
55 Monetarismo é a denominação utilizada para a principal corrente de ideias econômicas em oposição ao keynesianismo, cujos principais defensores foram George Stigler e Milton Fridman, da Escola de Chicago.
56 SODRÉ, Nelson Werneck. *Iseb: quarenta anos depois*. In: SODRÉ, Nelson Werneck & ALVES FILHO, Ivan, op. cit., p. 112.

hegemonia, esta entendida não como dominação, mas como direção intelectual e moral.

Além de ser, inicialmente, um aparelho privado de hegemonia e, em seguida, uma agência de Estado, o Iseb, durante sua existência, foi o espaço onde se expressaram os diversos projetos que estavam colocados para a sociedade brasileira nos anos 50, dentre eles os que foram vitoriosos e que serviram de base para a transformação da Sumoc no Banco Central do Brasil, consolidando o projeto neoliberal. Para melhor entendermos algumas vertentes do pensamento que fundamentavam alguns desses projetos, iremos analisar, no próximo capítulo, um debate entre as duas principais correntes que representavam o pensamento do empresariado brasileiro.

Capítulo III
Desenvolvimentismo e liberalismo
– duas faces da mesma moeda

*Meu partido
É um coração partido
E as ilusões estão todas perdidas
Os meus sonhos foram todos vendidos
Tão barato que eu nem acredito
Eu nem acredito
Que aquele garoto que ia mudar o mundo
(Mudar o mundo)
Frequenta agora as festas do "Grand Monde"*

*Meus heróis morreram de overdose
Meus inimigos estão no poder
Ideologia
Eu quero uma pra viver
Ideologia
Eu quero uma pra viver* [...]
(Cazuza, Ideologia)

As décadas de 1940 e 1950 foram marcadas pelo intenso debate entre duas concepções no que diz respeito às propostas para a economia e a sociedade brasileiras: de um lado, as ideias denominadas desenvolvimentistas e, de outro, as ideias conhecidas como liberais ou monetaristas.[1] Este debate foi definido por Guido Mantega[2] como a polarização entre duas linhas ideológicas em torno das quais se

---

1 Entendemos por ideias liberais aquelas que correspondem ao campo do monetarismo, principal corrente de ideias econômicas em oposição ao keynesianismo. Os principais defensores do liberalismo foram George Stigler e Milton Fridman, da Escola de Chicago. Esta denominação é utilizada para a defesa da estabilidade econômica através de instrumentos monetários, especialmente o controle do volume de moeda e outros meios de pagamento disponíveis, bem como da redução do papel do Estado na economia dos países – especialmente os periféricos.
2 MANTEGA, Guido. *A economia política brasileira*. Petrópolis: Vozes, 1992, p. 11.

dividia a intelectualidade brasileira durante a década de 1950. Na verdade, esse é um debate que continua na ordem do dia. Concordamos com Mantega, porque identificamos o conteúdo dessas duas correntes como formulações ideológicas. Para isso, nos remetemos à concepção de ideologia em Marx, para quem as ideias e teorias são socialmente determinadas pelas relações de dominação entre as classes, pois:

> As idéias (Gedanken) da classe dominante são, em cada época, as idéias dominantes; isto é, a classe que é a força *material* dominante da sociedade é, ao mesmo tempo, sua força espiritual dominante. A classe que tem à sua disposição os meios de produção material dispõe, ao mesmo tempo dos meios de produção espiritual, o que faz com que a ela sejam submetidas, ao mesmo tempo e em média, as ideias daqueles aos quais faltam os meios de produção espiritual.[3]

Ideias representam concepções de mundo, pontos de vista já estabelecidos ou que se pretendem estabelecer. No caso das ideias analisadas neste capítulo, entendemos que seus objetivos eram definir o papel das instituições e as políticas que se realizavam através dessas mesmas instituições. O confronto entre as ideias desenvolvimentistas e liberais representava um confronto entre classes ou frações de classe que se fazem representar por pontos de vista As ideias desenvolvimentistas eram defendidas pelos empresários vinculados à produção industrial, e as ideias liberais eram patrocinadas pelos empresários vinculados à exportação de produtos agrícolas. Esta afirmação é baseada no exame dessas duas correntes ideológicas, tanto a conhecida como desenvolvimentista como a denominada liberal, ambas norteadoras dos projetos políticos que representavam a disputa existente no período pelo controle dos espaços estatais e da definição das políticas levadas adiante pelo Estado brasileiro nos anos 50.

Apesar de pertencerem a diferentes campos, a análise dos discursos dos principais expoentes nos conduziram à constatação de

---

3 MARX, Karl & ENGELS, Friedrich, op. cit., p. 72.

que, ao contrário de serem doutrinas que se contrapunham, eram projetos que se complementavam, pois constituíam propostas defendidas por frações das classes dominantes. Tais discursos eram os que predominavam nos espaços institucionais dos anos 50 e ainda estão presentes na vida política brasileira nos dias atuais, daí a importância de sua abordagem e do seu significado.

Uma concepção econômica influencia o funcionamento do aparelho estatal ou gera diretrizes para as instituições públicas, convertendo-se em política de Estado, na medida em que o grupo com ela identificado detém a hegemonia, determinando a direção para as políticas estatais. Temos como exemplo as políticas inspiradas nas ideias keynesianas, cuja difusão se deu inicialmente entre economistas, especialmente nas primeiras décadas do século XX, e que resultou na ampliação do papel do Estado – tanto como agente quanto como regulador –, decorrente da economia de guerra, da necessidade de reconstrução e de "expansão dos benefícios sociais", ou seja, do chamado "Welfare State". As diretrizes econômicas keynesianas possuíram, do ponto de vista de seu desdobramento político, a legitimação do papel do Estado intervencionista, podendo ser identificadas a partir dos anos 30 do século XX. Trata-se do período em que a burguesia industrial detinha a hegemonia através da produção de ideias que justificavam a intervenção estatal e se traduziam na produção do consentimento por parte da sociedade civil.

Durante as décadas de 30 e 40, a industrialização brasileira foi fruto da iniciativa estatal e de empreendimentos nacionais. Isso se deve ao fato de que, na década de 1930, a crise financeira e a redução da acumulação interna das empresas dos países industrializados – resultante da queda nas taxas de lucro – diminuiu consideravelmente seus investimentos nos países periféricos, o que fortaleceu o caráter nacional do processo de industrialização brasileiro. Embora não fosse o seu principal objetivo, as políticas tarifárias existentes no Brasil ao longo dessa mesma década também tiveram efeito protecionista. Durante o Estado Novo, o Estado apoiou fortemente a indústria de forma indireta, através de crédito subsidiado do Banco do Brasil ao setor privado e de tarifas de importação de maquinário subsidiadas. Também apoiou de forma direta, através de investimentos na infraestrutura e da criação de empresas estatais para a produção de insumos básicos. Da mesma forma, o controle rígido do câmbio, através do Banco do Brasil, entre os anos de 1931 e 1933 e também entre 1937 e 1939, teve como objetivo o protecionismo à indústria nacional.

A intervenção estatal no desenvolvimento da infraestrutura, bem como a forte presença do Estado como agente econômico, tinha o apoio dos empresários ligados ao setor industrial. Isso significa que era bem recebida pelo setor privado da economia, especialmente em virtude dos grandes requisitos de investimentos para a construção de alguns setores de base e da inexistência de um segmento financeiro desenvolvido para promover a participação privada. Até mesmo a ocorrência da Segunda Guerra Mundial, e a consequente dificuldade de importação, especialmente de bens de capital, proporcionou, acidentalmente, uma proteção à indústria brasileira, alavancando o processo de substituição de importações, principal característica do processo de industrialização no Brasil.

Durante esse período, consolidou-se a influência política da chamada burguesia industrial brasileira, especialmente a paulista, que produziu e fortaleceu suas associações de classe a fim de garantir espaços para a defesa de seus interesses. Dentre estas associações destacavam-se a Confederação Industrial do Brasil, mais tarde Confederação Nacional da Indústria (CNI) – fruto da ruptura na Associação Comercial de São Paulo –, bem como a Federação das Indústrias do Estado de São Paulo (Fiesp). Entre as lideranças desse setor, destacou-se Roberto Simonsen, cujas posições – a favor de uma política industrial e protecionista – eram bem conhecidas desde a década de 1920, tendo sido presidente da Confederação Industrial do Brasil, bem como um dos idealizadores e dirigentes da Fiesp.

As ideias e práticas defendidas por Simonsen, que preconizava o planejamento e a forte presença do Estado na economia, tanto como regulador quanto como agente, pertenciam a uma fração das classes dominantes cujos interesses estavam ligados à indústria, e geraram diretrizes para a atuação do Estado durante a primeira metade do século XX. Com a aproximação do fim da Segunda Guerra Mundial e o consequente fortalecimento da liderança política e econômica dos Estados Unidos no mundo capitalista, os acordos produzidos na reunião de Bretton Woods passaram a apontar para a predominância das posições liberais. Como consequência tivemos o fim do protecionismo nas relações econômicas internacionais desde o final da Primeira Guerra Mundial, bem como uma redução da participação do Estado na economia.

No Brasil do pós-guerra, Eugênio Gudin, um dos participantes da reunião de 1944, era o intelectual ligado ao pensamento econômico liberal mais preeminente. Sua oposição ao intervencionismo estatal, especificamente no que diz respeito à política de apoio à industrialização, obtinha o apoio da classe produtora agrícola e dos setores ligados ao comércio externo. Sua argumentação encontrava boa acolhida na Associação Comercial de São Paulo, órgão de defesa dos interesses agrário-exportadores que tinha como principal publicação a *Revista Digesto Econômico*. Nessa revista é possível encontrar muitos artigos de autoria de Eugênio Gudin com severas críticas à participação do Estado na economia.

O embate mais conhecido entre esses dois campos ideológicos foi o que ocorreu entre Eugênio Gudin e Roberto Simonsen, realizado no final da década de 1940, intitulado "A controvérsia do planejamento na economia brasileira". Este debate tem sido identificado como um confronto entre duas concepções distintas a respeito da necessidade do planejamento econômico.

O debate entre Simonsen e Gudin, um clássico para os analistas que se debruçam sobre as ideias que nortearam a economia brasileira após a Segunda Guerra Mundial, tratava da exposição de duas concepções a respeito da forma de atuação do Estado e da necessidade de absorção de capitais capazes de fomentar o crescimento econômico. Mas ele versava, principalmente, sobre qual setor da economia deveria ser fortalecido para que esse crescimento ocorresse. Tratava-se de um embate entre industrialistas e agraristas, cujas ideias eram defendidas por atores sociais pertencentes às diferentes frações da burguesia brasileira, cujos interesses estavam ligados a cada um dos dois setores de produção. Nesse sentido, tais ideias devem ser encaradas como manifestações da luta pela hegemonia e pela procura de formas de construção do consenso para realizar essa hegemonia.

Roberto Simonsen, descendente de tradicionais famílias de industriais paulistanos, foi presidente da Cerâmica São Caetano S. A., da Companhia Paulista de Mineração, da Federação das Indústrias do Estado de São Paulo e vice-presidente da Confederação Nacional de Indústrias. Além de participar do movimento paulista de 1932, foi deputado federal por São Paulo em 1934 e senador em 1948. Como vice-presidente da seção brasileira do Conselho Interamericano de Comércio e Produção, atuou na reunião de outubro de 1947, em Petrópolis, na qual defendeu a tese de um Plano Marshall para a América Latina.

Da sua parte, Eugênio Gudin, patrono dos economistas brasileiros, engenheiro civil formado pela Escola Politécnica do Rio de Janeiro, foi professor da Universidade do Brasil e membro da Comissão de Estudos Financeiros e Econômicos para Estados e Municípios. Também fez parte da Comissão de Planejamento Econômico da Caixa de Mobilização Bancária do Banco do Brasil, da Comissão de Reconstrução Econômica Financeira do Conselho Técnico de Economia e Finanças da Academia Nacional de Montevidéu, da Royal Economic Society e membro da diretoria e vice-presidente da International Economic Association. Foi governador do Brasil junto ao Fundo Monetário Internacional no período de 1951 a 1956 e delegado do Brasil na Conferência Monetária Internacional de Bretton Woods. Foi ministro da Fazenda no governo Café Filho e criou na sua administração o Imposto sobre Energia Elétrica, quando instituído o Fundo Federal de Eletrificação, assim como introduziu o sistema de desconto na fonte do imposto incidente sobre os rendimentos do trabalho assalariado.

Com estas biografias e seus consequentes vínculos políticos e ideológicos, podemos entender que suas divergências se concentravam em torno do papel do Estado no processo de desenvolvimento brasileiro e da origem do capital a ser utilizado no processo de industrialização. Vale aqui destacar que, quando o assunto dizia respeito às classes trabalhadoras, suas posições convergiam, o que demonstra, na prática, que ambos pertenciam às classes dominantes.

A Cepal,[4] também partidária da intervenção estatal e da industrialização como forma de implementar o desenvolvimento, participou desse debate, durante os anos 50, através de seu fundador, Raúl Prebisch. Tal como Simonsen, as principais divergências da Cepal com os monetaristas encontravam-se na importância atribuída ao planejamento econômico e ao papel do Estado. Para os cepalinos, o Estado planificador acabaria por assumir um papel empresarial, afastando os interesses privados e redirecionando as próprias práticas do mercado. Para os desenvolvimentistas, representados inicialmente por Roberto Simonsen e mais tarde pela Cepal, era preciso incentivar a indústria para que o país alcançasse um crescimento capaz de colocá-lo no conjunto das nações desenvolvidas. Para este campo de pensamento, indústria era sinônimo de desenvolvimento. Para Simonsen, "a parte nucleal de um programa dessa natureza, visando a elevação da renda a um nível suficiente para atender aos imperativos da nacionalidade, tem que ser constituída pela industrialização".[5]

Simonsen defendia a concepção de que o desenvolvimento de uma nação estaria associado à industrialização e que para a pro-

---

4 Comissão Econômica para a América Latina e o Caribe, criada em 25 de fevereiro de 1948, pelo Conselho Econômico e Social das Nações Unidas (Ecosoc), com sede em Santiago, Chile.
5 SIMONSEN, Roberto. A planificação da economia brasileira. In: *A controvérsia do planejamento na economia brasileira*. Rio de Janeiro: Ipea/Inpes, 1977, p. 33

moção da industrialização de um país subdesenvolvido o incentivo do Estado era fundamental. Segundo ele, essa participação se daria, principalmente, através do protecionismo e do planejamento. Argumentava que o planejamento seria a estratégia capaz de criar condições para o crescimento industrial, fosse pela via dos investimentos estatais, fosse pela via dos investimentos privados. Mas não era partidário da criação de obstáculos para os investimentos estrangeiros ou de uma política protecionista. Para ele nenhuma das fontes de financiamento deveria ser descartada:

> Temos carência de capitais e de mão de obra especializada para a indústria e, no entanto, nossa legislação e nossa organização econômicas não favorecem a imigração e os investimentos estrangeiros, nem estimulam a mobilização de capitais nacionais para fins reprodutivos.[6]

Confronto semelhante ocorreu entre Eugênio Gudin e Raúl Prebisch[7] nos anos 50. Este segundo debate, cuja documentação permanecia inédita até o momento, ainda não havia sido examinado pelos pesquisadores que trabalham com o tema. Constitui a continuação do embate anterior, entre representantes dos dois campos, e também pode ser identificado como "um clássico". Por se tratar de uma polêmica realizada na década seguinte à primeira e envolvendo as mesmas questões, demonstra que as contradições e convergências entre os dois setores ainda eram as mesmas e talvez ainda estivessem mais fortes dez anos depois do primeiro debate. Este segundo embate entre os dois campos ideológicos ocorreu em 1953, ou seja, às vésperas dos eventos que levariam ao suicídio do presidente Getúlio Vargas, justamente quando as tensões entre os dois setores do empresariado nacional, representados no debate anterior, encontravam-se mais

---
6 Idem, p. 27.
7 Economista argentino, nascido em 1901, foi o fundador e mais destacado intelectual da Cepal, e iniciador da linha estruturalista no pensamento econômico. Em seu país de origem, trabalhou no Ministério da Agricultura na década de 1920 e no Ministério da Fazenda na década de 1930. Ocupou sua direção até 1963, quando deixou a instituição para assumir o cargo de Secretário-geral da Conferência das Nações Unidas sobre Comércio e Desenvolvimento, órgão criado no mesmo ano pelo Conselho Econômico e Social da ONU.

acirradas, e se reveste de importância por anteceder o período em que as teses cepalinas foram mais utilizadas: o governo Kubitschek. Da mesma forma que Simonsen, a Cepal, através de seu fundador Raúl Prebisch, defendia o planejamento da economia para que fosse possível uma industrialização, única maneira de reduzir os desequilíbrios de renda nos países latino-americanos:

> Permita-me Dr. Gudin que lembre a Vossa Excelência duas cifras mencionadas na exposição que fiz o ano passado, no México, na reunião do Banco Internacional para Reconstrução e Fomento, e que não deixaram de lhe causar impressão: por cada 1 por cento de aumento da renda per capita dos Estados Unidos a procura de importações de alimentos e matérias-primas provenientes da América Latina aumenta apenas de 0.65 por cento. O mesmo aumento de 1 por cento da renda per capita na América Latina implica um aumento de 1.8 por cento na procura de importações de artigos manufaturados. Se não se corrigisse os efeitos desta disparidade, a taxa de crescimento da América Latina teria de ser bastante inferior à dos grandes centros industriais e a desigualdade de renda entre uns e outros tenderia a aumentar cada vez mais.[8]

A Cepal foi o laboratório institucional para a elaboração da base teórica do desenvolvimentismo. A Comissão, surgida no final da década de 1940, tinha como principal preocupação explicar as diferenças de desenvolvimento econômico entre os países da América Latina e os países do Primeiro Mundo, propondo formas de superação dessas diferenças dentro dos moldes capitalistas. Para seus principais líderes, especialmente Raúl Prebisch,

> [...] os países periféricos da América Latina estavam amarrados pela falta de dinamismo de suas estruturas produtivas, baseadas num punhado de produtos primários, com pouco desenvolvimento

---

8 PREBISCH, Raúl. *Mística do equilíbrio espontâneo da economia: respuesta del Dr. Prebisch a un artículo de prensa de Eugênio Gudin*. In: PREBISCH, Raúl. *Discursos, declaraciones y documentos 1952-1963*. Santiago: Cepal, 1953, v. 1, fascículo 5, 3 v. [Trata-se de documento original e inédito, ainda não publicado, gentilmente cedido pelos arquivos da Cepal a esta autora].

industrial e tecnológico, e teleguiadas pelos mercados consumidores dos centros.⁹

É importante identificarmos que esta corrente também constrói uma identidade entre a ideia de desenvolvimento e a indústria. Para estes pensadores, a superação do atraso só se daria no campo do desenvolvimento capitalista, com ênfase principalmente no crescimento do número de indústrias. Este campo ainda possuía uma fração, o denominado *nacional-desenvolvimentismo*. Datado especificamente dos anos 50, tinha como principal característica a defesa do intervencionismo estatal e da prioridade para o capital nacional, especialmente o capital estatal. Reunidos no Iseb, os pensadores ligados a esta corrente e oriundos de várias instituições, especialmente do setor público, tinham como principal argumento a impossibilidade do empresariado nacional em arcar com investimentos, bem como a falta de interesse por parte dos investidores estrangeiros na organização de um setor industrial brasileiro, especialmente no que dizia respeito às indústrias de base. Mesmo assim, segundo Bielchowsky,[10] esses intelectuais não deixavam de reconhecer e acolher o interesse do capital estrangeiro pelos investimentos em setores ligados à indústria:

> Nos demais setores industriais, porém, o capital estrangeiro era bem-vindo pelos desenvolvimentistas nacionalistas. Esse é o ponto nem sempre compreendido pelos estudiosos da industrialização brasileira. Explica, por exemplo, como o comandante Lucio Meira, um desenvolvimentista nacionalista, foi o grande articulador do Plano de Metas no que se refere à indústria automobilística, trazendo para o país as grandes empresas internacionais.[11]

Do ponto de vista de seu conteúdo ideológico, o discurso nacional-desenvolvimentista também pode ser entendido como uma demonstração de que, na prática, tratava-se de mais um discurso

---

9 MANTEGA, Guido, op. cit., p. 36.
10 BIELSCHOWSKY, Ricardo. *O pensamento econômico brasileiro*. Rio de Janeiro: Contraponto, 1996.
11 Idem, p. 128.

destinado a dar sustentação a um projeto da mesma fração de classe, a burguesia industrial, que lança mão desse ideário para construir um consenso em torno de seus interesses.

O nacionalismo, por sua vez, remete-nos a um processo que, do ponto de vista da estrutura da ideologia nacional, é mais específico, pois se trata de um determinado modo de apropriação/questionamento do fetichismo do Estado burguês que, ao testemunhar a crise daquela ideologia, expressa uma questão nacional.[12]

Entendemos que a ênfase na defesa do capital nacional por parte de setores ligados à burocracia estatal constitui a expressão dos conflitos que ocorriam no interior do aparelho de Estado. Essa burocracia estatal, segundo Almeida,[13] manobrava em meio às diferentes frações da classe dominante e buscava criar uma base de massa para uma política de industrialização. Essa fração de classe – os empresários ligados à indústria – procurava aumentar seu espaço de articulação também no Iseb, confrontando-se com outros projetos que também povoavam o Instituto, tanto na sua primeira fase, como aparelho de contra hegemonia, quanto na segunda, já como agência do Estado.

A distância entre o desenvolvimentismo e o nacional-desenvolvimentismo pode ser medida principalmente pelos seus desdobramentos: o nacional-desenvolvimentismo influenciou setores da esquerda, como o PCB, que, ao formular sua estratégia, identificava o imperialismo como o inimigo a ser combatido para a consolidação da etapa democrático-burguesa da revolução brasileira.[14]

O campo desenvolvimentista não estava preocupado em formular um projeto de transformação das estruturas, mas de consolidação definitiva do capitalismo brasileiro pela via da substituição das importações, mesmo que para isso fosse necessário contar com a

---

12 ALMEIDA, Lúcio Flávio de, op. cit., p. 50.
13 Idem.
14 A tática de aliança com a burguesia nacional desenvolvida pelo PCB também deriva do 5º Congresso do Komintern. A principal resolução deste Congresso foi a definição da tática de formação de uma frente única nas bases, bem como o enfrentamento da questão colonial através do apoio às burguesias nacionais nos movimentos nacionalistas, uma vez que para o Komintern as burguesias nacionais tinham um papel revolucionário.

colaboração do capital internacional. Estes dois campos de pensamento também estiveram representados no Iseb. É nesse sentido que vemos que a disputa política descrita no capítulo anterior também se deu no interior do Instituto.

No campo denominado desenvolvimentista, encontramos representantes de frações das classes dominantes, especialmente aquelas vinculadas à burguesia industrial. E é este setor que irá encontrar na Cepal o espaço de formulação das ideias que dariam sustentação ao seu projeto. Mesmo constituindo um espaço de elaboração de ideias situadas no campo denominado desenvolvimentista, a Cepal também formulava propostas que podemos identificar como próximas das concepções consideradas, pela maioria dos autores, como "liberais". Na verdade, em relação a algumas questões, existe convergência entre os dois campos.

Examinamos a identidade dos pontos de vista desses dois campos no que diz respeito às seguintes questões: a intervenção do Estado, a vocação agrária e o capital estrangeiro, utilizando os dois momentos em que as concepções se confrontam – o debate entre Gudin e Simonsen e o debate entre Gudin e Prebisch. No que diz respeito à "intervenção do Estado", podemos identificar na corrente desenvolvimentista a noção de que seu papel é garantir o crescimento industrial:

> O grau de intervencionismo do Estado, deveria ser estudado com as várias entidades de classe para que, dentro do preceito constitucional, fosse utilizada, ao máximo, a iniciativa privada e não se prejudicassem as atividades já em funcionamento no país, com a instalação de novas iniciativas concorrentes.[15]

Para Simonsen, industrialização e ação estatal eram instrumentos através dos quais se combateria a miséria e se promoveria o desenvolvimento. Portanto, só o Estado seria capaz de promover, ampliar, modernizar e diversificar a indústria nacional, principalmente em virtude da fragilidade do capital privado. Importante é frisar que

---
15 SIMONSEN, Roberto, op. cit., p. 36.

o combate à miséria, para este autor, poderia significar uma melhoria nas condições de vida da massa trabalhadora, de forma a inseri-la no mercado capitalista.

Sem dúvida, existe uma convergência entre Simonsen e Prebisch, pois para este último a presença do Estado também é fundamental e visa garantir o crescimento e o equilíbrio de uma economia capitalista:

> Por esses dois exemplos que acabo de dar, comprova-se que o Dr. Gudin continua acreditando na tendência ao equilíbrio, inerente ao sistema econômico, quando não se introduzem elementos perturbadores. Eu, porém, não creio nisso. O ciclo é a forma típica de crescimento da economia capitalista, isto é uma sucessão ininterrupta de desequilíbrios. Confio, sem embargo, que uma política esclarecida permitirá atenuar apreciavelmente essas flutuações. Essa política representa uma intervenção deliberada no sistema. Mas a política de desenvolvimento representaria igualmente uma intervenção para corrigir os enormes desequilíbrios entre os centros industriais e a periferia da economia mundial.[16]

Simonsen considera a agricultura uma atividade complementar, destinada a criar condições para o desenvolvimento industrial e urbano. Mas identifica a ação do Estado como fundamental para garantir a modernização da agricultura, quando afirma que "essa industrialização não se separa, porém, da intensificação e do aperfeiçoamento da nossa produção agrícola, a que ela está visceralmente vinculada".[17]

Prebisch também vê no desenvolvimento e na modernização da agricultura uma forma de criar condições para o crescimento industrial. Ele relembra que "os trabalhos da Cepal têm procurado demonstrar que esse aumento da produtividade na agricultura é um elemento básico do desenvolvimento econômico".[18]

---

16 PREBISCH, Raúl, op. cit.,
17 SIMONSEN, Roberto, op. cit., p. 34.
18 PREBISCH, Raúl, op. cit.

Gudin não identifica a agricultura como complementar à indústria. Ele a vê como o mais importante setor da nossa economia. Para o autor, nossa verdadeira vocação econômica seria a de exportar produtos agrícolas. Para ele não era possível associar progresso e industrialização, pelo menos no caso de países periféricos como o Brasil. Ele considerava também inaceitável a intervenção do Estado na economia, pois "não haveria melhor caminho para a consolidação de um regime totalitário de capitalismo de Estado, em que já temos tão largamente avançado nos últimos dez anos".[19]

No debate com Prebisch, em 1953, Gudin mantém as mesmas convicções que defendia em 1947, quando polemizou com Simonsen: ele continuava considerando que a intervenção do Estado era inaceitável:

> Recusam-se às empresas privadas os indispensáveis elementos de vida e equilíbrio econômico para, depois de um período de agonia mais ou menos longo, recolher-lhes os despojos e declará-las incapazes. Esta é a história (que merecia ser escrita) das malogradas companhias de estradas de ferro no Brasil, como das malogradas tentativas de estabelecer a grande siderurgia. O Estado despacha o empresário por incapaz e má figura: declara a falência da iniciativa privada e chama a si a direção do serviço.[20]

Gudin e Simonsen também divergiam sobre a necessidade de planejamento da economia. Podemos identificar essa divergência quando Gudin afirma acreditar "mais na análise das deficiências, das deformações e dos erros praticados em cada um dos setores da economia e no estudo da maneira de corrigi-los. Até certo ponto, porém, essa divergência pode ser mais terminológica do que de fundo".[21]

---

19 GUDIN, Eugênio. Rumos da política econômica. In: *A controvérsia do planejamento na economia brasileira*, op. cit., p. 55.
20 GUDIN, Eugênio. A mística do Planejamento - I. *Correio da Manhã*, Rio de Janeiro, sexta-feira, 29 de maio de 1953. 1º Caderno – p. 2.
21 GUDIN, Eugênio, op. cit., p. 54.

Mas a discordância principal era em relação ao papel do Estado: Nitidamente divergente da orientação do digno Conselheiro Relator, é ainda o meu parecer no tocante à sua constante preocupação de garantir a proteção paternalística do Estado aos "interesses existentes", especialmente aos dos atuais industriais, de cuja associação de classe é o Conselheiro Simonsen operoso Presidente, não hesitando o ilustre Relator em proclamar a "necessidade de não se prejudicarem as atividades já em funcionamento no país, com a instalação de novas iniciativas concorrentes"![22]

Para Simonsen, legítimo representante da fração industrialista da burguesia brasileira, o Estado tem por função criar garantias para o crescimento da indústria, enquanto para Gudin, cujo pensamento estava de acordo com a melhor tradição liberal, tal crescimento só poderia ser possível dentro das condições dadas pelo mercado. Para Simonsen, o planejamento seria a forma de atingir um rápido crescimento da renda nacional e também de garantir a ação do Estado.

Prebisch, no debate com Gudin, defendia uma ampla intervenção do Estado, argumentando que esta ação não invalidava a iniciativa privada. Para ele, "o desenvolvimento econômico não pode ser um processo espontâneo se não provém de medidas adotadas com o propósito de condicionar e estimular a iniciativa do empresário".[23]

Segundo Maza,[24] Simonsen considerava que, mesmo não existindo relação imediata de causa e efeito, apenas com a ação do Estado seria possível garantir o rápido crescimento tanto da agricultura quanto da indústria. Este autor também identifica na proposta de política econômica nacional feita por Simonsen a justificativa para o exercício de uma hegemonia dos empresários industriais.[25] Este é um ponto de discordância entre os dois campos ideológicos, visto

---

22 GUDIN, Eugênio, op. cit.
23 PREBISCH, Raúl, op. cit.
24 MAZA, Fábio. *O idealismo prático de Roberto Simonsen: ciência, tecnologia e indústria na construção da nação*. São Paulo: Instituto Roberto Simonsen, 2004.
25 MAZA, Fábio, op. cit., p. 219.

que, para Gudin, somente o mercado deveria regular o desenvolvimento da indústria nacional. Seu argumento era que se o Estado atuasse como regulador da economia na verdade estaria sendo utilizado em defesa de interesses particulares:

> Na execução da política de produtividade, por que está a bradar o povo brasileiro, importa estar atento à insidiosa resistência pacífica dos INTERESSES REACIONÁRIOS de grupos e associações industriais que visam, antes de tudo, a defesa dos interesses particulares dos industriais já instalados, desenvolvendo surda oposição e hábeis manobras contra tudo que possa vir a com eles concorrer. É a política de afastamento de concorrentes (nacionais e estrangeiros), de restrição de produção e manutenção dos preços. Os diretores dessas associações entendem (e talvez entendam certo, de seu ponto de vista) que o seu dever está em defender os interesses dos associados que os elegeram e de cujo apoio podem precisar amanhã para sua reeleição ou para apoio a suas pretensões políticas...[26]

É importante ressaltar a divergência entre os dois campos: a agricultura como fator necessário ao desenvolvimento do país. Para Gudin, a indústria era complementar à agricultura.

> Um dos argumentos mais correntes a favor de nossa industrialização é o de que os países industrializados são ricos e os países de economia agrícola ou extrativa são pobres. Como princípio não é verdadeiro. Onde as terras são férteis e planas, onde se praticam a irrigação e a drenagem, onde se dispõe dos conhecimentos técnicos e dos elementos necessários à adubação, onde se faz uso das máquinas agrícolas para preparar o solo, para semear, para capinar e mesmo para colher, onde se disseminam a instrução e a técnica, a economia agrícola pode formar um país muito rico e de alto padrão de vida. Para nós brasileiros, basta que olhemos para a Argentina.[27]

---

26 GUDIN, Eugênio, op. cit., p.129.
27 GUDIN, Eugênio, op. cit., p. 115.

Para Simonsen, a agricultura é importante, mas complementar à indústria, e é este setor que deve receber do Estado tratamento preferencial capaz de garantir o desenvolvimento e a modernização do país. Ele defende "a necessidade da criação de Bancos Industriais destinados ao financiamento de novos empreendimentos e ao propiciamento de uma assistência técnica mais intensa".[28]

Apontamos uma convergência entre os dois campos: a inexistência de antagonismo entre capital nacional e capital estrangeiro. Simonsen não possui tantas restrições ao capital estrangeiro quanto se poderia supor. Para ele, o capital estrangeiro viria suprir as necessidades do desenvolvimento industrial nacional não atendidas pelo capital brasileiro:

> Temos carência de capitais e de mão de obra especializada para a indústria e, no entanto, nossa legislação e nossa organização econômica não favorecem a imigração e os investimentos estrangeiros nem estimulam a mobilização de capitais nacionais para fins reprodutivos.[29]

Para Simonsen, o ingresso de capital estrangeiro deveria ser controlado através da intervenção do Estado. Essa intervenção teria como finalidade garantir que "*não se prejudicassem as atividades já em funcionamento no país, com a instalação de novas iniciativas concorrentes*". Para ele, representante da fração de classe industrialista, as indústrias já existentes e que pertenciam a particulares deveriam ser protegidas pelo Estado contra a concorrência, não por uma questão de nacionalismo, mas porque desacreditava na capacidade de nossa indústria de enfrentar a concorrência externa. Portanto, para Simonsen, o intervencionismo estatal deveria estar a serviço do setor do empresariado por ele representado. Prebisch também não faz restrições à entrada de capitais internacionais:

---

28 SIMONSEN, Roberto, op. cit., p.28.
29 SIMONSEN, Roberto, op. cit., p. 27.

O Dr. Gudin poderia aduzir que no caso de serem criadas condições favoráveis o capital estrangeiro afluiria. Mas não se pode afirmar que este fato ocorreria na medida necessária e desejada. Mormente se o capital estrangeiro é plenamente justificável em certas inversões, especialmente naquelas que incorporam novas fórmulas de técnicas produtivas, em outras seria mais conveniente estimular a iniciativa particular do próprio país, dando-lhe acesso às fontes internacionais de capital e técnica.[30]

Nesse segundo debate também ficam claros os pontos em comum e as divergências entre as duas linhas ideológicas. No que diz respeito ao papel do Estado, Prebisch afirma:

Há outro ponto sobre o qual o exame cuidadoso do relatório sobre a "Técnica de Programação" poderia ter evitado outra das considerações que fez o Dr. Gudin. Efetivamente o eminente mestre parece crer que a programação por nós preconizada é incompatível com a iniciativa particular e com a necessidade de um programa no setor das inversões públicas, mas impugna a inclusão das inversões particulares num programa de desenvolvimento econômico. O Dr. Gudin parece crer, outrossim, que isto significa necessariamente suprimir a liberdade de ação do empresário particular, subordinando-o ao Estado onipotente. Se nosso professor tivesse consultado – não digo todo o relatório – porém o seu capítulo de introdução, os seus temores já estariam completamente dissipados. Admite-se muito bem o programa de inversões no qual o Estado se limita a criar as condições necessárias para estimular as inversões particulares a fim de que elas cumpram determinados objetivos e alcancem determinado nível.[31]

Tal como Simonsen, na década anterior, Prebisch também advoga o Estado como gerador das condições para o crescimento da economia, principalmente como forma de alavancar a iniciativa privada. Gudin também não mudou suas posições, pois, para ele,

---

30 PREBISCH, Raúl, op. cit., p. 2
31 PREBISCH, Raúl, op. cit., p. 2.

mesmo esse papel (o de alavanca do desenvolvimento econômico) não deve ser atribuição do Estado, mas sim uma prerrogativa da própria iniciativa privada, porque

> [...] é natural que em um país de estrutura política ainda instável (quatro constituições em menos de vinte anos), de economia pobre e de letras tão escassas não se possa esperar da Administração Pública, salvo honrosas exceções, os padrões de sabedoria, de isenção e de capacidade necessárias não só para bem realizar sua tarefa no setor público, mas ainda para dirigir com eficiência o setor da economia privada.[32]

Ambos os campos ideológicos são, portanto, defensores intransigentes da iniciativa privada. A diferença está em que, para os desenvolvimentistas, o Estado seria uma ferramenta importante para garantir os investimentos particulares e para Gudin a própria iniciativa privada deveria suprir os investimentos; logo, para ele, o Estado não poderia se intrometer, sob nenhum pretexto, nos assuntos das empresas privadas.

Prebisch identifica claramente as divergências quando afirma que "o problema que preocupa o Dr. Gudin é o do equilíbrio e não o do crescimento".[33] E reitera que o processo de crescimento desejado pelos que pensam como ele tem como principal característica a substituição das importações, e não se dará, como advoga Gudin, de forma espontânea, mas sim a partir da intervenção do Estado:

> As medidas de substituição terão de ser adotadas expressamente pela seguinte razão: se a produtividade é primordialmente uma função do volume de capital por homem, é evidente que a mesma produtividade dos países pouco desenvolvidos geralmente seja inferior àquela dos países mais adiantados, até que se alcance o mesmo nível econômico, no caso de tal fenômeno ocorrer.[34]

---

32 GUDIN, Eugênio. A mística do Planejamento - I. *Correio da Manhã*, Rio de Janeiro, sexta-feira, 29 de maio de 1953. 1º Caderno – p. 2.
33 PREBISCH, Raúl, op. cit., p. 7.
34 PREBISCH, Raúl, op. cit., p. 7.

Ao que Gudin responde:

> Num país em que o Estado ainda comete erros grosseiros no planejamento e na execução do setor público da economia, como pretender planejar também o setor privado? Ainda mais em uma economia em pleno desenvolvimento e com as características de instabilidade dos países de atividades predominantemente primárias![35]

Mas, para Prebisch, o Estado é capaz de direcionar a economia, pois é sua a tarefa de impedir a instabilidade econômica:

> Como se observa, a incerteza do futuro não é razão suficiente para que não se trace um programa ou para que se tome de improviso as medidas corretivas. Mas não pensa assim o Dr. Gudin. Sustenta, por exemplo, que a impossibilidade de se prever os preços e o volume da exportação do café, ou a relação de trocas do Brasil, impediria a formação de um programa de desenvolvimento. Baseando-se no mesmo critério, teria de se opor à elaboração de um orçamento de despesas e arrecadação pela impossibilidade de se prever as variações na situação econômica corrente que, sem dúvida, costumam ser tanto ou mais difíceis de antever quanto os fenômenos do desenvolvimento mais lento.[36]

Gudin, em sua réplica, ironiza as propostas desenvolvimentistas, bem como a ideia de progresso nelas contidas:

> Estes moços descobriram o Brasil. Antes da era que eles ora inauguram da "ideologia do desenvolvimento" e da "filosofia do planejamento", o Brasil era a estagnação e o marasmo... O "animus progrediendi" só agora, neste ano da graça de 1953, desponta nesta terra de paralisia e de indiferença. Nas histórias contadas pelos velhos, eles não acreditam: são histórias de gigantes.[37]

---

35 GUDIN, Eugênio. *A mística do Planejamento - II. Correio da Manhã*. Rio de Janeiro, terça-feira, 02 de junho de 1953. 1º Caderno – p. 2.
36 PREBISCH, Raúl, op. cit., p. 9.
37 GUDIN, Eugênio. *A mística do Planejamento - III. Correio da Manhã*. Rio de Janeiro, sábado, 06

Destacamos que há entre os dois uma convergência: a de que a iniciativa privada é o setor mais importante da economia, e que para os desenvolvimentistas ela é o motivo principal para que o Estado entre em ação. Assim, a ação do Estado, para os dois campos ideológicos, tem o sentido de complementar, e não de substituir, a iniciativa privada:

> Por conseguinte, o desenvolvimento econômico não pode ser um processo espontâneo se não provém de medidas adotadas com o propósito de condicionar e estimular a iniciativa do empresário. O Dr. Gudin não concorda explicitamente com essa afirmação; admite, porém a necessidade de proteção alfandegária e de outras medidas que sirvam de estímulo, Daí a reconhecer a necessidade de um programa certamente não custará muito.[38]

Mas para os privatistas (que condenam a intervenção do Estado), ou liberais, a iniciativa privada não pode ser "cerceada" pelo Estado a título de protegê-la. Dessa forma, para eles, o Estado precisa ter seu papel reduzido e uma interferência mínima nas relações econômicas.

Ao examinar a documentação produzida por esses atores sociais e que retrata dois debates entre os diferentes campos ideológicos, podemos constatar que os discursos produzidos pelos dois lados, embora estejam no nível da superestrutura, se dirigem à organização de uma ordem econômica voltada para a consolidação da dominação de diferentes frações da burguesia brasileira. Sua argumentação procura, portanto, estabelecer as bases para a hegemonia de uma das frações de classe em uma sociedade capitalista. Esta hegemonia, realizada através da construção do consenso em torno do caráter do desenvolvimento econômico, será consolidada pelo controle dos espaços de decisão das políticas econômicas: as agências do Estado, em especial a Sumoc. Tanto para os desenvolvimentistas quanto para

---

de junho de 1953. 1° Caderno – p. 2.
38 PREBISCH, Raúl, op. cit., p.7.

os denominados liberais, o desenvolvimento econômico brasileiro deveria ter como característica a garantia da presença do capital privado. Mas, para eles, o capital privado poderia contar com a ajuda do capital internacional. Como sempre, não há contradições entre o capital. Há um consenso em torno desses dois pontos. E a existência desse consenso nos remete à conclusão de que, na verdade, não existem contradições importantes entre os dois campos, pois ambos representam frações de uma mesma classe dominante.

Compreendemos, portanto, que o processo de expansão do capitalismo no Brasil durante a década de 1950 foi impulsionado pelas ideias geradas por esses dois campos, nos quais predomina a defesa do capital. Para ambos, o Estado deve servir apenas como ferramenta auxiliar para a iniciativa privada, o que demonstra a proximidade ideológica dos dois campos.

Assim, a disputa entre os dois campos não reflete o embate entre uma proposta de crescimento redistributivo contra uma proposta de crescimento concentrador. Em nenhum momento qualquer dos dois aponta para a necessidade de políticas nas quais as classes trabalhadoras possam participar. A divergência gira em torno da atuação maior ou menor do Estado, embora não haja discrepância quanto à ideia de que este mesmo Estado esteja sempre a serviço do capital. É nesse sentido que os dois projetos devem ser entendidos como pertencentes a frações de uma mesma classe: a burguesia brasileira.

Capítulo IV
A Federação das Indústrias do Distrito Federal

O povo nunca é humanitário. O que há de mais fundamental na criatura do povo é a atenção estreita aos seus interesses, e a exclusão cuidadosa, praticada sempre que possível, dos interesses alheios. (Fernando Pessoa)

O conceito gramsciano de hegemonia identifica os mecanismos através dos quais uma fração das classes dominantes – um bloco histórico – instaura seu poder por meio do consenso. Para Gramsci, a hegemonia seria a direção moral e intelectual de uma sociedade, onde a dominação "física" e corpórea é auxiliada pela instauração do consenso. O poder de coesão, conectado ao consenso, constituiria o predomínio de uma visão de mundo e de convívio social. A sociedade civil é o espaço onde se constrói a hegemonia, através dos aparelhos privados. Estes, por sua vez, são os responsáveis pela disseminação do pensamento dominante. A noção de aparelho privado de hegemonia deriva da ideia de Gramsci de que a luta de classes se realiza não só no espaço da sociedade política, mas também no âmbito da sociedade civil. Gramsci utiliza os conceitos de aparelho e de hegemonia de forma diferente da abordagem adotada por Althusser. Enquanto este identifica no Estado o espaço específico da produção das ideias, para Gramsci há uma autonomia relativa desses aparelhos privados em relação à sociedade política, e nestes aparelhos também são produzidas as ideias e projetos.

Segundo Gramsci, sociedade política e sociedade civil, apesar de serem um só corpo, possuem, ao mesmo tempo, características próprias: a primeira tem os instrumentos de coerção, mas é na sociedade civil que se organizam e atuam os aparelhos privados de hegemonia que se destinam à produção do consenso. Os aparelhos da sociedade civil que possuem autonomia perante o Estado não são diretamente responsáveis pela violência ou pela coação. Embora tenham como principal objetivo a realização da dominação, é a partir da produção do consenso que legitimam essa dominação, explorando brechas e conflitos entre as forças que disputam espaço na sociedade política.

É esse o entendimento que possuímos a respeito da FIDF. Ela representava um espaço pertencente à sociedade civil, e foi responsável pela produção das ideias que constituíam o projeto de hegemonia dessa fração da classe dominante na segunda metade dos anos 50.

IV.1 – Histórico

A FIDF foi fundada em 1820, com a denominação de SAIN (Sociedade Auxiliadora da Indústria Nacional). Mesmo em seus primeiros anos, já explicitava as ideias correntes no seu interior a respeito do papel da indústria, defendendo ser "a indústria, mãe de todas as ciências e artes, e causa primária da opulência e grandeza das Nações, em geral se reduz à ação das forças físicas e morais do homem aplicadas à produção".[1] Funcionando como órgão consultivo do Governo Imperial, a Sociedade Auxiliadora considerava a indústria como base para o desenvolvimento da economia nacional, conforme artigo publicado no seu periódico em 1846.[2] Mesmo defendendo a ideia de que a indústria era a atividade progressista e modernizadora, não deixava de reafirmar a "vocação agrícola" do país, bem como a necessidade de também modernizar a agricultura.

---

[1] VON DER WEID, Elisabeth et al. *Apontamentos para a história do Centro Industrial do Rio de Janeiro*. Rio de Janeiro: Centro Industrial do Rio de Janeiro, 1977, p. 12.
[2] Idem.

A SAIN defendia a indústria de maneira marginal, pois considerava o papel da agricultura mais importante, visto que o país dependia do café, do açúcar, do fumo etc. Em 1889, ela defendia em seu periódico que a "agricultura é fator positivo na nossa balança de pagamento e também é ela que explica a dinâmica interna. Mesmo que se dê ênfase à produção e à técnica industrial, sempre que possível acentuam-se o seu sentido complementar à agricultura".[3]

Em agosto de 1904, foi feita a fusão da SAIN e do Centro Industrial de Fiação e Tecelagem de Algodão, criando o CIB (Centro Industrial do Brasil). Entre as atribuições do Centro, estava a de "manter-se informado de todos os projetos e leis em discussão no país, que dissessem respeito à indústria, bem como divulgar, combatendo ou incentivando, aqueles que julgasse conveniente".[4] Nesse sentido, o Centro iniciava sua atuação como grupo de pressão em defesa dos interesses da indústria junto aos órgãos públicos, propondo medidas que protegessem a produção industrial brasileira.

Além de criar um periódico intitulado *Boletim do Centro Industrial do Brasil*, o CIB fundou um museu de matérias-primas. O museu tinha como objetivo principal a divulgação das atividades industriais e a proposição de meios para a incorporação de novas técnicas de produção. O Centro ainda organizou uma biblioteca especializada no tema e promoveu cursos, exposições e conferências sobre temas ligados à produção industrial, enfim, cultivando as ideias que circulavam em torno da indústria e organizando eventos que pudessem promover a defesa da importância da indústria no Brasil para outros espaços da sociedade brasileira.

Desde os primeiros tempos, a principal questão abordada pelo Centro, em todas as publicações e eventos, foi a questão cambial. A prioridade dada ao câmbio explica-se: para a indústria brasileira, o custo da importação de maquinário – variável de acordo com as

---

3 O Auxiliar da Indústria Nacional, 1889, *Apud* CARONE, Edgard. *O Centro Industrial do Rio de Janeiro e sua importante participação na economia nacional (1827-1977)*. Rio de Janeiro: Cátedra, 1978, p. 33.
4 VON DER WEID, Elisabeth et al., op. cit., p. 23.

taxas cambiais – era importante. O câmbio era tão influente para os industriais quanto a relação entre a moeda nacional e o dólar (unidade padrão nos negócios com o exterior) para os empresários ligados à exportação de produtos agrícolas, mas de forma inversa.

Os ataques à entrada de mercadorias estrangeiras e ao livre-cambismo, a defesa da lei dos similares (impedimento à entrada de produtos que tivessem similares produzidos internamente) e a favor de medidas protecionistas, eram a tônica dos artigos publicados no *Boletim Industrial* no início do século XX. Tais ideias eram justificadas através de uma comparação com a realidade de outros países não apenas na produção como na legislação fiscal e tarifária. Era a partir do cotejamento com os problemas de outros países e os mecanismos encontrados por estes para solucioná-los que o Centro Industrial do Brasil contra-atacava, demonstrando a legitimidade de sua defesa da indústria nacional.

Argumentando que a proteção aduaneira (na ocasião representada pelo acréscimo da quantidade de ouro paga pelas mercadorias importadas) estimularia a produção interna e, ao mesmo tempo, poderia dotar o governo de verbas capazes de fazer frente às suas necessidades financeiras, o Centro desenvolveu uma campanha em favor do aumento da taxa-ouro, que era cobrada sobre o imposto de importação. Justificava esta proteção argumentando que o acréscimo da quantidade de ouro pago pelas mercadorias importadas protegeria a produção interna e, ao mesmo tempo, atenderia às necessidades financeiras do governo, uma vez que as tarifas alfandegárias eram uma das suas principais fontes de renda.

Ao longo da década de 1920 o CIB ocupou-se, principalmente, com as lutas por tarifas protecionistas e pela revogação dos impostos que incidiam sobre a produção industrial, que, segundo seus membros, sobrecarregavam os custos da produção nacional. Na mesma década, o CIB também atuou no sentido de impedir a regulamentação da jornada de trabalho, especialmente da mão de obra feminina e infantil. Contra isso justificava que a criação de uma legislação capaz de proteger mulheres e crianças trabalhadoras iria sobrecarregar as indústrias, encarecendo a produção e trazendo como consequência imediata o aumento no custo dos produtos e uma alta no custo de vida. O CIB, nesse período, também esteve mobilizado para obter maior volume de créditos do Banco do Brasil para o setor. Mas seu núcleo da atuação continuava sendo a criação de ações que visavam evitar a concorrência, através de uma reformulação tarifária que criasse impedimentos à entrada de produtos estrangeiros no país. No final da década de 1920, a atuação do Centro teve como foco principal a propaganda da indústria e de sua importância para o desenvolvimento do Brasil, além da luta contra os impostos interestaduais — que, segundo os empresários, dificultavam a circulação de mercadorias. Outra bandeira do CIB no período foi a extinção da cobrança feita pela Light da cota de 50% em ouro do preço da energia elétrica.

Durante toda a sua existência como centro, a instituição atuou como órgão de apoio à indústria, realizando campanhas e promovendo diversas formas de pressão política que visavam atender aos interesses desse setor do empresariado. Em 18 de dezembro de 1931, para melhor articular e coordenar as lutas do setor, o Centro Industrial do Rio de Janeiro, por decisão da sua diretoria, transformou-se em Federação Industrial do Rio de Janeiro. Em janeiro de 1933, ainda durante o governo provisório de Vargas, foi criada, com o apoio da Firj, a Confederação Industrial do Brasil.

No período, a Federação encabeçou uma campanha visando a formação do Partido Economista, porta-voz dos industriais, comerciantes e agricultores brasileiros, que, através dele, atuariam nos espaços da sociedade política nacional, produzindo propostas que serviriam de base para a defesa dos interesses da indústria. Nessa fase, a Federação obteve importantes vitórias: a abolição da cláusula-ouro no controle cambial, o atendimento das reivindicações dos industriais quanto aos impostos interestaduais e o término da cobrança, em ouro, dos serviços de fornecimento de energia elétrica para fins industriais no Rio de Janeiro.

Durante os anos 30, a Firj promoveu mais campanhas em defesa dos interesses da indústria, o que também coincide com o crescimento da importância desse setor na economia brasileira. Podemos atribuir o crescimento da indústria, entre outros fatores, à diminuição da capacidade de importar do país, decorrente da crise da agricultura cafeeira, e à redução da entrada de produtos manufaturados, o que resultou no processo denominado de substituição de importações. O aumento da importância da indústria vinculava-se estreitamente à intervenção do Estado na economia, decorrente da nova correlação de forças existente dentro da sociedade política, o que se intensificou com a implantação do Estado Novo. Também durante a Segunda Guerra Mundial o Estado ampliou sua participação na economia, concorrendo, em diversos setores, com a iniciativa privada. Esse conflito se acentuou, levando os industriais a afirmar que um dos problemas básicos do Brasil era a questão da livre iniciativa contra a estatização. No entanto, foi nesse período que empresários como Euvaldo Lodi[5] e Roberto Simonsen, lideranças incontestáveis do setor, tiveram atuação destacada no assessoramento da política econômica do Estado Novo, especialmente no que dizia respeito à indústria.[6]

---

5 O mineiro Euvaldo Lodi era engenheiro por formação. Em 1923, integrou a Comissão Nacional de Siderurgia. Na mesma década, assumiu a presidência do Centro Industrial de Juiz de Fora. Apoiou o golpe de Vargas, filiando-se ao Clube 3 de Outubro (cujo objetivo era apoiar o aprofundamento das reformas introduzidas pelo novo regime). Durante o primeiro governo Vargas, participou de uma comissão que sistematizou as reivindicações do CIB (Centro Industrial do Brasil). Entre 1931 e 1936, participou ativamente da montagem de entidades representativas do empresariado industrial e foi membro do Conselho Diretor da FIRN (Federação das Indústrias do Rio de Janeiro). Com o apoio do empresariado industrial, elegeu-se deputado constituinte em 1933, participando da legislatura seguinte. Em 1934, foi nomeado por Vargas para o Conselho Federal de Comércio Exterior (CFCE), principal canal de viabilização das reivindicações dos industriais, onde exerceu grande influência nos conselhos técnico-consultivos criados pelo governo federal. Desde o Estado Novo até 1954, foi presidente das entidades representativas do empresariado industrial, tais como a CIRJ/FIRJ e a Confederação Nacional da Indústria. Fez parte do Conselho Consultivo da Coordenação de Mobilização Econômica, órgão criado pelo governo federal em virtude do envolvimento do Brasil na Segunda Guerra Mundial que concentrou grandes poderes durante o período em que existiu. Em 1944, junto com João Daudt de Oliveira, chefiou a delegação brasileira enviada à Conferência de Bretton Woods, nos EUA, que criou o Fundo Monetário Internacional (FMI) e o Banco Internacional para a Reconstrução e o Desenvolvimento (Bird). Em 1946, foi um dos fundadores do Serviço Social da Indústria (Sesi), entidade da qual foi diretor-geral (*Apud* Portal CPDOC – *Navegando na história – A Era Vargas*. Acesso em 26/12/2007).
6 VON DER WEID, Elisabeth et al. *Apontamentos para a história do Centro Industrial do Rio de Janeiro*, op. cit., p. 32.

O resultado da presença de representantes do empresariado industrial em agências do Estado e em demais espaços de representação política pode ser observado no texto da Carta de 1937: a organização política e econômica do país em bases corporativas e a ampla participação do Estado na economia, especialmente no que dizia respeito aos mecanismos de conciliação entre capital e trabalho. Nesse sentido, a proibição das greves e a criação de sindicatos de empregados e empregadores supervisionados pelo Ministério do Trabalho, Indústria e Comércio atendem aos interesses do empresariado, muito mais do que aos interesses das classes trabalhadoras. Outra característica importante dessa Carta, e que identifica a participação dos empresários ou de seus representantes na sua elaboração, é que os sindicatos patronais adquiriram o direito de representar cada categoria de produção. A partir desse momento, o empresariado passou a se estruturar em dois níveis, sindicatos e federações, e estas foram criadas nos estados mais industrializados – Distrito Federal (Rio de Janeiro), São Paulo, Minas Gerais, Rio Grande do Sul e Pernambuco. Em 1937, por iniciativa dos representantes dos sindicatos patronais da indústria carioca, foi fundada a Federação dos Sindicatos Industriais do Distrito Federal. A nova entidade, autodenominada "organização profissional composta por sindicatos de empregadores do setor industrial", identificava, entre seus objetivos principais, "promover o desenvolvimento e a prosperidade de todas as atividades industriais e representar e defender os interesses dos sindicatos filiados".[7]

Com a denominação de FIDF, a Federação carioca defendia os interesses gerais da indústria do Rio de Janeiro, cabendo a defesa de interesses específicos aos sindicatos a ela filiados. Em agosto de 1938, com a denominação de CNI, foi organizada a entidade que, de acordo com a estrutura sindical brasileira, passaria a ser reconhecida como órgão máximo das classes industriais no país. A CNI passou a constituir o espaço de união e articulação dos representantes das federações existentes em todos os estados.

---

7 Ibidem.

Em virtude do nome "federação" ser privativo dos órgãos de âmbito regional, e por ser a FSIDF uma entidade de caráter privado, em 29 de agosto de 1941, seu nome foi alterado para Centro Industrial do Rio de Janeiro. Em 1943, como prova da importância da instituição, o Presidente Getúlio Vargas deu ao Cirj a qualificação de órgão técnico e consultivo do Estado quanto às questões relativas aos interesses da indústria. Ao mesmo tempo, o Conselho de Representantes da Federação dos Sindicatos Industriais do Distrito Federal discutiu as medidas necessárias para a adaptação da entidade às mudanças do regime corporativo. Finalmente, em 1942, o nome do Conselho foi alterado para Federação das Indústrias do Rio de Janeiro, que é a denominação utilizada atualmente, e que iremos usar, em seguida, para identificar esse órgão.

A década de 1940 foi importante para a definição da FIDF como aparelho privado de hegemonia. Nesse período, a organização dos empresários, dentro das entidades sindicais ligadas ao Estado, fez com que os sindicatos oficiais tivessem a primazia na defesa dos interesses industriais. Federação e Centro tiveram o mesmo presidente e um grande número de membros comuns às duas diretorias durante vários períodos. Entre 1941 e 1952, Euvaldo Lodi presidiu as duas entidades e, em 1952, passou a presidência para Zulfo de Freitas Mallmann,[8] que permaneceu no cargo até 1964. Dessa forma,

---

8 Nascido em Porto Alegre, Zulfo de Freitas Mallmann radicou-se no Rio de Janeiro e tomou parte no movimento de organização e consolidação das associações de classe do empresariado, especialmente a que resultaria na fundação da Federação das Indústrias do Rio de Janeiro (FIRJ) e do Centro Industrial do Rio de Janeiro, ocupando a diretoria de várias destas entidades por algumas vezes. Durante a crise que se aprofundava desde os primeiros anos da década de 1960, Mallmann defendeu enfaticamente a participação do capital estrangeiro no desenvolvimento da economia nacional e propagandeou a necessidade do empresariado assumir a ofensiva contra o que denominava de "inimigos da livre empresa". Como a maioria dos empresários, Mallmann apoiou o golpe de 1964, tendo, inclusive, prestado apoio material na fase conspiratória, divergindo publicamente quando o ministro da Guerra do novo governo – o general Costa e Silva – acusou o empresariado de não ter dado ajuda financeira suficiente ao movimento. Foi diretor da Companhia Produtos Químicos, da Companhia Imobiliária Independência, da Companhia Químico de Produtos Químicos AS, membro do conselho fiscal da Opevê AS – Organização de Propaganda e Vendas, Da Cia Estadual do Gás do Estado da Guanabara e membro do conselho de administração dos Supermercados Peg-Pag, assim como diretor da Companhia de Confecções Conga S.A, além de diretor superintendente dos Laboratórios Silva Araújo Roussel S. A. Também era diretor do Banco do Rio de Janeiro e da Companhia Continental de Seguros e da AS Seguros Gerais Lloyd Industrial (*Apud* ABREU, Alzira Alves et al. *Dicionário histórico biográfico brasileiro pós-30*. Rio de Janeiro: FGV, v. III, p. 3503-3504).

como os mesmos atores sociais que participavam da Federação também integravam os quadros do Centro. Em 1964, José Bento Ribeiro Dantas[9] foi eleito para presidir o Centro e teve como sucessor José Ignácio Caldeira Versiani[10] em 1966. Com o falecimento de Versiani, em 1969, Mário Leão Ludolf[11] assumiu a presidência.

O Conselho de Representantes da FIDF era formado por delegados eleitos pelos sindicatos filiados. Em 1956, os seguintes delegados tomaram posse:

---

9 José Bento Ribeiro Dantas também era gaúcho e bacharel em direito. Fez carreira na companhia aérea Cruzeiro do Sul, onde ingressou como consultor jurídico e chegou a diretor-presidente. Foi também membro da International Air Transport Association (Iata). Participou ativamente do golpe de 1964, e era presidente do Centro Industrial do Rio de Janeiro de 1964 a 1966, quando convocou a I Convenção Industrial do Rio de Janeiro (*Apud* ABREU, Alzira Alves et al. *Dicionário histórico biográfico brasileiro pós-30*. Rio de Janeiro: FGV, v. II, 2001. p. 1787).

10 O mineiro José Ignácio Caldeira Versiani era graduado em engenharia e diretor da Companhia Brasileira de Fósforos, presidindo várias entidades representativas de indústrias deste setor e o Serviço Nacional de Aprendizagem Industrial do então Estado da Guanabara. Presidiu a Federação das Indústrias do Estado da Guanabara e o Centro Industrial do Rio de Janeiro.

11 O carioca Mário Leão Ludolf era diplomado em engenharia civil. Presidiu a Companhia Cerâmica Brasileira e durante 12 anos (de 1944 a 1956) participou do Conselho Nacional do Petróleo. Foi ativista das associações empresariais brasileiras, tendo participado da diretoria da Federação das Indústrias do Distrito Federal durante vários anos. Durante seu mandato, os movimentos em defesa da estatização foram sistematicamente condenados pelas associações dos industriais e congratularam-se com o então governador do Estado da Guanabara, Carlos Lacerda, por proibir a realização de um congresso de solidariedade a Cuba, mas enviou veementes protestos e declarações contrárias à encampação da Companhia Telefônica Brasileira pelo mesmo governador. Em 1963, durante o governo de João Goulart, Ludolf pediu que as entidades dos empresários manifestassem diretamente ao presidente da República sua estranheza quanto a um "discurso subversivo" feito pelo ministro da Educação, Paulo de Tarso, aos estudantes e, ao mesmo tempo, manifestou total apoio ao general Peri Bevilacqua, comandante do II Exército, por sua "atitude em defesa da democracia", quando este divulgou nota condenando a Revolta dos Sargentos de Brasília, as greves políticas, o Comando Geral dos Trabalhadores, o Pacto de Unidade e a Ação e o Fórum Sindical de Debates. Da mesma forma que o conjunto dos empresários, manifestou apoio irrestrito ao golpe de 1964, acusando o governo de Jango de estar "acelerando a estatização" (*Apud* ABREU, Alzira Alves et al. *Dicionário histórico biográfico brasileiro pós-30*. Rio de Janeiro: FGV, v. III, p. 3322).

Tabela 4: Conselho de Representantes da Federação das Indústrias do Distrito Federal

Entidade	Representantes
Sindicato da Indústria de Refinação do Açúcar do Rio de Janeiro	Thadeu de Lima Netto e Mário Prado Dantas
Sindicato da Indústria de Artefatos se Papel, Papelão e Cortiça do Rio de Janeiro	Álvaro Ferreira da Costa, Antenor Matos Mendes e Álvaro de Carvalho
Sindicato da Indústria de Bebidas em Geral do Rio de Janeiro	Joubert Domingos Fernandes de Oliveira Pontes, Luiz Mendelli, Hercílio Luz Colaço
Sindicato da Indústria de Cerâmica para Construção do Rio de Janeiro	Mário Leão Ludolf, Antônio Gomes de Avelar e Guilherme Vidal Ribeiro
Sindicato da Indústria de Alfaiataria e Confecção de Roupas de Homem do Rio de Janeiro	Manoel de Souza Freire e Abelardo de Almeida
Sindicato da Indústria de Calçados do Rio de Janeiro	Armando Augusto Bordallo, Jayme Abrunhosa e Francisco Gollo
Sindicato da Indústria de Conservas de Pescado do Rio de Janeiro	Fritz Wilberg, Mário de Lima Mattos Souza e Alceu Rodrigues
Sindicato da Indústria da Construção Civil do Rio de Janeiro	Otávio Moreira Penna, Félix Martins de Almeida e Haroldo Lisboa da Graça Couto
Sindicato da Indústria de Fósforos do Rio de Janeiro	João Dala, José Ignácio Caldeira Versiani e Maurício André de Albuquerque
Sindicato da Indústria do Fumo do Rio de Janeiro	Oswaldo Ribas Carneiro, Zoraide Feijó Lima e Demóstenes Rodrigues do Nascimento
Sindicato da Indústria de Lavanderia do Rio de Janeiro	Antônio Rodrigues de Amorim, Joaquim Catramby Filho e Austriclinieno Carneiro Pereira
Sindicato das Indústrias Mecânicas e do Material Elétrico do Rio de Janeiro	João Baptista de Proença Rosa, João Daylongue e Affonso Lobo Leal
Sindicato das Indústrias Metalúrgicas do Rio de Janeiro	Heitor Santiago Bergollo, André Pereira Leite e Augusto de Paiva Moniz Coelho
Sindicato da Indústria de Panificação e Confeitaria do Rio de Janeiro	Milcíades Cezar Dias Morgado e Walter da Silva Araújo
Sindicato da Indústria de Papel do Rio de Janeiro	Haroldo Monteiro Junqueira, Ruben da Silva Mafra e Jayme Edward Siciliano
Sindicato da Indústria de Perfumarias e Artigos de toucador do Rio de Janeiro	João Constant de Magalhães Serejo, Gil Frugoni e Alfredo D'Avila Lima
Sindicato da Indústria de Produtos Farmacêuticos do Rio de Janeiro	Zulfo de Freitas Mallman, Carlos de Veiga Soares e Ataliba de Oliveira Castro Júnior
Sindicato Nacional da Indústria de Extração de Ferro e Metais Básicos	Augusto Trajano de Azevedo Antunes e José Pacífico Homem
Sindicato Nacional da Indústria de Extração de Carvão	Adhemar de Faria e Hélio Junqueira
Sindicato das Indústrias de Tintas e Vernizes e de Preparação de Óleos Vegetais e Animais do Rio de Janeiro	Renato Palhares Heinzelmann, Edmo Padilha Gonçalves e Helmute Guilherme Levy
Sindicato da Indústria da Tinturaria do Vestuário do Rio de Janeiro	José Pinto de Almeida e Joaquim Cardoso da Silva

Sindicato das Indústrias Gráficas do Rio de Janeiro	Iberê Pery de Freitas, Fernando Vieira e Carlos de Sá Pinheiro Braga
Sindicato da Indústria da Marcenaria do Rio de Janeiro do Rio de Janeiro	José de Castro Freire e Luiz Mellone Júnior
Sindicato das Indústrias de Vidros, Cristais e Espelhos do Rio de Janeiro	Henrique Sérgio Gregori, Raul de Mello Rege e Antônio Osmar Gomes
Sindicato das Indústrias de Chapéus, Guarda--Chuvas e Bengalas do Rio de Janeiro	Júlio Pedrosa da Lima Júnior, Luiz Fernandes Braga Motta e Mário Pinto Novaes
Sindicato da Indústria de Artefatos de Borracha do Rio de Janeiro	Luiz Gonzaga deM e Silva, João Antônio da Cunha e Ângelo Hichaleki
Sindicato da Indústria de Artefatos de Cimento Armado do Rio de Janeiro	Herbas Campos de Almeida Cardoso, Jorge Moutinho Doria e Abílio Moreira Mendes
Sindicato da Indústria de Doces e Conservas Alimentícias do Rio de Janeiro	Roberto Antunes Coimbra, Carlos Pitta Britto e Arnaldo Bellesté Filho
Sindicato da Indústria de Laticínios e Produtos Derivados do Rio de Janeiro	Oswaldo Miguel Frederico Ballarin, Albino Silvares e Edgard Ribeiro Salgado
Sindicato da Indústria de Produtos Químicos Para Fins Industriais	Vicente de Paulo Galliez, Guelherme Vidal Leite Ribeiro e Sólon Silveira Buenod
Sindicato das Indústrias de Fiação e Tecelagem do Rio de Janeiro	Álvaro de Souza Carvalho, José Pironnet e Jacyr Faria Salgado
Sindicato da Indústria de Brinquedos do Rio de Janeiro	Sólon Vivacqua, Wilson Gil Castinheiras e Alberto de Lacerda Werneck
Sindicato da Indústria de Águas Minerais do Rio de Janeiro	Cylio da Gama Cruz, Attila Carvalhaes Pinheiro e Joaquim Ferraz Ribeiro da Luz
Sindicato da Indústria de Massas Alimentícias e Biscoitos do Rio de Janeiro	Mário de Barros Falcão de Lacerda, Carlos de Barros Jorge e José Manoel Alves Corrêa
Sindicato da Indústria de Material Plástico do Rio de Janeiro	Alexandre Antônio Direne, Hervê Pinheiro e Armando Saramuzzi
Sindicato da Indústria de Instalações Elétricas, Gás, Hidráulicas e Sanitárias do Rio de Janeiro	Mário Martins Dias e Gabriel Archanjo Borges
Sindicato da Indústria de Formicidas e Inseticidas do Rio de Janeiro	Gal. Otacílio Almeida, Olavo Cabral Ramos e José Maria Pessoa Coelho Rodrigues
Sindicato Nacional da Indústria Cinematográfica	Jayme de Andrade Pinheiro, Affonso Campíglia e Mário Sombra
Sindicato Nacional da Indústria do Cimento	Cecil Davis e Francisco Clementino Santiago Dantas
Sindicato da Indústria de Sabão e Velas do Rio de Janeiro	Olavo P. da Fonseca Guimarães, Joffre Alcure e Jaime Maciel de Azevedo
Sindicato Nacional da Indústria de Cerveja de Baixa Fermentação	Waldemar F. Rugó e Herbert Griffion Schmidt
Sindicato da Indústria da Extração de Mármores, Calcáreos e Pedreiras do Rio de Janeiro	Manoel Tavares de Souza, Antônio Guedes Valente e Nelson Azevedo
Sindicato das Indústrias de Energias Hidro e Termo Elétricas do Rio de Janeiro	Edgard do Amarante, Gabriel Pereira e Paulo Mário Freire

Fonte: Ata n. 164/56 da Reunião da Diretoria da Federação das Indústrias do Distrito Federal, realizada no dia 21 de agosto de 1956, às 17:00 horas, p. 1-3. Arquivo Firjan.

Além de partilharem os mesmos objetivos, a Federação das Indústrias do Rio de Janeiro e o Centro Industrial do Rio de Janeiro se confundem, especialmente porque suas diretorias e conselhos de representantes eram compostos pelos mesmos empresários. Dessa forma, as duas entidades sempre tiveram as mesmas referências, manifestaram sua identidade de pontos de vista e assumiam as mesmas posições diante dos problemas enfrentados pelo empresariado industrial. Assim, ambas as instituições podem ser identificadas como aparelhos privados de hegemonia, ou seja, organismos relativamente autônomos em face da sociedade política.

A década de 1940 foi o período em que o empresariado industrial procurou consolidar suas organizações e entidades de representação em nível nacional. Para isso, realizaram reuniões nacionais nas quais eram analisados os problemas e produzidas propostas e soluções mais amplas para o setor. Em 1943 realizou-se o 1º Congresso Brasileiro de Economia, organizado no Rio de Janeiro por Roberto Simonsen. Em 1944, em São Paulo, foi organizado – também por Simonsen – o 1º Congresso Brasileiro da Indústria, que discutiu a planificação das atividades produtivas, a defesa do trabalho nacional e o reequipamento das fábricas brasileiras. Em 1945 foi realizada a 1ª Conferência das Classes Produtoras, em Teresópolis. Nesta foi elaborada a *Carta econômica do Brasil*, documento que procurava direcionar as lutas dos empresários brasileiros. Esta Conferência se repetiu no final da década, na cidade de Araxá, em Minas Gerais.

Em todos esses encontros os empresários industriais procuravam definir sua atuação e as formas mais eficazes para defender seus interesses. Como exemplo de ações articuladas pelos empresários, temos a luta contra a legislação antitruste (Decreto-lei n. 7.666 de agosto de 1945), a criação de instituições que promovessem a qualificação da mão de obra (Senai em 1942 e Sesi em 1946)[12] e a interferência na elaboração das leis trabalhistas, em vigor a partir de novembro de 1943.

---

12 Respectivamente, Serviço Nacional de Aprendizagem Industrial e Serviço Social da Indústria.

A conjuntura dos anos 1950 exigiu do empresariado industrial intensa mobilização e forte organização em defesa de seus interesses, pois, apesar do crescimento acelerado do setor industrial, as crises econômicas criavam problemas para a indústria. Para fazer frente a essa situação, a Federação das Indústrias do Rio de Janeiro e o Centro Industrial do Rio de Janeiro passaram a fortalecer os laços do empresariado industrial com os demais setores da sociedade, em especial visando apoio político e a ampliação de sua participação nos espaços da sociedade política. É nessa década que se busca fortalecer o consenso em torno da importância da indústria para a economia brasileira, em detrimento da agricultura de exportação.

Do ponto de vista da relação entre empresários industriais e governo, os primeiros anos da década de 1950 caracterizaram-se por conflitos quanto à política monetária e à questão do crédito, mas os confrontos mais importantes foram os relacionados à política salarial, previdência social, política cambial e legislação fiscal. A FIDF procurou intervir nesses assuntos através da organização de seus federados, criando comissões de caráter permanente com o objetivo de estudar as questões que mais interessavam ao empresariado do setor. As comissões dividiam-se pelos seguintes campos:

LEGISLAÇÃO SOCIAL E TRABALHISTA, composta por Álvaro Ferreira da Costa, Jayme Abrunhosa, João Constant de Magalhães Serejo, Félix Martins de Almeida.

ECONOMIA E FINANÇAS, composta por Helmute Guilherme Levy, Maurício André de Andrade Costa, José Pironnet, Renato Palhares.

RELAÇÕES PÚBLICAS, composta por Guilherme Vidal Leite Ribeiro, José Ignácio Caldeira Versiani, Mário Leão Ludolf, Oswaldo Ribas Carneiro, Jayme Abrunhosa, Zoraido Zeijó Lima, Haroldo Monteiro Junqueira, Vicente de Paulo Galliez, Haroldo Lisboa da Graça Couto.

LEGISLAÇÃO TRIBUTÁRIA, composta por Mário Leão Ludolf, Joaquim Ferraz Ribeiro da Luz, Hercílio Luz Colaço, Roberto Antunes Coimbra.

ABASTECIMENTO E PREÇOS, composta por Joubert Domingos Fernandes de Oliveira Fontes, Hilcíades César Dias Morgado, Ataliba de Oliveira Castro, Sólon Vivacqua.

COMISSÃO DE REPRESENTAÇÃO SOCIAL, composta por Iberê Pery de Freitas, Haroldo Lisboa da Graça Couto, Haroldo Monteiro Junqueira, Affonso Camíglia.[13]

Em 1954, a partir dos trabalhos da comissão de Legislação Trabalhista, a FIDF impetrou um mandado de segurança contra o decreto presidencial que majorava o salário mínimo em 100%. Na ocasião, sob ameaça de greve geral dos trabalhadores, o Supremo Tribunal Federal decidiu pela legalidade do reajuste. A legislação social foi um campo que recebeu grande atenção por parte dos empresários reunidos na FIDF. A Federação concentrava a atenção nos projetos de lei trabalhistas em discussão no Congresso Nacional, buscando influir nas decisões relativas a esse assunto a fim de garantir os interesses patronais. Em 1953, a I Reunião Plenária da Indústria levantou a proposta de paralisação (*lockout*). Os empresários consideravam que os projetos ligados à área trabalhista iriam redundar naquilo que definiam como *profunda crise econômica*.[14] Em 1955 a Firj e o Cirj lançaram uma campanha nacional com o objetivo de esclarecer a população sobre a atuação dos empresários industriais e suas propostas. A campanha tinha como principal objetivo propagandear o ponto de vista patronal, garantindo sua aceitação pelo conjunto da sociedade.

A sociedade brasileira, apesar de propalar uma relação direta Estado/sociedade e de procurar transferir ao máximo as tensões sociais para a sociedade política, tem nas associações de classe, como a FIDF, os espaços para as articulações dos interesses dos grupos, portanto, é nas associações de classe que se realizam as relações entre Estado e sociedade. Tais associações, apesar de serem parte da estrutura

---

13 FEDERAÇÃO DAS INDÚSTRIAS DO DISTRITO FEDERAL. Ata da Reunião da Diretoria. Rio de Janeiro:FIDF. 18/10/1956, p. 2. Arquivo Firjan.
14 VON DER WEID, Elisabeth et al., op. cit., p. 38.

corporativa varguista, portanto restritas aos limites dessa estrutura, buscavam ampliar sua área de atuação e influência, aumentando a visibilidade de suas propostas. Assim, organizavam comissões, promoviam eventos, congressos e conferências. Estes eventos buscavam legitimidade e apoio para os projetos dos empresários industriais, que utilizavam as instituições e esses eventos como veículos de suas reivindicações. O diálogo com os demais setores da sociedade validava as propostas desses grupos, contribuindo para ocultar o seu caráter corporativo. Catalisando e corporificando os discursos, essas instâncias transformam as propostas de um grupo social em vontade coletiva. Dessa forma, a representação dos interesses dos diferentes grupos sociais passava não só pelos partidos políticos, mas também pelas associações de classe, como a FIDF.

A questão econômica específica que recebeu maior atenção por parte dos empresários industriais, nos anos 50, foi a Instrução n. 113 da Sumoc.[15] Ao permitir que os investidores estrangeiros importassem máquinas industriais para o país sem nenhuma taxa cambial, enquanto os nacionais eram obrigados a adquirir licenças de importação para equipar suas indústrias, a Instrução 113 suscitou fortes reações no empresariado brasileiro.

IV.2 – As atas da indústria

Tanto a Firj quanto a Cirj concordavam com a importância do capital estrangeiro para o desenvolvimento nacional. Mas, mesmo que não fizessem oposição à entrada do capital internacional na economia brasileira, estes industriais reivindicavam o mesmo tratamento para as máquinas por eles adquiridas no estrangeiro. Aí estava o limite do seu nacionalismo. Os protestos contra essa diferenciação de tratamento, por parte do governo federal, podem ser vistos nas atas de reunião da diretoria da FIDF. Em uma delas, realizada em 30 de agosto de 1956, ficava definido que

---

15 As informações relativas à Instrução 113 da Sumoc encontram-se no capítulo II, item II.2.

[...] resolve-se solicitar à confederação a concessão de maiores prazos para que a Federação se manifeste sobre os pedidos de reclassificação de mercadorias, de acordo com a Instrução Centro e Treze. A diretoria resolve ainda que, quando os sindicatos não se manifestarem dentro do prazo que lhes forem fixados, será elaborado parecer pelo órgão próprio, enviando-se o mesmo à Confederação, dentro do critério de defesa do produtor nacional.[16]

A Diretoria da Federação das Indústrias do Distrito Federal também se reuniu, em novembro de 1956, para examinar um pedido de investimento de empresa estrangeira, nos termos da Instrução 113, para equipamentos industriais destinados a metais não ferrosos. Alegando que já havia indústria suficiente desses produtos, os membros da assembleia resolveram consultar os demais empresários, uma vez que o sindicato não havia se mobilizado para impedir a situação.[17]

A elevação do nível de investimento (especialmente o de capital estrangeiro), a expansão da produção de energia (proporcionada pelos investimentos estatais) e a redução do índice de inflação (principalmente nos dois primeiros anos do governo Kubitschek) proporcionaram uma aceleração no crescimento industrial. Essa aceleração pode ser medida a partir dos seguintes índices de crescimento: aço: 100%; indústria mecânica: 125%; indústria elétrica e de comunicação: 380%; indústria de equipamentos de transporte (inclusive automóveis):600%.[18] Foi nesse período que os empresários industriais reforçaram suas reivindicações, através de suas entidades de representação, junto à sociedade política. Com relação ao financiamento e ao crédito, a Federação defendia uma proposta que era a fiel expressão de seus interesses: a criação de linhas de crédito voltadas para o empresariado industrial brasileiro. Na reunião de diretoria,

---

16 FEDERAÇÃO DAS INDÚSTRIAS DO DISTRITO FEDERAL. Ata da Reunião da Diretoria. Rio de Janeiro: FIDF, 30/08/1956, p. 1. Arquivo Firjan.
17 *Apud* FEDERAÇÃO DAS INDÚSTRIAS DO DISTRITO FEDERAL. Ata da Reunião da Diretoria. Rio de Janeiro FIDF, 08/11/1956, p. 2. Arquivo Firjan.
18 VON DER WEID, Elisabeth et al., op. cit., p. 39.

Mário Ludolf defendia a criação de "uma carteira de financiamento a longo prazo, dentro do Banco de Desenvolvimento Econômico, orientada por um conselho de industriais".[19] Tais fatos corroboram a concepção gramsciana de que a conquista do poder, por uma classe ou fração de classe, é precedida por uma disputa pela hegemonia e que esta se realiza pela via da construção do consenso no espaço da sociedade civil. Mas essa luta se realiza tanto no âmbito da sociedade civil quanto no interior do Estado, em sentido amplo. E os empresários industriais têm na Firjan o espaço de articulação desse consenso.

Além das campanhas promovidas em defesa dos interesses da indústria, a Federação também avançava em sua organização interna. A reforma estatutária de fevereiro de 1955 redefine a denominação do órgão que, em virtude de sua base territorial estar circunscrita à capital da República, passou a se chamar Federação das Indústrias do Distrito Federal. Em reunião realizada em 14 de fevereiro de 1957,[20] a diretoria da Federação discutiu as mais recentes instruções da CNI. Quanto aos critérios de julgamento dos processos de investimentos, nos moldes da Instrução 113 da Sumoc, o presidente da entidade – Mário Ludolf – informou ter sido procurado pela Diretoria do Sindicato da Indústria de Energia Elétrica, que solicitou o apoio da Federação junto ao Congresso Nacional. O apoio visava manter as restrições à remessa de dividendos para o exterior por parte das empresas multinacionais. O presidente informou também que havia decidido apoiar essa iniciativa. Em 24 de julho de 1958,[21] a mesma assembleia une-se à Fiesp, com o objetivo de solicitar ao governo a organização de uma comissão especial para selecionar os investimentos que utilizariam os benefícios da Instrução 113. Esta comissão seria composta pelos empresários industriais.

---

19 FEDERAÇÃO DAS INDÚSTRIAS DO DISTRITO FEDERAL. Ata da Reunião da Diretoria. Rio de Janeiro FIDF, 24/01/1957, p. 1. Arquivo Firjan.
20 *Apud* FEDERAÇÃO DAS INDÚSTRIAS DO DISTRITO FEDERAL. Ata da Reunião da Diretoria. Rio de Janeiro FIDF, 14/02/1957, p. 2. Arquivo Firjan.
21 FEDERAÇÃO DAS INDÚSTRIAS DO DISTRITO FEDERAL. Ata da Reunião da Diretoria. Rio de Janeiro FIDF, 24/07/1958, p. 1. Arquivo Firjan.

Em 8 de janeiro de 1959, a diretoria da FIDF reuniu-se e reclamou das restrições ao crédito para os empresários nacionais. A respeito das dificuldades com o crédito, o sr. Haroldo Lisboa da Graça Couto afirmava estar "seguramente informado de que o Banco do Brasil recebeu instruções confidenciais para aplicar severíssimas restrições de crédito indiscriminadamente".[22]

Nessa mesma reunião, os empresários reconheceram a importância de articular estratégias para garantir uma revisão das normas de concessão de financiamento. Agindo como instrumento da vontade coletiva, catalisam as propostas desses grupos para o conjunto da sociedade.

A FIDF expressava com fidelidade os ideais dos empresários industriais, buscando interferir nas políticas de financiamento e criticando as facilidades encontradas pelo capital estrangeiro. Em assembleia realizada no dia 12 de março de 1957, o sr. Ferreira da Costa, conselheiro da entidade, fazia críticas à intervenção do Estado na economia, afirmando:

> Com surpresa, vez por outra, é surpreendido com atitudes que devem merecer os aplausos desta Federação para que se reproduzam, como foi o discurso produzido na sexta última, pelo Senador Assis Chateaubriand, e que merece a atenção de todos aqueles que militam nas atividades econômicas do país. O "O Jornal" publicou um resumo desse discurso em que são abordados problemas magnos da produção nacional e da situação político-financeira do Brasil, elogiando a atitude corajosa desse parlamentar, que só pelo título pode-se tirar uma conclusão: "NUNCA A INICIATIVA PRIVADA FOI TÃO AMESQUINHADA COMO AGORA".[23]

O principal alvo das críticas desses empresários era a entrada de capitais estrangeiros, investidos na indústria com isenção tri-

---

22 FEDERAÇÃO DAS INDÚSTRIAS DO DISTRITO FEDERAL. Ata da Reunião da Diretoria. Rio de Janeiro FIDF, 08/01/1959, p. 2. Arquivo Firjan.
23 FEDERAÇÃO DAS INDÚSTRIAS DO DISTRITO FEDERAL. Ata da Reunião da Diretoria. Rio de Janeiro FIDF, 12/03/1957, p. 1. Arquivo Firjan.

butária garantida pela Instrução 113. As autodenominadas classes produtoras,[24] ou seja, os empresários ligados à indústria, combatiam com veemência essa medida. Argumentavam que a Instrução 113 era prejudicial aos interesses da indústria nacional e do país porque gerava facilidades e subsídios ao capital internacional. O sr. Álvaro Pereira da Costa, presidente do Sindicato da Indústria de Artefatos de Papel, Papelão e Cortiça do Rio de Janeiro, em assembleia da FIDF, realizada em 24 de abril de 1956, fez um relato sobre a existência de um processo de importação de equipamentos destinados à fabricação de rolhas metálicas. Este processo, desenvolvido por uma empresa mexicana "sobre a qual já teve oportunidade de se referir em reuniões anteriores, merecendo todo o apoio da Federação, a qual se manifestou contrária à pretensão da firma em apreço junto à Confederação".[25] Os empresários procuravam inibir a concorrência do capital estrangeiro mantendo sua entrada sob controle. Para isso utilizavam seus aparelhos, ou seja, suas entidades de classe (sindicatos, federações e confederações), como instrumento de intervenção nos espaços da sociedade política, e produzir mecanismos de fiscalização:

> O Sr. José Pironnet pede esclarecimentos à Mesa sobre o sistema que está sendo adotado para a concessão de licenças de importação de equipamentos, sem cobertura cambial, nos termos da Instrução 113 da Sumoc, sendo informado de que todos os pedidos são examinados pela Confederação Nacional da Indústria, que consulta as federações e estas os sindicatos interessados.[26]

---

24 A discussão a respeito do conceito de classes produtoras foi bastante desenvolvida em CARVALHO, Maria Bernardete Oliveira de. *Nação e democracia no projeto político das classes produtoras*. Niterói, 2005. Tese de doutoramento, UFF. Nas fontes aqui utilizadas, os detentores dos meios de produção ou aqueles que eram responsáveis pelo seu gerenciamento identificam-se utilizando as denominações *classes produtoras* ou *empresários*. Entendemos que esta forma de classificação traz consigo uma carga ideológica de mascaramento, na medida em que pretende associar a propriedade das empresas e das ferramentas de trabalho ao ato de produzir, criando uma ideia de que são eles, os donos, aqueles que produzem as mercadorias, das quais, em verdade, se apropriam.
25 FEDERAÇÃO DAS INDÚSTRIAS DO DISTRITO FEDERAL. Ata n. 137/56 da Reunião da Diretoria. Rio de Janeiro FIDF, 24/04/1956, p. 2. Arquivo Firjan.
26 FEDERAÇÃO DAS INDÚSTRIAS DO DISTRITO FEDERAL. Ata n. 143/56 da Reunião da Diretoria. Rio de Janeiro FIDF, 05/06/1956, p. 2. Arquivo Firjan.

Apesar de possuir o controle sobre a entrada de capital estrangeiro através das estratégias demonstradas acima, os empresários também sugeriam ao governo uma modificação da Instrução 113. A sugestão era justificada com a necessidade de garantir igualdade de tratamento para os capitais nacional e estrangeiro e "pedindo consulta à indústria quando for elaborada uma nova Instrução a fim de que possamos opinar a respeito".[27]

Na verdade, a Instrução 113 da Sumoc, tão combatida pelos empresários industriais, foi a alternativa encontrada pelo governo para financiar para o projeto de industrialização. Ao mesmo tempo, esses empresários também recebiam as empresas multinacionais como aliadas. Prova disso é que o ingresso de representantes de empresas estrangeiras nos fóruns de representação do empresariado nacional era visto com naturalidade pelos industriais brasileiros. A aceitação de empresas multinacionais nos fóruns e espaços de articulação dos empresários industriais, apesar de parecer, a princípio, contraditória com o discurso nacionalista, explica-se na medida em que os empresários brasileiros não se colocavam frontalmente em contradição com o capital estrangeiro. Estes empresários faziam um discurso de oposição ao capital internacional quando o consideravam uma ameaça, mas cadastravam empresas estrangeiras como novos sócios, na Cirj, quando entendiam ser este um fator de fortalecimento da indústria nacional. Tal situação fazia com que as empresas nacionais e estrangeiras fossem representadas, lado a lado, na FIDF:

> É aprovada ainda a admissão dos seguintes novos sócios contribuintes: IBM World Trade Corporation, Gillete Safety Razor Company of Brazil, Sociedade Brasileira de Siderurgia S.A., Banco comercial do Estado de São Paulo S.A, Elevadores Otis S.A. e Cia Excelsior de Seguros.[28]

---

27 FEDERAÇÃO DAS INDÚSTRIAS DO DISTRITO FEDERAL Ata n. 200/57 da Reunião do Conselho de Representantes. Rio de Janeiro FIDF, 27/08/1957, p. 2. Arquivo Firjan.
28 CENTRO INDUSTRIAL DO RIO DE JANEIRO. Ata n. CIRJ-10-59 da Reunião da Diretoria.19/05/1959, p. 2. Arquivo Firjan.

Aparentemente contraditórias, essas duas posições nos remetem à concepção de que a hegemonia, em verdade, pode ser um fator de anulação de conflitos, atuando como princípio unificador dos grupos dominantes e, concomitantemente, como um disfarce para o domínio de classe. Um disfarce, pois o discurso produzido pelos atores sociais em questão expressava uma necessidade oculta.[29] Se considerarmos que a ideologia é também o meio através do qual os homens explicitam sua visão de mundo, e que esta é uma visão que expressa a interpretação de um grupo, especificamente, aqueles que produzem o discurso, e que este último tem por função alcançar os demais grupos sociais, criando o consenso, podemos entender que esse discurso objetivava gerar condições favoráveis ao empresariado industrial. Mas essas condições favoráveis não eram necessariamente contraditórias com a emergência dos investimentos externos na economia brasileira. Dessa forma, mesmo estando lado a lado com as empresas estrangeiras em suas entidades de classe, os empresários reforçavam o seu discurso nacionalista:

> Já é tempo – Sr. Presidente – de esclarecer estas denominações, nascidas quiçá da má fé. Em qualquer nação que se preze que tenha noção do mais comezinho sentido de honra, não há cidadão, não há grupo, não há partido, que não seja nacionalista. Ser nacionalista é ser pela nacionalidade, é ser pela nação, é almejar a riqueza da pátria, é querer o seu engrandecimento, a sua força, o seu bem viver, a sua glória A história da nossa terra é exemplo de constante devotamento e de justas e nobres aspirações. Todo brasileiro é pelo Brasil. Todos somos nacionalistas no sadio e verdadeiro sentido do termo. Não acreditamos que haja seriedade de propósitos em admitir que entre a nossa gente se encontrem entreguistas. Entreguista é o que entrega, o que dá, o que aliena.[30]

---

29 Segundo Zizek, a ideologia é o oposto diametral da internalização da necessidade interna e a crítica da ideologia é a possibilidade de discernir a necessidade oculta naquilo que se manifesta como mera contingência (ZIZEK, Slavoj. O espectro da ideologia. In: ZIZEK, Slavoj *Um mapa da ideologia*. Rio de Janeiro: Contraponto, 1996).
30 FEDERAÇÃO DAS INDÚSTRIAS DO DISTRITO FEDERAL. Ata n. 284-A/59 da Reunião do Conselho de Representantes. 07/06/1959, p. 2. Arquivo FIRJAN.

Os empresários industriais reconheciam a importância do capital internacional na manutenção do crescimento da economia brasileira. Prova disso foi a realização da Conferência Internacional de Investimentos, em Belo Horizonte e Araxá, em agosto de 1958, patrocinada pela CNI, citada nas atas. Nesse evento os empresários apresentaram um trabalho intitulado *Bases para Investimentos na Indústria do Distrito Federal*. Nele eram apontadas as vantagens oferecidas ao investidor estrangeiro pelo Rio de Janeiro. Apesar disso, alguns meses antes, em seu aparelho privado de hegemonia, os empresários faziam o discurso de defesa do capital nacional:

> O Sr. Affonso Campíglia faz considerações a respeito do problema, declarando que não é admissível a discriminação que se vem fazendo contra as empresas nacionais, enquanto o investidor alienígena encontra as maiores facilidades possíveis, as quais os colocam em um plano mais vantajoso, quando em confronto com os nacionais.[31]

Esses industriais procuravam difundir a ideia de que o capital estrangeiro estaria recebendo vantagens que prejudicariam o desenvolvimento da economia nacional. Na verdade, tais ideias tinham caráter corporativista e visavam reivindicar políticas públicas que favorecessem seus interesses[32]. No discurso desses industriais, todas as políticas públicas só poderiam ser realizadas caso tivessem o aval de sua categoria:

> O Sr. Guilherme Levy apóia o Sr. Mário Ludolf, dizendo que a Federação deve protestar, porque o problema é muito grave, e está informado de que o Fundo de Reequipamento dos Portos vai adquirir enorme quantidade de material no estrangeiro, sem sequer consultar a indústria nacional sobre as suas possibilidades de produção.[33]

---

31 FEDERAÇÃO DAS INDÚSTRIAS DO DISTRITO FEDERAL. Ata n. 236/58 da Reunião do Conselho de Representantes. 20/05/1958, p. 2. Arquivo Firjan.
32 Cf. ALMEIDA, Lúcio Flávio de, op. cit., p. 132.
33 FEDERAÇÃO DAS INDÚSTRIAS DO DISTRITO FEDERAL. Ata n. 192/57 da Reunião do Conselho de Representantes. 02/07/1957, p. 4. Arquivo Firjan.

A FIDF e o Cirj defenderam, durante a III Reunião Plenária da Indústria, realizada em agosto de 1957, em Recife, a criação de um Banco de Desenvolvimento Industrial como único instrumento capaz de aumentar o crédito para os estabelecimentos industriais, mas, ao mesmo tempo, questionavam a intervenção do Estado na economia, como podemos ver na ata de reunião do Conselho de Representantes da FIDF, realizada no dia 2 de julho de 1957. Nela, o Sr. Mário Leão Ludolf, segundo vice-presidente da instituição, presta contas ao plenário a respeito do telegrama, enviado em nome da instituição, ao governador de São Paulo – Jânio Quadros – em que se congratulam com ele pelo seu pronunciamento contrário à intervenção estatal.[34]

Compartilhamos a concepção de Almeida, segundo o qual, ao questionar a ação do Estado, essa burguesia industrial estaria apenas desejando eliminar os efeitos que essa ação possuía sobre seus interesses diretos, puramente corporativos:

> Na base das relações da burguesia industrial com o Estado populista havia uma contradição: os industriais exigiam do Estado uma identificação com seus interesses de curto prazo, o que, dada a instabilidade no interior da coalizão política dominante, não ocorria.[35]

Utilizando-se de suas entidades, especialmente a FIDF, os industriais cariocas produziam pressões junto à sociedade política no sentido de obter vantagens para seu setor. Essas pressões são feitas, em alguns momentos, criticando as facilidades concedidas aos investidores estrangeiros e, em outros, cerrando fileiras e unindo forças com o capital internacional.

Reunindo grupos sociais aliados – no caso o capital internacional –, a burguesia brasileira buscava construir sua hegemonia através das instituições da sociedade civil. Com isso, reafirmamos a ideia

---
34 FEDERAÇÃO DAS INDÚSTRIAS DO DISTRITO FEDERAL. Ata n. 192/57 da Reunião do Conselho de Representantes. 02/07/1957, p. 1. Arquivo FIRJAN.
35 ALMEIDA, Lúcio Flávio de, op. cit., p.132.

de Gramsci de que a hegemonia não se constrói a partir de uma ruptura, mas sim através da construção do consenso e da ocupação progressiva de espaços na sociedade civil, que pode, inclusive, reunir e construir alianças entre diferentes interesses e grupos sociais.

Nessa guerra de posições, os empresários industriais atuavam em detrimento dos empresários ligados ao setor agrário-exportador, que, por sua vez, também se faziam representar em seu aparelho privado de hegemonia, a Associação Comercial de São Paulo, que será examinada no Capítulo VII.

Capítulo V
Gudin e Campos: dois intelectuais

Se os tubarões fossem homens, eles seriam mais gentis com os peixes pequenos. Se os tubarões fossem homens, eles fariam construir resistentes caixas do mar, para os peixes pequenos com todos os tipos de alimentos dentro, tanto vegetais, quanto animais. [...] Para que os peixinhos não ficassem tristonhos, eles dariam cá e lá uma festa aquática, pois os peixes alegres têm gosto melhor que os tristonhos.

(Bertold Brecht, *Se os tubarões fossem homens*)

Neste capítulo abordamos a atuação de Eugênio Gudin e Roberto Campos nas lutas políticas que se realizaram ao longo dos anos 50. Para entendermos suas relações com as instituições e com os demais atores sociais, precisamos definir sua origem e seu papel social.

Consideramos Gudin e Campos intelectuais orgânicos, pois sua práxis tinha por objetivo a realização dos projetos de uma fração de classe. Como afirmou Gramsci:

> Cada grupo social, nascendo no terreno originário de uma função essencial no mundo da produção econômica, cria para si, ao mesmo tempo, de um modo orgânico, uma ou mais camadas de intelectuais que lhe dão homogeneidade e consciência da própria função, não apenas no campo econômico, mas também no social e no político: o empresário capitalista cria consigo o técnico da indústria, o cientista da economia política, o organizador de uma nova cultura, de um novo direito, etc., etc.[1]

---
1 GRAMSCI, Antonio. *Os intelectuais e a organização da cultura*. Rio de Janeiro: Civilização Brasileira, 1995, p. 3-4.

Portanto, intelectual é o ator social que articula uma intervenção, opinião ou filosofia a favor de um determinado grupo social. São os "prepostos a quem os empresários confiam a atividade organizadora das relações gerais exteriores à fábrica".[2] No caso de Gudin e Campos, sua ligação era com uma fração do empresariado brasileiro vinculada à exportação de bens primários – especialmente os cafeicultores.

Para Gramsci, esses intelectuais assim se percebem a partir dos processos históricos tradicionais, ou seja, a partir de sua inserção na realidade concreta. Dessa forma, seu reconhecimento como intelectual vem de sua práxis, tal como em Sartre:

> Sou um escritor, por minha livre intenção de escrever. Mas imediatamente depois vem o fato de que me converto em um homem a quem os outros homens consideram escritor, ou seja, alguém, que tem que responder a determinada exigência e é investido em uma determinada função social.[3]

O que Sartre identificava como função social do intelectual é precisamente o que Gramsci define como as funções organizativas e conectivas. Para Gramsci, os intelectuais – não tradicionais – são os comissários das classes dominantes para a construção da hegemonia. São orgânicos porque estão vinculados às classes sociais, por vezes diversas daquelas de onde se originaram. É dessa forma que entendemos a atuação de Eugênio Gudin. Nascido no Rio de Janeiro, originário da camada média urbana, formou-se inicialmente em engenharia civil pela Escola Politécnica do Rio de Janeiro. Pautou sua vida pela defesa dos interesses dos empresários exportadores de matérias-primas e pelo patrocínio das ideias ligadas à Escola de Chicago, produzindo textos que são a melhor expressão da defesa desse ideário e desses interesses, a tal ponto que suas concepções

---

2 GRAMSCI, Antonio, op. cit., p. 4.
3 SARTRE, Jean-Paul. *What is literature*. London: Methuen, 1967, p. 58. [Tradução livre].

são denominadas de *liberalismo na versão cabocla*.[4] Embora tenha sido um intelectual de tipo urbano, de acordo com a definição de Gramsci, Gudin não tinha ligações com a indústria, mas sim com as causas ligadas à agricultura de exportação. Portanto, nas disputas entre a burguesia industrial e a burguesia agrária, Gudin defendia o interesse desta última, que considerava o setor mais importante, propondo uma economia voltada para a exportação de produtos primários e aberta aos investimentos estrangeiros:

> Para quem como eu trabalha durante mais de meio século procurando esclarecer a opinião do país no sentido de acolher a colaboração de uma cota de poupança estrangeira e de desfazer o fantasma do perigo do capital invasor, é decerto confortador assinalar essa evolução da nossa mentalidade, acabando por compreender o quanto pode o capital externo contribuir para acelerar o desenvolvimento econômico nacional, tão carente de poupança e tecnologia.[5]

Segundo Borges, mesmo defendendo medidas que favoreciam a agricultura de exportação, Gudin não se colocava frontalmente contra a indústria. Para a autora, "Gudin se mostra favorável à divisão do trabalho entre os dois setores, agrícola e industrial, sendo que o primeiro deva ter garantida a sua liderança".[6]

Gudin não se colocava contra a indústria. Ele considerava o setor industrial como secundário ou auxiliar, afirmando que não era

> [...] contra a boa e sim contra a MÁ INDÚSTRIA que eu me insurjo, entendendo por "má" a indústria que CONTRIBUI, POR PERÍODO INDEFINIDO, PARA PIORAR EM VEZ DE MELHORAR O PADRÃO DE VIDA da população.[7]

Em artigo no *Digesto Econômico*, ele reafirmava não ser contrário

---

4 BELLUZZO, Luiz Gonzaga de Mello. Prefácio. In: BORGES, Maria Angélica. *Eugênio Gudin: capitalismo e neoliberalismo*. São Paulo: Educ, 1996.
5 GUDIN, Eugênio. *Reflexões e comentários 1970-1978*. Rio de Janeiro: Nova Fronteira, 1978, p. 74.
6 BORGES, Maria Angélica. *Eugênio Gudin: capitalismo e neoliberalismo*. São Paulo: Educ, 1996, p. 160.
7 GUDIN, Eugênio. *Inflação – importação e exportação, café – crédito, desenvolvimento – industrialização*. Rio de Janeiro: Livraria Agir, 1959, p. 207.

à industrialização e favorável a um Brasil essencialmente agrícola. Na verdade, advogava um crescimento paralelo entre os dois setores:

> Eu sou contrário ao crescimento industrial desacompanhado do crescimento paralelo da produtividade agrícola, ou antes à custa da produção agrícola em regime de grave e inflacionário desequilíbrio horizontal.[8]

Para Gudin, seria preciso combater a indústria "preguiçosa", que "amassa fortunas para uma minoria de privilegiados à custa do consumidor, num regime de preços altos e produtividade baixa".[9] Ele era, principalmente, crítico das políticas que favorecessem a indústria, especialmente o protecionismo cambial:

> É a indústria do desleixo, da incapacidade e da IMPRODUTIVIDADE, que vive, de um lado, protegida contra a concorrência estrangeira por uma barreira aduaneira intransponível, de oitenta e mais por cento e, de outro, amparada contra a concorrência nacional efetiva por não ser a capacidade das fábricas de boa produtividade suficiente para atender à procura coletiva incrementada pela inflação.[10]

Como vimos no Capítulo IV, Gudin considerava agricultura e indústria como setores complementares, apesar de identificar na agricultura a "vocação econômica" do país e criticar as políticas cambiais que beneficiavam as importações de equipamentos industriais. Para ele, a indústria havia sido criada no Brasil "com os recursos da Agricultura do café e, ao fim de meio século, o seu melhoramento e a sua expansão continuam pendurados às cambiais do café".[11]

Outra grande batalha de Gudin era contra a inflação. Para um pensador liberal como ele, a inflação era resultado, entre outras coisas, da expansão do crédito e do consumo interno, especialmente

---

8 GUDIN, Eugênio. Orientação e programação do desenvolvimento econômico. In: *Revista Digesto Econômico*. São Paulo: ACSP, mar./abr. 1957, p. 18.
9 Idem.
10 GUDIN, Eugênio, op. cit., p. 207.
11 *Apud* BORGES, Maria Angélica, op. cit., p. 160-161.

ampliado pelo aumento da massa salarial. Mas, para ele, todos esses fatores negativos eram condicionados pela ação do Estado, que deveria, portanto, ser reduzida ou, se possível, eliminada:

> Outra coisa que Galbraith, como economista que é, não deveria ter dito é que a "economia moderna revela uma curiosa tendência à inflação, a qual parece refratária às medidas clássicas". Não há hoje economista bem informado (sobretudo se esteve em Bretton Woods) que não saiba que a endemia da inflação que infesta tantos países se origina no *pavor à depressão e ao desemprego* que é produto genético da Grande Depressão dos anos 30 e das ideias de Keynes.[12]

Cabia, então, evitar a expansão do crédito, para garantir a redução da inflação, bem como minimizar a intervenção do Estado. Em outro texto, no *Digesto Econômico*, ele demonstrou como sua gestão no Ministério da Fazenda, objetivando conter a inflação, contribuiu para reduzir a concessão de crédito pelo Banco do Brasil:

> Para o primeiro caso, o da expansão do crédito, a proposição de que o Banco continuou a expandir desregradamente esse crédito *é inteiramente inexata a partir de setembro de 1954*, como se vê dos seguintes algarismos do volume do crédito à Produção e ao Comércio suprido pelo Banco do Brasil:
>
> Bilhões de cruzeiros
> Dezembro de 1950 14,9
> Dezembro de 1951 24,7
> Dezembro de 1952 34,4
> Dezembro de 1953 40,4
> Dezembro de 1954 50,5
> Março de 1955 ....55,9[13]

Cabe notar que a última medição exibida por Gudin foi feita em apenas um semestre, mas, mesmo assim, já mostra uma redução significativa na expansão do crédito, que crescia ao longo do último

---

12 GUDIN, Eugênio, op. cit., p. 54.
13 GUDIN, Eugênio, op. cit., p. 72.

governo Vargas. Esse congelamento no crescimento do volume do crédito foi possível através da Instrução 108 da Sumoc. E Gudin argumentava:

> Ora, meus amigos, isso assim não pode continuar, sob pena de sermos devorados por uma espiral inflacionária sem limites, na qual vocês também serão engolidos, como os outros. Vamos então fazer uma coisa. Não vamos absolutamente reduzir o volume do crédito que vocês já deram. Mas do excesso de depósitos de que vocês dispuserem, daqui por diante, vamos combinar que vocês *só destinarão a metade e não todo o excesso*, como até agora, à expansão do crédito. A outra metade vocês recolherão às caixas da Sumoc.[14]

Cabe identificar aqui que a Instrução 108 foi baixada em outubro de 1954, ou seja, imediatamente após a nomeação de Gudin para o Ministério da Fazenda.[15] Esta medida, além de constituir uma revelação de como passou a ser a atuação dessa agência de Estado na gestão de Gudin, também mostra claramente quais as prioridades de investimento para o autor: transporte ferroviário e energia elétrica. Em outro artigo, Gudin estabelecia uma comparação entre as diretrizes econômicas do governo Café Filho e as do governo Kubitschek. Para ele, as prioridades de Café Filho – reduzir o crédito e a inflação – foram bem sucedidas, enquanto a orientação do governo Kubitschek – priorizando os empreendimentos produtivos – foi altamente inflacionária:

> Em princípio ninguém pode ser contrário ao programa de promover o progresso econômico do País. Não há brasileiro, mesmo inculto, que não seja a favor da expansão da energia elétrica, das estradas de

---

14 GUDIN, Eugênio, op. cit., p. 63.
15 Com o objetivo de aumentar a lucratividade dos títulos públicos, o governo federal aumentou, através da Instrução 108 da SUMOC de 22 de outubro de 1954, de 4% para 14% o percentual de recolhimento compulsório das instituições financeiras sobre os depósitos à vista e de 3% para 7% o recolhimento compulsório sobre os depósitos a prazo. Por outro lado, este recolhimento poderia ser feito através da compra de títulos da dívida pública (na base de 50%). Dessa forma, a Instrução 108 aumentava a demanda para esses títulos, garantindo o financiamento para o déficit público sem forçar um aumento dos juros.

ferro e de rodagem, da navegação, do equipamento militar e até de cidades glamorosas.

Mas para realizar tudo isso é preciso um mínimo de ordem e de equilíbrio na infra-estrutura econômica, sobre o qual se possam apoiar novos empreendimentos. Quando os alicerces estão abalados, há que restaurá-los antes de sobre eles construir, seja qual for a angústia de tempo.[16]

Em fins de 1959, Gudin fazia severas críticas às políticas implementadas por JK, que considerava altamente inflacionárias. Ele lastimava que "não só o Governo Federal não ousava debelar a inflação, como ainda a impulsiona por uma ação político-administrativa que pode ser classificada como perigosa para os destinos do país".[17] Como seu referencial teórico era a Escola de Chicago, ele considerava que a melhor maneira de lidar com a economia tinha sido aquela que correspondeu à sua gestão à frente do Ministério da Fazenda durante o governo Café Filho. Essa gestão teve como principal característica o enxugamento do crédito e a criação de facilidades para o ingresso do capital estrangeiro, através das Instruções 108 e 113 da Sumoc. Seu objetivo principal – tornar a economia brasileira atraente para os capitais estrangeiros – demandava uma garantia, a esses mesmos capitais, de que haveria estabilidade, o que significava, para ele, inflação debelada. Por isso condenava severamente, além da política creditícia de JK, as emissões de papel-moeda:

> Já tivemos ocasião de nos referir, nestas colunas, ao fato de que o dinheiro emitido não traz letreiro. O governo que emite apenas na primeira vez, isto é, em sua primeira aplicação, comanda o seu destino. Daí por diante vai o dinheiro passando, independentemente, de mão em mão, saltando de galho em galho, inflacionando onde pousa, sem dar satisfações ao governo que o criou.[18]

---

16 GUDIN, Eugênio, op. cit., p. 126.
17 GUDIN, Eugênio. Desenvolvimento harmônico na economia nacional. In: *Revista Digesto Econômico*. São Paulo: ACSP, nov./dez. 1959, p. 28.
18 GUDIN, Eugênio. A escassez de crédito. In: *Revista Digesto Econômico*, n. 156. São Paulo: ACSP, nov./dez. 1956, p. 42.

Uma das premissas básicas do pensamento de Gudin é a noção de que a economia precisa ser "naturalizada", ou seja, ele considerava fundamental evitar a interferência do Estado nas relações entre os agentes econômicos. Para ele, apenas a ação do mercado é natural. Gudin também defendia a concepção de que a economia possui autonomia em relação às questões políticas. Estas premissas podem ser entendidas como um só princípio básico para Gudin: a noção de que a sociedade política não interfere nas relações econômicas e, caso venha a interferir, cabe aos agentes sociais a tarefa de impedir tal ingerência. Trata-se, no entanto, de uma contradição no pensamento e na prática "gudinianos", pois a própria ação para evitar a interferência já é, em si, uma intervenção. Além do fato de que, em toda a sua produção textual, Gudin preconiza a interferência nas relações econômicas, especialmente quando elas visam garantir o controle da inflação:

> Não é possível um programa de combate eficiente à inflação sem o controle da expansão do crédito bancário. Um dos maiores fatores da inflação, que nos aflige há dez anos, tem sido o da expansão excessiva do crédito pelo sistema bancário do País. Porque, como todos sabem, os empréstimos concedidos por um banco criam depósitos em outros (ou no mesmo) bancos, e depósitos são "meios de pagamento", tão bons como dinheiro. Tanto se paga com dinheiro como cheque.[19]

As próprias instruções baixadas através da Sumoc por Gudin demonstram que sua atuação primava pela forte interferência do Estado nas relações entre os agentes econômicos. Esta intervenção era possível em virtude de processos gerados na sociedade civil e na sociedade política, e visavam atender às demandas de grupos de interesse. Portanto, não eram práticas essencialmente econômicas e desprovidas de conexão com as relações políticas.

Da mesma forma, a participação de Gudin à frente do Ministério da Fazenda foi fruto da intensa disputa existente no governo Vargas, que resultou no suicídio do presidente, abrindo espaço para a posse

---

19 GUDIN, Eugênio, op. cit., p. 77.

de Café Filho. Este, por sua vez, nomeou Eugênio Gudin para o Ministério. Portanto, um processo, a princípio, de caráter político que criou condições para medidas de caráter econômico. Caso as questões políticas não interferissem nas decisões econômicas, não seria possível ter condições para baixar a Instrução 113. Escritor assíduo na *Revista Digesto Econômico*, publicada pela Associação Comercial de São Paulo, conforme veremos no Capítulo VII, Gudin comungava com os empresários representados por essa instituição também a defesa do princípio de que os capitais estrangeiros trariam benefícios para o processo de desenvolvimento do Brasil. Ele afirmava, em um de seus artigos, que os maiores empecilhos ao afluxo de capitais estrangeiros eram o nacionalismo exclusivista e a instabilidade monetária.[20] Quanto ao primeiro – o nacionalismo –, afirma que era "a falta de compreensão dessa evolução; é o ranço do defunto imperialismo econômico do século XIX, que ainda mantém vivo em nosso país o complexo de inferioridade que afasta a aproximação e a colaboração do capital estrangeiro".[21]

Durante seu período como ministro da Fazenda, a gestão de Eugênio Gudin foi marcada por uma política de estabilização econômica baseada no corte das despesas públicas e na contenção da expansão do crédito. Essas medidas eram coerentes com sua noção de que os problemas da economia brasileira só poderiam ser resolvidos a partir do controle inflacionário, tendo como base a restrição ao crédito e redução dos investimentos públicos. As práticas de Gudin no Ministério da Fazenda convergiam, especialmente, para o monetarismo ortodoxo apregoado no receituário do Fundo Monetário Internacional. Nesse sentido, a gestão de Gudin no Ministério gerou intensos protestos por parte de setores representativos do empresariado industrial, cujos interesses eram contrários a esse conjunto de políticas. Podemos identificar essa reação pela leitura dos jornais: na

---

20 GUDIN, Eugênio. Capitais estrangeiros no Brasil. In: *Revista Digesto Econômico*. São Paulo: ACSP, mai./jun. 1957, p. 45.
21 Idem, p. 47.

sexta-feira, 17 de dezembro de 1954, o jornal *Última Hora* estampava a seguinte manchete: GUDIN QUER FAZER PARAR O BRASIL, e em seguida atacava a política adotada pelo ministro:

> Prejuízos incalculáveis para a nação se concretizar a paralisação das obras públicas – Responde ao Titular da Fazenda o Presidente da Comissão de Finanças da Câmara – "Solução inteiramente errada, em completo desacordo com a época", afirma o Senador Matias Olímpio – "Proteção aos tubarões", diz o Senador Domingos Vellasco – "Tremenda desordem no país provocará a paralisação das obras", adverte o Deputado Rui Ramos. (UH:12/1954)

Nos debates travados no interior dos órgãos técnicos do Estado durante a década de 40, Eugênio Gudin, cuja atuação já era vinculada à burguesia agrário-exportadora, nunca deixou de defender a liberdade de atuação para o capital estrangeiro e, principalmente, a igualdade de tratamento dado a este e ao capital nacional, tecendo severas críticas ao protecionismo econômico. Uma de suas principais bandeiras era a abolição das restrições à remessa de lucros para o exterior. Em seu livro *Reflexões e comentários*, ele reafirma suas convicções:

> Em recente visita a Brasília, o Presidente do Conselho Diretor do City Bank felicitou os brasileiros "por não mais considerarem o investimento estrangeiro como ameaça a sua autonomia, e sim como expressão de confiança mundial em sua crescente economia". Para quem como eu trabalha durante mais de meio século procurando esclarecer a opinião do país no sentido de acolher a colaboração de uma quota da poupança estrangeira e de desfazer o fantasma do perigo do capital invasor, é decerto confortador assinalar essa evolução da nossa mentalidade, acabando por compreender o quanto pode o capital externo contribuir para acelerar o desenvolvimento econômico nacional, tão carente de poupança e tecnologia.[22]

---

22 GUDIN, Eugênio, op. cit., p. 74.

No início dos anos 50, como membro da Comissão de Anteprojeto da Legislação do Petróleo, sua atuação foi pautada pelas tentativas de eliminar ou, ao menos, diminuir as restrições impostas ao capital estrangeiro nesse setor, sendo contrário à criação da Petrobras e ao monopólio estatal do petróleo. Em 1951 foi nomeado representante do governo brasileiro junto ao FMI e ao Bird, cargo que exerceu até 1955, quando, com a morte de Vargas, foi nomeado ministro da Fazenda pelo presidente Café Filho.

Em abril de 1955 Gudin deixou o Ministério, passando a integrar a diretoria da Associação Econômica Internacional, instituição da qual se tornou presidente em 1959. A partir de 1960 tornou-se, também, vice-presidente da Fundação Getúlio Vargas, tendo sido responsável pela implantação do Instituto Brasileiro de Economia (Ibre) e da Escola de Pós-graduação em Economia (nesta última exercendo também o cargo de diretor). Mesmo fora das agências do Estado, após a sua saída do Ministério da Fazenda, exerceu permanente influência nas diretrizes da economia brasileira através da sua participação em vários aparelhos privados de hegemonia – caso da Associação Comercial de São Paulo. Nesse sentido, percebemos também a interação entre sociedade civil e sociedade política, presentes na definição de Estado por Gramsci.

Outro intelectual a serviço das classes dominantes, ferrenho defensor da importância do capital estrangeiro para o Brasil, também esteve à frente de diversas agências de Estado durante os anos JK: Roberto de Oliveira Campos. Em março de 1955, por suas afinidades ideológicas com a equipe montada pelo presidente Café Filho, Roberto Campos foi convidado, por Eugênio Gudin, a retornar ao BNDE, de onde havia saído em 1953, por divergências políticas com o governo Vargas.

Assim como Gudin, Campos participou da delegação brasileira na conferência de Bretton Woods. Na delegação exerceu o cargo de secretário, sendo inteiramente afinado com o pensamento dominante no evento. Mas, apesar de rezar pela cartilha liberal, algumas de suas posições constituíam uma variante dessa corrente ideológica. Sua concepção de desenvolvimento divergia das ideias de Gudin, especialmente no que dizia respeito ao Plano de Metas de JK:

> O Brasil que encontrei, ao regressar da Europa em agosto de 1958, era um país em extraordinária efervescência. Ao empenhar-se na construção de Brasília, o presidente Kubitschek pusera em marcha um processo cujas repercussões em todos os planos da vida nacional começavam apenas a fazer-se sentir. O primeiro efeito foi despertar uma enorme vaga de confiança. A idéia antiga de que algo está errado no Brasil e de que isso se deve à omissão do governo arrefeceu com a construção de Brasília. Abriam-se os horizontes.[23]

Campos era entusiasta da industrialização e também frontalmente contra a imposição de qualquer barreira ao capital estrangeiro:

> No caso brasileiro, para ser específico, parece claro que o desenvolvimento econômico deve ser associado a uma industrialização intensiva, não só pelo alto coeficiente de crescimento demográfico (que eventualmente criará a necessidade de uma absorção mais rápida da mão de obra deslocada da agricultura), como também pelas potencialidades de um amplo mercado interno; e ainda por uma estrutura de recursos minerais conducente à industrialização e apenas amenizada por deficiências energéticas francamente superáveis.[24]

É bastante interessante identificar no debate as divergências entre Campos e Gudin:

> O Sr. Roberto Campos que é, decerto, a maior figura da geração balzaqueana de economistas, tem repetido a recomendação de "industrializar a agricultura antes de industrializar a indústria, para alargar a base de produção primária sobre a qual se erigirá o edifício industrial". E, em recente discurso na Cepal, referia-se "à subestimação

---

23 CAMPOS, Roberto de Oliveira. *Ensaios contra a maré*. Rio de Janeiro: Apec, 1969, p. 86.
24 CAMPOS, Roberto de Oliveira. *Mitos políticos*. Rio de Janeiro: Apec. 1966, p. 13.

da importância do desenvolvimento agrícola comparativamente ao industrial" e ao "movimento de industrialização substitutivo de importações endossadas às vezes emocionalmente quando ainda subsistem amplas oportunidades de utilização mais eficaz de fatores nas exportações.[25]

Gudin tinha como eixo principal de sua argumentação a defesa da agricultura, justificando sua importância na necessidade de suprir matéria-prima para a indústria e de obter divisas através da exportação. Por sua vez, Roberto Campos, apesar de também ser um forte crítico da intervenção do Estado, considerava o crescimento industrial importante e necessário como fator de desenvolvimento. Para Roberto Campos, a necessidade do desenvolvimento

> [...] é ainda mais fundamental que o da estabilidade política, porque somente o desenvolvimento econômico é capaz de afrouxar as tensões entre os grupos e, pela dilatação do horizonte de oportunidade, criar os níveis de tolerância necessária para a operação dos controles políticos.[26]

Há ainda outra divergência entre os dois intelectuais: enquanto Gudin era radicalmente contrário ao planejamento, conforme vimos no Capítulo IV, para Roberto Campos o planejamento era fundamental para a promoção do desenvolvimento econômico:

> Bem interpretado – dizia eu – o planejamento é um instrumento neutro, que pode tanto inviabilizar a economia de mercado (pelo planejamento socialista) como auxiliá-la (pela clara definição de áreas próprias e de áreas impróprias de intervenção governamental.).[27]

Para Bielschovsky, é possível definir Roberto Campos como desenvolvimentista, porque "também tinha fortes preocupações com

---

25 GUDIN, Eugênio, op. cit., p. 205-206.
26 CAMPOS, Roberto de Oliveira. O desenvolvimento econômico e suas ilusões. In: *Revista Digesto Econômico*, jul./ago. 1957. São Paulo: ACSP, p. 36.
27 CAMPOS, Roberto de Oliveira, op. cit., p. 169.

a estabilidade monetária, mas foi um dos criadores do BNDE e o principal formulador e executor do Plano de Metas".[28]

Para além das divergências em torno da necessidade do planejamento econômico, há pontos em comum entre Gudin e Campos: ambos eram identificados com os interesses ligados à exportação de produtos agrícolas e entendiam o capital estrangeiro como o fator mais conveniente à atividade econômica, especialmente para os países "em desenvolvimento". Para Roberto Campos, não havia contradição entre o Plano de Metas de JK e a presença de capital estrangeiro:

> O Plano de Metas não poderia ter sido desenvolvido em sua parte industrial sem dois elementos. De um lado, a cooperação maciça do capital estrangeiro na implantação de várias indústrias como a automobilística, a petroquímica, a de construção naval, a indústria elétrica e a mecânica pesada. De outro, o excelente instrumento criado pelo professor Eugênio Gudin com a Instrução 113, de janeiro de 1955, que permitia aos investidores a internação de equipamentos "sem cobertura cambial". As duas coisas se casaram: a disposição de Juscelino de recorrer a investimentos de risco (contrastando com a tendência getulista de preferência por capitais de empréstimo) e o mecanismo, criado por Gudin, das importações sem cobertura cambial.[29]

De acordo com Roberto Campos, o ideário nacionalista era incompatível com um projeto de desenvolvimento:

> A minha preocupação foi sempre em manter um grau de racionalidade econômica, e eu considerava as correntes nacionalistas profundamente irracionais. Não havia diferenças de objetivos, éramos todos desenvolvimentistas. Apenas alguns prezavam a racionalidade dos meios, adotando posições radicais em favor daquilo que eles consideravam serem pré-requisitos do nacionalismo.[30]

---

28 BIELSCHOVSKY, Ricardo, op. cit., p. 38.
29 CAMPOS, Roberto de Oliveira, op. cit., p. 297.
30 CAMPOS, Roberto. Depoimento ao Centro de Pesquisa e Documentação da Fundação Getúlio Vargas. Disponível em http://www.cpdoc.fgv.br/comum/htm/index.htm, acesso em 27/12/2007.

Tanto Gudin quanto Campos eram importantes atores sociais, na medida em que ocuparam importantes espaços nas agências do Estado – Ministério da Fazenda e BNDES, respectivamente –, e estavam profundamente identificados com os interesses de grupos que disputaram a hegemonia durante o período abordado neste trabalho. O discurso desses dois organizadores, especialmente em relação às questões mais importantes para o período estudado, a participação do Estado na economia e a abertura para o capital estrangeiro, exprimia as ideias e as práticas que se realizavam nos espaços da sociedade política durante o período. Por sua vez, Gudin desenvolveu atuação importante junto à Associação Comercial de São Paulo (ACSP), uma das instituições responsáveis pela publicação da revista *Digesto Econômico*. Considerado conservador por Bielschovsky, Gudin foi colaborador constante e destacado nesse periódico, defendendo seus pontos de vista a respeito da forma de organizar a economia e criando subsídios para a ampliação da dominação dessa fração das classes dominantes.

Portanto, temos em Gudin e Campos, dois expoentes do liberalismo no Brasil que, exatamente por sua identificação com esse ideário, estiveram em postos chave nas instituições da sociedade política e participaram dos espaços de articulação da sociedade civil como organizadores e construtores de uma nova hegemonia.

Capítulo VI
A Associação Comercial de São Paulo

*Moço
Olha o vexame
O ambiente exige respeito
Pelos estatutos
Da nossa gafieira
Dance a noite inteira
Mas dance direito*
(Billy Blanco, *Estatuto da gafieira*)

As forças que disputavam a hegemonia durante o período abordado organizavam-se em instituições que tinham por objetivo articular e discutir ações que visavam à conquista de maiores parcelas de espaço no aparelho de Estado, bem como garantir a direção das políticas estatais. Estudamos aqui duas instituições da sociedade civil que nos possibilitam o entendimento destes mecanismos: FIDF e ACSP.

Da mesma forma que entendemos a FIDF como um aparelho privado de hegemonia – assim definida no Capítulo V –, consideramos que a Associação Comercial de São Paulo (ACSP), objeto deste capítulo, também pode ser identificada dessa maneira.

De acordo com Gramsci, a construção de um projeto de hegemonia por parte de um bloco histórico implica a identificação dos conflitos existentes na sociedade e a produção de uma resposta a esses conflitos de acordo com os interesses desse mesmo bloco. Assim, podemos entender a atuação da ACSP: apontando problemas como a inflação e o atraso no desenvolvimento, propondo fórmulas que, na verdade, atendem aos interesses da burguesia agrário-exportadora.

VI.1 Histórico

Herdeira da Associação Comercial e Agrícola e fruto da articulação dos empresários paulistas, a Associação Comercial de São Paulo foi fundada em dezembro de 1894. Em 1917 uniu-se ao Centro de Comércio e Indústria de São Paulo, mantendo a denominação anterior. O Centro de Comércio havia sido, até então, uma das principais associações de classe em São Paulo, e foi responsável pela criação da Bolsa de Mercadorias na cidade. Agregando empresários do ramo industrial e agrícola, o Centro realizou as negociações entre empresários e trabalhadores, por ocasião da greve iniciada em 1º de maio de 1919. Desde a sua fundação, a Associação Comercial de São Paulo passou a se identificar com as lutas de todos os ramos do empresariado paulista. Atuou em processos como a instalação de uma "alfândega seca" em São Paulo, a campanha contra as falências fraudulentas que ameaçavam o comércio, as sugestões para a criação das "letras assinadas" – as conhecidas duplicatas –, a instalação de um hospital e a assistência às vítimas da "gripe espanhola" em 1918. Em 1923, durante a gestão de José Carlos Macedo Soares na presidência da Associação, ocorreu uma importante mudança, a reforma dos estatutos da Associação, que tinha por objetivo ampliar o espaço de defesa dos interesses tanto da indústria como do comércio, tornando a representação mais específica. Para realizar esse objetivo, foi adotado o princípio federativo, segundo o qual, cada classe se organizava em sua especialidade, e todas estavam subordinadas à direção geral, que era representada pelo conselho deliberativo.

A partir de 1917 as posições e interesses relativos ao comércio prevaleceram em relação aos dos empresários industriais.[1] No entanto, até meados da década de 1920, essa predominância não gerou maiores atritos, especialmente porque havia uma coincidência entre as propostas dos industriais e exportadores. Ambos pretendiam

---

1 *Apud* ABREU, Alzira Alves de. et. al. *Dicionário histórico biográfico brasileiro pós-1930*. Rio de Janeiro: FGV/Positivo, 2001.

reduzir os encargos fiscais, eliminar os impostos interestaduais e garantir a expansão e melhoria do sistema de transportes.[2]

O câmbio e os impostos relativos à importação e exportação já geravam atrito entre indústria e agricultura de exportação, especialmente quando estes últimos se revelavam uma forma de protecionismo alfandegário. A partir dos anos 1920, a questão alfandegária tornou-se o principal foco de atrito, visto que a luta pelo protecionismo, desenvolvida pelos empresários ligados à indústria, ia contra os interesses do comércio. As dificuldades da indústria ao longo dos anos 1924 e 1925, bem como a elevação cambial, levou os empresários industriais a fazerem constantes apelos para que o governo aumentasse as tarifas. Como naquele período o câmbio beneficiava os empresários ligados ao comércio de exportação, mas gerava facilidades para a importação de produtos estrangeiros, os industriais alegavam que o mercado brasileiro havia sido inundado com produtos de consumo imediato produzido em outros países.

Nas eleições para a diretoria da Associação, realizadas em 1928, duas chapas se apresentaram: aquela liderada por Horácio Rodrigues, ligada aos interesses dos comerciantes, e a liderada por Jorge Street, integrada apenas por industriais e vinculada aos seus interesses.

Segundo Abreu,[3] o alinhamento partidário das duas chapas identificava ainda mais o afastamento entre ambas. Enquanto a chapa liderada por Rodrigues era vinculada ao PD (Partido Democrático, fundado em 1926), a chapa articulada pelos interesses industriais era ligada ao velho PRP (Partido Republicano Paulista), que detinha o controle do governo estadual desde os primórdios do regime republicano. As tentativas de conciliação levaram à formação de uma chapa que unia os dois grupos e foi responsável pela manutenção temporária da unidade na Associação. Mas por pouco tempo, pois,

---

2 Idem.
3 *Apud* ABREU, Alzira Alves de. et. al. *Dicionário histórico biográfico brasileiro pós-1930*. Rio de Janeiro: FGV/Positivo, 2002, v. 1, p. 401.

em 1928, alguns industriais, liderados por Jorge Street, Francisco Mattarazzo e Rodolfo Crespi, saíram da Associação Comercial para fundar o Centro das Indústrias do Estado de São Paulo, o que representou a ruptura definitiva na representação desses dois setores do empresariado.

O movimento de 1930, a princípio, recebeu apoio da Associação Comercial de São Paulo, mas a adesão começou a se reduzir com a nomeação do tenente João Alberto para interventor em São Paulo. A partir de 1931, a Associação passou a ser mais um espaço de articulação da oposição ao governo Vargas, tendo, inclusive, uma forte participação no movimento de 1932. O envolvimento da Associação na Revolta de 32 absorveu a maior parte dos esforços de seus representados, o que levou a entidade a só voltar às questões econômicas após a Constituição de 1934. Mesmo assim, a ACSP colocava-se sempre frontalmente em oposição às políticas trabalhistas de Vargas. Em 1939, durante a vigência do Estado Novo, a Associação empreendeu uma campanha de repúdio ao Decreto Presidencial n. 1402, que regulamentava o funcionamento das associações sindicais no Brasil.

Como representante dos interesses dos empresários ligados ao comércio, a Associação, no início da década de 1940, organizou o conselho de câmaras de comércio e a Federação do Comércio do Estado de São Paulo. Já nos anos 1950, durante o novo governo Vargas, as relações entre a ACSP e o governo federal, bastante próximas durante o governo Dutra, deterioraram-se, pois os membros da Associação não aceitavam as estreitas relações de Vargas com os sindicatos de trabalhadores, nem as políticas que ampliavam a participação do Estado na economia. Importante ressaltar que as posições da ACSP eram compartilhadas por grande parte do empresariado brasileiro. Para defender as posições dessa fração da burguesia, a ACSP organizou vários debates sobre assuntos de interesse do empresariado – especialmente sobre a intervenção do Estado na economia –, sempre defendendo a participação mais ampla do capital particular, fosse ele nacional ou estrangeiro. Por ocasião do aumento de 100% do salário mínimo, a ACSP uniu-se a outros setores do empresariado em protesto contra a medida, engrossando as ações oposicionistas e contribuindo, assim, para a crise que viria a desembocar na morte do presidente em 1954. Durante os governos JK e Jânio Quadros, as relações foram menos tumultuadas, voltando a ocorrer atritos durante o governo de João Goulart, quando a Associação reforçou as críticas contra a política social do governo e novamente manifestou-se firmemente contrária à ampliação da participação do Estado na economia.

De acordo com Gramsci, a liderança moral e intelectual de uma sociedade não se efetiva somente através da coerção, mas se faz também a partir de concessões que englobam interesses de outros grupos ou frações de classe. Portanto, a hegemonia é constituída por um bloco de alianças e este representa uma base de consentimento para a ordem social definida. Para a consecução do projeto de hegemonia, a classe – ou fração da classe – dominante cria uma rede de instituições, relações e ideias na qual ela se torna dirigente. Exemplo desse mecanismo foi a criação, em 1944, do Instituto de Economia Gastão Vidigal (em homenagem a um ex-presidente da Associação). O objetivo do Instituto era estimular o "estudo sistemático da economia e pesquisar fatores que pudessem conduzir o País ao desenvolvimento". Nesse mesmo período a ACSP também lançou a *Revista Digesto Econômico*.

Apesar de abrigar em suas páginas vários tipos de propostas e tendências, representadas por muitos nomes conhecidos, o *Digesto* possuía alguns articulistas preferidos, ou seja, aqueles que estavam sempre presentes em seus números e que na prática eram os responsáveis pela divulgação do pensamento dominante na Associação Comercial de São Paulo: Roberto Campos, Eugênio Gudin, Otávio Gouvea de Bulhões, Glycon de Paiva Teixeira e Antônio Delfim Netto, entre outros. Sendo uma publicação de responsabilidade e controle da Associação, foi lançado com o propósito de ser o principal veículo dessa fração de classe para o debate dos temas políticos e econômicos considerados os mais importantes para o Brasil.

Sendo o *Digesto* responsável pela disseminação do pensamento dominante na Associação Comercial de São Paulo, consideramos que o periódico pode ser também identificado como aparelho privado de hegemonia.

Dentre os nomes mais encontrados nas páginas do *Digesto* ao longo do período estudado, Roberto Campos e a Eugênio Gudin já possuem suas trajetórias e atuações abordadas neste trabalho, o que pode ser encontrado no capítulo anterior. Otávio Gouvea de Bulhões, outro intelectual assíduo nas páginas do *Digesto*, também tem sua trajetória estudada no Capítulo II, uma vez que foi superintendente da Sumoc.

Glycon de Paiva também era um intelectual orgânico ligado à fração da burguesia vinculada à exportação de produtos primários. Nascido em Minas Gerais, formou-se em geologia e atuou especificamente nessa área em instituições públicas até o ano de 1947, quando, por sua atuação na Coordenação de Mobilização Econômica de Vargas, foi delegado do Brasil na Conferência de Energia em Haia, Holanda. Glycon foi também o elaborador do anteprojeto do Estatuto do Petróleo, por nomeação do presidente Eurico Gaspar Dutra. No final da década de 1940, participou do VIII Congresso Científico Pan-Americano, em Washington, e da Conferência Internacional de Comércio e Emprego, em Havana (Cuba). Nesse período também integrou o Conselho Nacional de Metalurgia e fez parte do Conselho Nacional de Minas e Metalurgia, tendo sido relator da Comissão Mista Brasileiro-Americana de Estudos Econômicos. Em 1951, foi assessor econômico da delegação brasileira na IV Reunião de Consultas dos Ministros de Relações Exteriores e das Repúblicas Americanas. Entre 1951 e 1954, participou do grupo técnico encarregado da criação da metalúrgica Mannesmann e exerceu o cargo de diretor do então BNDE. Em 1954 passou a fazer parte do Conselho Técnico e Economia e Finanças, permanecendo até 1960. Em 1955 foi nomeado diretor da Companhia Vale do Rio Doce e voltou ao cargo de diretor do BNDE, onde permaneceu até 1956, quando se iniciou a gestão de Lucas Lopes. Nos primeiros anos da década de 1960 ajudou a organizar o Ipes,[4] tendo sido vice-presidente dessa instituição entre os anos de 1961 e 1967. Entre 1964 e 1967 foi membro do Conselho Nacional de Economia e do conselho consultivo da Confederação Nacional do Comércio. No início da década de 1970 tornou-se membro do conselho administrativo da Mercedes Benz, do conselho consultivo da Siemens e da Apec, editora do conselho econômico da Confederação Nacional da Indústria, da administração da Caemo – Companhia Auxiliar de Empresas de Mineração. A partir de 1979, quando se iniciou a gestão de Israel Klabin na prefeitura do Rio, foi convidado para o Conselho Municipal de Desenvolvimento Econômico e Social (Comudes).

Antônio Delfim Netto, outro intelectual encontrado com bastante frequência nas páginas do *Digesto* desse período, é economista e professor emérito da FEA-USP. Nascido em São Paulo, de família pobre, logo que conseguiu se graduar foi contratado como assessor da Confederação Nacional da Indústria e também fez parte do Conselho Técnico da Federação do Comércio de São Paulo. A partir de 1958 participou do grupo de planejamento do governo Carvalho Pinto. Entre 1966 e 1967 foi Secretário de Fazenda no primeiro governo Laudo Natel. Em 1967 foi convidado pelo então presidente Artur da Costa e Silva para ser ministro da Fazenda, cargo que ocupou entre 1967 e 1974 – foi mantido na pasta durante o governo do general Emílio Garrastazu Médici, portanto, durante os chamados "anos de chumbo" do regime instaurado a partir de 1964. No governo de João Baptista de Oliveira Figueiredo foi Ministro da Agricultura e do Planejamento. Em 1985 foi nomeado embaixador do Brasil na França e nos anos 90 concorreu ao cargo de deputado federal por

---

4 O IPES – Instituto de Pesquisas e Estudos Sociais – foi uma organização de empresários que, sob a justificativa de "defender a liberdade pessoal e da empresa, ameaçada pelo plano de socialização dormente no seio do governo João Goulart", dirigiu a campanha contra o Executivo, a esquerda e o trabalhismo, servindo de aparelho para a fração da burguesia brasileira que articulava o golpe de 1964 (*Apud* DREUFUSS, René Armand, op. cit.).

São Paulo, tendo sido eleito cinco vezes consecutivas, mantendo-se como deputado federal até os dias de hoje.

Durante sua gestão como ministro da Fazenda, Delfim foi o mentor e gestor do "milagre econômico", conjunto de medidas responsáveis pela aceleração no crescimento econômico e que representaram um aumento da concentração de renda e o aprofundamento da pobreza no país.

Todos esses eram intelectuais de tipo orgânico porque bastante comprometidos com o pensamento hegemônico na ACSP.

VI. 2 – Lendo o *Digesto Econômico*

O exame dos exemplares do *Digesto Econômico* publicados na segunda metade da década de 1950 é bastante elucidativo quanto ao papel desse veículo de comunicação na difusão de um projeto identificado diretamente com as denominadas "classes produtoras",[5] ou seja, uma fração da burguesia brasileira.

O periódico publicado no bimestre iniciado em janeiro de 1955 trazia um artigo de Roberto Pinto de Souza. Nele o autor defendia uma industrialização feita a partir da associação com o capital internacional:

> É preciso esclarecer, no entanto, que a industrialização das economias dos países subdesenvolvidos, por estes reclamada, não se baseia em princípios nacionalistas; ao contrário, assenta-se no fundamento da cooperação econômica internacional, ou melhor, estriba-se no princípio de que a democracia só pode concretizar-se desde que não existam abismos a separar os níveis de vida entre as várias nações, na escala internacional, e entre as diferentes camadas sociais, na escala nacional.[6]

No mesmo número do *Digesto*, havia um artigo de Luís Mendonça de Freitas, em apoio à política econômica do então ministro Gu-

---
5 O termo "classes produtoras" é utilizado tanto pelos empresários da indústria quanto pelos empresários da agricultura.
6 SOUZA, Roberto Pinto de. Industrialização e progresso econômico. In: *Revista Digesto Econômico*, n. 121. Jan./fev. 1955. São Paulo: ACSP, 1955, p. 53-57.

din, destacando a justeza da restrição ao crédito como medida para debelar a inflação. O mesmo artigo também defendia a participação do capital estrangeiro, atacando as políticas que visavam restringir a entrada de capitais, afirmando que "o ultranacionalismo foi o ângulo sob o qual eram examinadas as possibilidades de entrada de capitais estrangeiros no país: burocracia e demagogia agiam no sentido de dificultar a expansão desses investimentos".[7]

É importante ressaltar que este é exatamente o período em que Gudin lança a Instrução 113, reduzindo as restrições ao ingresso do capital estrangeiro. No número seguinte, encontramos o discurso de posse de João di Pietro como presidente da ACSP. Como presidente da Associação, ele se identificava como porta-voz de uma "classe", expondo sua preocupação com a inflação, cuja origem ele analisava dentro dos cânones do pensamento liberal:

> Dentre as múltiplas causas que atuam sobre a inflação brasileira, três merecem destaque pela sua excepcional importância: a política salarial, o alto nível de investimentos, e, em menor escala, os "déficits" orçamentários; essas causas partilham entre si as responsabilidades pela acelerada redução do poder de compra do cruzeiro.[8]

O presidente da ACSP também apontava o capital estrangeiro como poderosa ferramenta para o combate do processo inflacionário:

> Infelizmente, essa solução só em pequena medida depende de nós e nesse setor novamente nos encontramos no círculo vicioso: dependemos de capitais estrangeiros para debelar o processo inflacionário, mas o processo inflacionário – e a ONU endossou essa observação – "é um obstáculo considerável para as inversões de recursos internacionais.[9]

Como presidente da ACSP, João di Pietro levantava propostas como a atração de investimentos estrangeiros, especialmente para

---

[7] FREITAS, Luís Mendonça de. Conseqüências da política financeira do ministro Gudin. In: *Revista Digesto Econômico*, n. 121, jan./fev. 1955. São Paulo: ACSP, 1955, p. 82-87.
[8] PIETRO, João di. A Associação Comercial de São Paulo e a conjuntura nacional. In: *Revista Digesto Econômico*, n. 122, mar./abr. 1955. São Paulo: ACSP, 1955, p. 7.
[9] Idem, p. 10.

os setores de base da economia brasileira. Para Piero, porta-voz dos exportadores, seria preciso convencer os EUA a investirem em nosso país, oferecendo vantagens tributárias e realizando os investimentos através das instituições bancárias oficiais. Ele terminava seu discurso avisando que "a infiltração comunista nas Américas se fará, naturalmente, pelos países democráticos em que a ação policial se faz sentir com menor violência e pelos países em que a agitação social seja grande por motivos de perturbações econômicas".[10]

O artigo de Glycon de Paiva, publicado no mesmo número, não estava muito longe, ideologicamente, do discurso do presidente da ACSP. O texto iniciava com um relato do autor sobre a reunião de governadores do Fundo Monetário Internacional na qual esteve presente. Ecoando os temas e resoluções da reunião, Paiva apontava como obstáculos ao escoamento do capital privado internacional a tendência nacionalista dos países subdesenvolvidos. Segundo Glycon, esse nacionalismo podia ser identificado nas leis que discriminavam os investimentos de capitalistas não residentes, impondo condições que dificultavam sua atração e gerando restrições cambiais que solapavam o capital, a renda e as políticas governamentais, que classificava como vacilantes.[11] O autor se posicionava de forma bastante crítica a essas leis, uma vez que era defensor dos investimentos estrangeiros.

O número posterior do *Digesto* também continha interessantes expressões do ideário liberal, que eram defendidas por vários autores, em nome da ACSP. O texto de Dario de Almeida Magalhães, reconstituição de sua exposição no Conselho Técnico da Confederação Nacional do Comércio, chamava a atenção para o crescimento da responsabilidade desse setor enquanto elite dirigente, e constatava que essa "elite" já não podia apelar para a dominação através da violência. Para não perder o que ele denomina de "comando", precisaria modificar suas táticas,

---

10 Idem, p. 12.
11 TEIXEIRA, Glycon de Paiva. Investimentos internacionais privados. In: *Revista Digesto Econômico*, n. 122, mar./abr. 1955. São Paulo: ACSP, 1955, p. 14.

"empreendendo a revisão de sua cultura, dos seus métodos de ação, a fim de se credenciar, moral e civicamente, à confiança e ao respeito dos governados".[12] Podemos interpretar que o autor defendia a construção de um consenso para garantir a dominação de classe.

O artigo de Luís de Morais Barros – ex-diretor da Associação e do Banco do Brasil – identificava o problema dos estoques reguladores como fator de queda dos preços do café e preconizava medidas anti--inflacionárias, especialmente a mudança na política cambial, que traria benefícios para a exportação de café:

> Na situação atual, em que a posição estatística do nosso principal produto nos é adversa, somos levados a admitir que, adotada a taxa de câmbio real, o reajustamento dos preços do café se faria em ouro e não em cruzeiros. O problema, pois, consiste em encontrar uma fórmula pela qual se possa, gradativamente, chegar à taxa única e real de câmbio, com o menor sacrifício possível das receitas cambiais e sem os efeitos inflacionários da elevação dos preços internos.[13]

Outro artigo, de Emílio Lang Júnior, também presidente da Associação, abordava a questão cambial, criticando a Instrução 70[14] da Sumoc. Analisando suas consequências, afirmava que "jamais a lei básica da oferta e da procura foi tão mal utilizada e tão inoportunamente, do que no dia em que a Instrução 70 teve vigor".[15] Lang Júnior criticava o intervencionismo do Estado na economia, preconizando uma política cambial que favorecesse a exportação e defen-

---

12 MAGALHÃES, Dario de Almeida. Os obstáculos da Constituição ao desenvolvimento do Brasil. In: *Revista Digesto Econômico*, n. 123, mai./jun. 1955. São Paulo: ACSP, p. 13.
13 BARROS, Luís de Morais. Considerações sobre o problema do café e a política cambial. In: *Revista Digesto Econômico* n. 123, mai./jun. 1955. São Paulo: ACSP, p. 20.
14 A Instrução 70, da Superintendência da Moeda e do Crédito, baixada por Oswaldo Aranha e Souza Dantas ainda no governo Vargas, extinguia o câmbio subvencionado e inaugurava um sistema de taxas múltiplas, buscando tornar as exportações brasileiras mais acessíveis no mercado internacional. Além disso, este sistema desencorajava as importações, buscando proteger a indústria brasileira e a balança comercial. A justificativa para as taxas múltiplas de câmbio era que elas atuariam de forma a não inviabilizar totalmente as importações de gêneros considerados essenciais à indústria. A Instrução 70 funcionou como um incentivo ao processo de substituição de importações, mas não conseguiu impedir a instabilidade financeira.
15 LANG JUNIOR, Emílio. O problema cambial brasileiro. In: *Revista Digesto Econômico*, n. 123, mai./jun. 1955. São Paulo: ACSP, p. 89-90.

dendo que o ideal, "em política cambial, seria a fixação do real valor da moeda, possibilitando-se a movimentação do comércio interno e externo com base na verdade dos preços, subordinando ambos à existência da taxa única e à liberdade das trocas internacionais".[16]

A política cambial que interessava ao setor era a liberação do câmbio, ou seja, o câmbio flutuante, cujo valor seria definido apenas pelas "exigências do mercado", sem controle estatal, defendendo "a liberação parcial das cambiais de exportação, permitindo-se que o produto dos ágios obtidos nos leilões de divisas para importação reverta em benefício direto do produtor ou exportador".[17]

O número seguinte do *Digesto* trazia artigo assinado por Aldo M. Azevedo. Nele a depreciação cambial é identificada como uma maneira de taxar as mercadorias importadas como forma de defender a produção nacional. Mas o autor considerava essa uma atitude perigosa, "pois propicia ao capitalista estrangeiro oportunidades de golpes magistrais, se não houver da parte de nossos homens de empresa uma perfeita sincronização com os acontecimentos monetários".[18] Ele garantia que a estabilização da moeda seria capaz de atrair um grande afluxo de capitais estrangeiros. Nesse sentido, Azevedo estava sendo profético quando afirmava:

> Há de chegar o dia em que o observador estrangeiro poderá confiar na nossa moeda, pelo menos durante algum tempo, e será essa a ocasião de vir para cá investir (nunca o termo foi tão apropriado...) nas nossas indústrias e mesmo na lavoura, adquirindo propriedades e instalações por um punhado de dólares, que ofereçam rendimentos altos, tão elevados que cobrem o risco de futuras desvalorizações.[19]

Nesse mesmo número, o sr. José Pedro Galvão de Souza, além de criticar a intervenção do Estado na economia, fazia uma bela

---

16 Idem, p. 93.
17 Idem, p. 94.
18 AZEVEDO, Aldo M. A indústria e a taxa de câmbio. In: *Revista Digesto Econômico*, n. 124, jul./ago. 1955. São Paulo: ACSP, p. 25.
19 Idem, p. 25.

alegoria sobre a hegemonia, considerando "a competição dessas forças que constituem o poder econômico, as inevitáveis ambições, a sedução do poder, nada há de estranho no fenômeno do controle do poder político pelo poder econômico, em nossos dias".[20]

A defesa do capital estrangeiro também estava presente no número 126 da revista. O artigo assinado por José Luiz de Almeida Nogueira classificava aqueles que faziam restrições à entrada de capitais estrangeiros no Brasil nos grupos:

a) os comunistas, interessados em combater a influência norte-americana e em enfraquecer os laços de solidariedade política que nos ligam aos Estados Unidos;

b) certos empresários, que temem a concorrência dos capitais e da técnica estrangeiros transplantados para o Brasil;

c) uma reduzida minoria de tradicionalistas, que hostiliza todos os veículos de influência cultural alienígena, notadamente norte-americana;

d) um grupo de indivíduos, principalmente da classe média, que teme sinceramente o comprometimento de nossa soberania pela influência que os capitais estrangeiros possam exercer em nossa super-estrutura política;

e) outro grupo de indivíduos, influenciados por "slogans" e pela propaganda e cuja atitude é, portanto, irracional;

f) políticos que, ou se inserem em um dos grupos acima, ou tomam uma posição nacionalista supondo, com isso agradar as massas eleitorais.[21]

O autor reafirmava a necessidade de capitais estrangeiros. Atestava ser preciso criar condições para que estes obtivessem lucros satisfatórios e estivessem em segurança, pois, segundo ele, estes capitais estariam a serviço do desenvolvimento nacional.

---

20 SOUZA, José Pedro Galvão de. O poder econômico e o Estado. In: *Revista Digesto Econômico*, n. 124, jul./ago. 1955. São Paulo: ACSP, p. 53-54.
21 PORTO, José Luiz de Almeida Nogueira. Aspectos do nacionalismo econômico brasileiro. In: *Revista Digesto Econômico*, n. 126, nov./dez. 1955. São Paulo: ACSP, p. 149.

No primeiro número do ano de 1956, coincidindo com a posse de Juscelino Kubitschek, o *Digesto Econômico* trazia mais um artigo sobre a questão cambial, assunto caro a esse setor do empresariado brasileiro. O artigo reivindicava reajuste na taxa do dólar, usada para a exportação de café, de forma a suprimir o "confisco cambial", pois tratava-se "de indicar uma forma regular, objetiva, sistemática, de reajustamento, que também promova e acoroçoe os negócios de café".[22]

Em março de 1956, a *Revista* trazia o discurso de João di Pietro, na qualidade de ex-presidente da ACSP, na posse da nova diretoria, liderada por Eduardo Saigh. No discurso, intitulado "A conjuntura nacional", Pietro apontava para a crescente unidade entre as "classes produtoras nacionais" e também para a carência de capitais internacionais na economia brasileira. Mas ele também identificava a necessidade de contenção dos salários, garantia de estabilidade financeira e fator de atração para os capitais internacionais.[23]

No número 130 do *Digesto*, Roberto Campos escrevia sobre reforma cambial. Para ele, era preciso moldar o sistema cambial brasileiro às exportações de café, para que a capacidade de exportar não fosse reduzida.[24] A proposta era, então, o câmbio livre ou flutuante, cuja cotação, segundo ele, não deveria ser controlada pelo Estado, e sim definida pelas "forças do mercado":

> Temos, portanto, no atual sistema cambial, uma situação insatisfatória do lado da exportação. Insatisfatória porque continuamente a inflação pressiona, num sentido altista, o custo de produção, ao passo que as taxas cambiais ou se mantêm fixas ou, quando reajustadas, o são em proporção inadequada e por via de decisões administrativas arbitrárias.[25]

---

22 AZEVEDO, Aldo M. A taxa do dólar-café. In: *Revista Digesto Econômico*, n. 127, jan./fev. 1956. São Paulo: ACSP, p. 22.
23 PIETRO, João Di. A conjuntura nacional. In: *Revista Digesto Econômico*, n. 128, mar./abr. 1956. São Paulo: ACSP.
24 CAMPOS, Roberto de Oliveira. Reforma cambial. In: *Revista Digesto Econômico*, n. 130, jul./ago. 1956. São Paulo: ACSP, p. 75-91.
25 Idem, p. 76.

Eugênio Gudin também escreve neste número, abordando a política cambial e criticando a Instrução 70:

> Enquanto que no sistema de taxas múltiplas a distribuição de divisas faz-se de acordo com a intensidade da procura, pelo imperativo das forças impessoais do mercado, no sistema das licenças a distribuição de divisas obedece ao simples arbítrio da direção de uma repartição pública, a qual, por bem dirigida que seja, está sujeita a todos os erros de avaliação e de estimativa dos julgamentos humanos e burocráticos. As forças impessoais do mercado substituem o arbítrio, as preferências, quando não a corrupção.[26]

Gudin afirmava não compreender como o valor da unidade monetária (cruzeiro, dólar ou libra) podia variar conforme a aplicação que lhe é dada. Para ele, a Instrução 70, assim como o regime de taxas múltiplas controladas que ela estabelecia, criava dificuldades e discriminações que qualificava como *antipáticas* para o capital estrangeiro. Para o ex-ministro, a Instrução 113, baixada durante sua gestão no Ministério da Fazenda, solucionou os problemas gerados pela Instrução 70, pois eram concedidas amplas facilidades no caso de fábricas cuja origem era o capital estrangeiro. Segundo ele havia uma condicionante para a concessão de facilidades: era necessário que se verificasse rigorosamente a origem dos capitais, a fim de garantir que eram de fato capitais estrangeiros e não uma simulação, com recursos internos, provenientes de compras no câmbio livre. Como vemos, para Gudin, era importante garantir que o capital fosse mesmo originado no exterior para receber vantagens. Em defesa da Instrução 113, ele afirmava:

> Tem-se alegado que essa Instrução criou um regime de preferência em favor do capital estrangeiro e em detrimento do nacional. A crítica não tem razão. Seria absurdo dificultar ou proibir a entrada de

---

26 GUDIN, Eugênio. A reforma cambial. In: *Revista Digesto Econômico*, n. 130, set./out. 1956. São Paulo: ACSP, p. 7.

capitais estrangeiros sob a forma de equipamentos de novas fábricas ou de novas usinas porque na atual situação não dispomos de câmbio para que os nacionais possam fazer o mesmo transformando seus cruzeiros em dólares.[27]

Para Gudin, o interesse pelo ingresso de capitais estrangeiros era não só legítimo como também necessário. Ele considerava que o interesse do país (em receber capitais estrangeiros) deveria estar acima dos interesses de grupos (aqueles que defendiam medidas que impediam a entrada dos capitais externos). Para ele, o interesse em internacionalizar a economia brasileira possuía mais adeptos que o interesse em defender o capital nacional. Pelo menos do ponto de vista do empresariado nacional esta afirmativa não estaria completamente fora de propósito, como provaram os fatos da década seguinte.

No mesmo número da revista, encontramos a transcrição de uma palestra de Octávio Gouvêa de Bulhões. Nela, o ex-superintendente da Sumoc afirmava que o subdesenvolvimento teria como principal característica a escassez de capitais, especialmente em infraestrutura, e perguntava por que haveriam "de pressupor a escassez de economias externas a ponto de tornar impossível a realização de investimentos de maior envergadura?".[28]

Para Bulhões, o lucro retirado pelo capital estrangeiro não tinha a menor importância se o empreendimento proporcionasse vantagens que permaneceriam em território nacional, ou seja, se este capital fizesse investimentos, especialmente em infraestrutura. Para Roberto Pinto de Souza, autor de outro texto publicado nesse número da *Revista*, a economia brasileira passava por uma fase difícil. E ele afirmava que a superação dessa fase dependeria do volume de capital estrangeiro absorvido pelo país.[29]

---

27 Idem, p. 10.
28 BULHÕES, Octávio Gouvêa de. Algumas considerações sobre indústrias básicas. In: *Revista Digesto Econômico*, n. 130, set./out. 1956. São Paulo: ACSP, p. 48.
29 SOUZA, Roberto Pinto. A situação atual da economia brasileira. In: *Revista Digesto Econômico*, n. 130, set./out. 1956. São Paulo: ACSP, p. 95-99.

O número 132 do *Digesto Econômico* estava pleno de ideias liberais. Um dos articulistas, Raymond Schnorrenberg, afirmava que o câmbio era naturalmente regulado pelo mercado, aconselhando: "para manter estável a taxa oficial, o Banco Central deve, a essa taxa, vender e comprar no mercado, sem restrições, quaisquer moedas estrangeiras que lhe sejam pedidas ou oferecidas".[30] Para Schnorrenberg a intervenção do Estado se justificava somente quando o objetivo fosse garantir uma taxa cambial favorável às exportações. Octávio Gouvêa de Bulhões também estava presente nesse número, criticando a Instrução 70 da Sumoc, em defesa dos exportadores:

> O café, portanto, é artigo que deve merecer diferenciação na taxa de câmbio, notadamente nos dias que correm. Estender, porém, esse meio excepcional – diferenciação de taxa de câmbio – para os demais casos, é evidentemente desvirtuar o objetivo essencial da moeda.[31]

Em janeiro de 1957, o *Digesto* trazia um extenso artigo de Roberto de Oliveira Campos, no qual ele identificava o nacionalismo, o monopólio estatal do petróleo e as barreiras aos capitais estrangeiros como falácias, caracterizando o nacionalismo "suficientemente orgânico para repelir formas úteis de colaboração estrangeira":[32]

> A atitude mais racional é sem dúvida a de considerar útil para o Brasil assegurar a cooperação do capital estrangeiro. Se a lei atual só permite o regime de contrato, estudemos urgentemente uma interpretação legal que permita tornar o sistema suficientemente atraente para permitir a participação supletiva de capitais estrangeiros. Se a curto prazo não for possível um entendimento satisfatório, far-se-á então aconselhável uma revisão do diploma legal.[33]

---

30 SCHNORRENBERG, Raymond. O Banco Central no mercado de câmbio. In: *Revista Digesto Econômico*, n. 132, nov./dez. 1956. São Paulo: ACSP, p. 43.
31 BULHÕES, Octávio Gouveia de. A reforma do sistema cambial e das tarifas alfandegárias. In: *Revista Digesto Econômico*, n. 132, nov./dez. 1956. São Paulo: ACSP, p. 66.
32 CAMPOS, Roberto de Oliveira. As três falácias do momento brasileiro. In: *Revista Digesto Econômico*, n. 133, jan./fev. 1957. São Paulo: ACSP, p. 61.
33 Idem, p. 55.

Campos criticava novamente a intervenção do Estado na economia, que classificava como "*uma forma de socialismo*". Para ele, o Estado jamais seria capaz de gerar lucros, o que o tornava incapaz de administrar o desenvolvimento, porque acreditava que "o Estado, se bem seja uma excelente bacia concentradora de poupança, é de duvidoso discernimento como investidor".[34]

Nesse número também foi publicada a segunda parte do texto de Raymond Schnorrenberg sobre o Banco Central e o câmbio, no qual ele atribuía às exportações de café a responsabilidade pela melhoria da situação cambial. Embora apontasse a Instrução 70 como responsável pelo fim da crise cambial, considerava o café como grande vítima dessa medida. Para ele, a divisão das mercadorias em categorias era "forçosamente complexa e arbitrária, e reintroduz no sistema os elementos subjetivos de apreciação que se pretendia eliminar".[35]

O número seguinte da revista trazia uma transcrição da conferência de Eugênio Gudin no Curso de Treinamento em Problema de Desenvolvimento. Nessa conferência ele afirmava – citando Roberto Campos – ser preciso "industrializar a agricultura", justificando que o aumento da produtividade agrícola era indicativo de desenvolvimento. Gudin também defendia facilidades para a exportação do café brasileiro, alertando para a possibilidade de surgirem produtores de café em outros países, produzindo a um custo menor, o que poderia constituir uma concorrência perigosa para o café brasileiro. Ele afirmava ser favorável à industrialização e à agricultura, mas totalmente contrário ao crescimento industrial desacompanhado do aumento na produtividade agrícola. Em defesa da cafeicultura, argumentava que "a indústria foi criada no Brasil com os recursos hauridos da agricultura do café e, ao fim de meio século, o seu melhoramento e a sua expansão continuam pendurados às cambiais do café".[36]

---

34 Idem, p. 65.
35 SCHNORRENBERG, Raymond. O Banco Central no mercado de câmbio. In: *Revista Digesto Econômico*, n. 133, jan./fev. 1957. São Paulo: ACSP, p. 73.
36 GUDIN, Eugênio. Orientação e programação do desenvolvimento econômico. In: *Revista Digesto Econômico* n. 134, mar./abr. 1957. São Paulo: ACSP, p. 19.

Esse número trazia outra transcrição de conferência. Desta vez o conferencista era Alexandre Kafka, economista que viria a ser o representante do Brasil no FMI alguns anos mais tarde. Nessa conferência – feita no Iseb – ele defendia a ideia de que o confisco cambial poderia acarretar a perda de rentabilidade nas exportações brasileiras. Também afirmava que a falta de investimentos estrangeiros fazia com o que o país deixasse de acumular reservas. Para Kafka, o que desencadeava esses problemas era a excessiva intervenção do Estado na economia.[37]

O presidente da Confederação Nacional do Comércio, Brasílio Machado Neto, também publicava seu texto nesse número do *Digesto*, afirmando que as classes produtoras sempre estariam dispostas a dar sua contribuição ao governo. Brasílio Neto elogiava o Plano de Metas, no qual identificava muitas das recomendações básicas dessas mesmas classes produtoras, feitas em congressos e conferências. No entanto, o autor criticava o Executivo, por ser alvo do apoio das classes produtoras, mas impedido de contar com maior participação dos capitais internacionais. Segundo ele, isso ocorria em virtude das pressões e impedimentos do nacionalismo desvirtuado que manobrava através da resistência passiva de muitas engrenagens burocráticas.[38]

No bimestre seguinte havia um artigo de Aldo M. Azevedo identificando o crédito concedido ao governo e os reajustes salariais como fatores inflacionários e recomendando a máxima restrição para ambos.[39] Nesse número havia a transcrição de uma conferência de Eugênio Gudin, proferida no Conselho Técnico da Confederação Nacional do Comércio. Nela o ex-ministro da Fazenda reafirmava o nacionalismo (que classificava como exclusivista e jacobino) e a

---

37 KAFKA, Alexandre. Estrutura da economia brasileira. In: *Revista Digesto Econômico*, n. 134, mar./abr. 1957. São Paulo: ACSP, p. 49-61.
38 MACHADO NETO, Brasílio. A conjuntura econômica brasileira e as classes produtoras. In: *Revista Digesto Econômico*, n. 134, mar./abr. 1957. São Paulo: ACSP, p. 62-66.
39 AZEVEDO, Aldo M. Como combater a inflação. In: *Revista Digesto Econômico* n. 135, mai./jun. 1957. São Paulo: ACSP, p. 9-14.

instabilidade monetária como os maiores impedimentos à entrada de capitais estrangeiros nos países subdesenvolvidos da América do Sul.[40]

O número seguinte trazia outra palestra de Gudin, na mesma Confederação Nacional do Comércio, na qual ele lamentava novamente a existência de um nacionalismo (que identificava como questão explosiva) para impedir a entrada de capitais estrangeiros. Gudin afirmava que o mundo estava em transformação, portanto "estar-se pensando no Século XX, em termos de imperialismo do Século XIX é um erro danoso para quem o pratica".[41]

No mesmo texto Gudin identificava a necessidade de acabar com as restrições cambiais. Para ele as restrições faziam parte de um conjunto de medidas recomendadas no Estatuto do FMI, mas que deveriam ser eliminadas cinco a seis anos após a Segunda Guerra, segundo recomendação do próprio Fundo.

Roberto Campos também estava presente nesse número, com um discurso proferido na reunião da Cepal realizada em La Paz em maio daquele ano. No discurso, ele identificava as "ilusões do desenvolvimento". Para Campos, somente o desenvolvimento – e o consequente aumento no volume da riqueza a ser repartida – seria capaz de reduzir as tensões entre as classes sociais. Esta afirmação nos parece muito próxima de uma outra, seguidamente usada nos chamados anos de chumbo, que afirmava ser necessário "esperar o bolo crescer para depois reparti-lo". Ele também reafirmava sua crença na iniciativa privada, que, segundo ele, seria mais capaz que o Estado de produzir desenvolvimento e riqueza[42] e alertava para a necessidade de uma revisão da política cambial, favorecendo a agricultura. Justificava afirmando que, apesar da importância

---

40 GUDIN, Eugênio. Capitais estrangeiros no Brasil. In: *Revista Digesto Econômico*, n. 135, mai./jun. 1957. São Paulo: ACSP, p. 52.
41 GUDIN, Eugênio. Fundo Monetário Internacional. In: *Revista Digesto Econômico*, n. 136, jul./ago. 1957. São Paulo: ACSP, p. 29.
42 CAMPOS, Roberto de Oliveira. O desenvolvimento econômico e suas ilusões. In: *Revista Digesto Econômico*, n. 136, jul./ago. 1957. São Paulo: ACSP, p. 35-47.

da indústria e da substituição de importações, a exportação de produtos primários ainda era a base da economia dos países da América Latina.

O mesmo número trazia uma conferência de Edmundo Macedo Soares e Silva, na qual o autor mostrava a carência de capitais como uma realidade para a economia brasileira. Para suprir essa carência, Soares preconizava, entre outras coisas, a abertura econômica para investimentos estrangeiros:

> Assume, assim, importância vital o vulto dos investimentos estrangeiros suscetíveis de serem canalizados para o País com o duplo objetivo de: compensar a massa dos recursos poupados (divisas), visando à satisfação de compromissos externos anteriores, e aumentar os recursos disponíveis para fazer face na novas inversões.[43]

No *Digesto* número 137 encontramos um discurso do então presidente da entidade – Emílio Lang Júnior – proferido em agosto de 1957, no encerramento da VI Convenção das Associações Comerciais de São Paulo. Ele iniciava apontando os males da inflação, identificando a emissão de moedas por parte do governo como uma das causas da espiral inflacionária. Para ele, a redução das exportações era uma consequência da inflação, e uma das formas de enfrentar esses problemas seria a entrada de capitais estrangeiros, sempre inviabilizada pelo "nacionalismo":

> Algumas vozes autorizadas já se têm feito ouvir conclamando os homens de boa vontade a corrigir os erros que o exagerado nacionalismo criou e que emperram o desenvolvimento dos setores básicos de nossa economia. Acreditamos que o assunto não pode admitir mais delonga. Malgrado algumas manifestações dissonantes partidas de setores da produção, cremos que a consciência das classes produtoras autoriza um pronunciamento

---

43 SILVA, Edmundo Macedo Soares. Por que o investimento na América Latina é um bom negócio. In: *Revista Digesto Econômico*, n. 136, jul./ago. 1957. São Paulo: ACSP, p. 93.

favorável a uma revisão desta política, mais do que nunca necessária à nossa tranqüilidade econômica e à fixação de um novo ciclo de prosperidade do nosso país.[44]

No mesmo número, Aldo M. Azevedo também criticava o nacionalismo e afirmava que nacionalismo e socialismo eram duas faces de um mesmo sistema. Azevedo também criticava a intervenção do Estado na economia, que chamava de "atitude paternal".[45] Não por acaso eram as mesmas posições defendidas por Luiz Mendonça de Freitas, em artigo publicado no mesmo número.

O último número do *Digesto* publicado no ano de 1957 trazia um artigo de Gudin no qual ele também identificava estatismo com socialismo, reafirmando que a única tarefa do Estado era criar um clima favorável ao progresso econômico, sem "desperdiçar energias", tentando ocupar o lugar que, segundo ele, pertencia à iniciativa privada. Ele argumentava, ainda que "a tendência para a socialização dos meios de produção em nosso país é um subproduto da Ditadura. Foi sob esse regime político que se iniciou o movimento de socialização econômica, sem que o país fosse ouvido ou consultado".[46]

Marcos de Souza Dantas, outro articulista do *Digesto*, considerava necessário garantir uma política cambial que preservasse o café a todo custo, porque só a agricultura impulsionaria o desenvolvimento:

> Ou o Brasil sustenta, defende, estabiliza os preços do café, ou o Brasil resolve abandoná-lo. Se o Brasil se desinteressar da sustentação da defesa da sua moeda internacional, que é o café, tenho para mim que caminhamos em linha reta para a bancarrota e o desastre total.[47]

---

44 LANG JÚNIOR, Emílio. Conjuntura econômico-financeira. In: *Revista Digesto Econômico*, n. 137 set./out. 1957. São Paulo: ACSP, p. 12.
45 AZEVEDO, Aldo M. O governo e a empresa. In: *Revista Digesto Econômico*, n. 137, set./out. 1957. São Paulo: ACSP, p. 52-55.
46 GUDIN, Eugênio. Estatização de nossa economia. In: *Revista Digesto Econômico*, n. 138, nov./dez. 1957. São Paulo: ACSP, p. 29.
47 DANTAS, Marcos de Souza. Crise de administração. In: *Revista Digesto Econômico*, n. 138, nov./dez. 1957. São Paulo: ACSP, p. 39.

Gustavo Corção também escreveu nesse número, criticando o nacionalismo. Para Corção, "debaixo de todos esses nacionalismos subsiste a mesma raiz totalitária".[48]

Nesse número ainda encontramos artigos de Roberto Pinto de Almeida, analisando a economia e a sociedade brasileiras a partir do ideário de Hayeck, e Luiz Mendonça de Freitas, criticando o tratamento preferencial de câmbio dado à indústria:

> A manutenção do privilégio, por sua vez, implicava em prejuízo para a agricultura de exportação, desestimulada e, em muitos casos, impedida de expandir as suas remessas para o exterior, justamente na ocasião em que aumentavam as necessidades de importação.[49]

No primeiro número do ano de 1958, o *Digesto* transcrevia uma exposição de Roberto Pinto de Souza no Conselho Técnico da Associação Nacional do Comércio, na qual ele identificava na Instrução 113 da Sumoc uma forma de ingresso de capitais estrangeiros na economia nacional, o que considerava vantajoso.[50] Nesse número havia também um artigo de José Luiz de Almeida Nogueira Porto, no qual o autor explicava o significado do termo segurança nacional e criticava a lei que estabelecia reserva de mercado dos minérios para os brasileiros. Para ele, os minérios eram fator de segurança nacional, e como o Brasil não possuía tecnologia para desenvolver sua exploração deveria contar com o auxílio dos capitais e tecnologias vindos de outros países. Porto também abordava a questão do petróleo criticando o monopólio estatal:

> Como a existência do petróleo é indispensável à Nação, especialmente em caso de guerra, não posso entender como se pretenda que a exploração do petróleo brasileiro por estrangeiros seja adversa à

---

48 CORÇÃO, Gustavo. Nacionalismos. In: *Revista Digesto Econômico*, n. 138, nov./dez. 1957. São Paulo: ACSP, p. 66.
49 FREITAS, Luiz Mendonça de. Desequilíbrios no desenvolvimento econômico do Brasil. In: *Revista Digesto Econômico*, n. 138, nov./dez. 1957. São Paulo: ACSP, p. 113.
50 SOUZA, Roberto Pinto de. Investimento estrangeiro. In: *Revista Digesto Econômico*, n. 139, jan./fev. 1958. São Paulo: ACSP, p. 10-17.

segurança nacional. Muito mais perigoso é ficarmos na dependência da importação desse combustível fundamental.[51]

O autor alertava também para a perturbação da ordem resultante dos conflitos entre operários e capitalistas e a presença dos comunistas, que ameaçavam a segurança nacional. Para ele a participação dos comunistas só não tinha tido maior alcance "porque a ortodoxia marxista impede que seus líderes transijam com determinados hábitos, costumes e crenças do povo brasileiro".[52]

Delfim Netto, naquele momento professor da Faculdade de Ciências Econômicas e Administrativas da USP, também colaborou nesse número. Explicando o que era inflação, preconizava medidas que acreditava capazes de sustar a espiral inflacionária: refreamento dos salários, política de equilíbrio orçamentário, contenção da taxa de crescimento do crédito bancário – com o objetivo de reduzir o consumo e conter a oferta de bens de consumo – "para proteger os preços dos bens de capital e dos bens de consumo duráveis".[53] Também não é ocasional o fato de terem se tornado políticas de Estado após o golpe de 1964.

Em março, por ocasião da posse da nova diretoria da Associação Comercial de São Paulo, o *Digesto* publicava o discurso de Eduardo Saigh e do presidente que tomava posse, Emílio Lang Júnior. Ambos analisavam a conjuntura nacional, defendendo a importância do café para a economia brasileira e reivindicando mudanças nas regras do câmbio. Como todos os articulistas, faziam a apologia da iniciativa privada e críticas à intervenção do Estado na economia. Eles identificavam as reivindicações dos operários como fruto da "ação de elementos políticos, ansiosos por capitalizar em seu proveito eleitoral as aflições das massas sacrificadas pela depressão e pelo desemprego".[54]

---

[51] PORTO, José Luiz de Almeida Nogueira. Economia e segurança nacional. In: *Revista Digesto Econômico*, n. 139, jan./fev. 1958. São Paulo: ACSP, p. 131.
[52] Idem, p. 135.
[53] NETTO, Antônio Delfim. Algumas das origens das atuais dificuldades do comércio. In: *Revista Digesto Econômico*, n. 139, jan./fev. 1958. São Paulo: ACSP, p. 140-145.
[54] Idem, p. 9

Saigh alertava:

> Hoje, como há mais de meio século, o café, esteio ainda de nossa economia, provoca sérias apreensões, mostrando a necessidade de um reexame, em reunião nacional que deve ser realizada com a maior urgência e da qual participem governantes, técnicos, produtores, comerciantes cercados do ambiente de indispensável franqueza e serenidade, como o exige a complexidade do assunto.
> Ao abordar este problema não poderemos desmembrá-lo do problema cambial.[55]

No discurso de Emílio Lang Júnior, que tomava posse como presidente da ACSP na ocasião, podemos identificar as mesmas preocupações e posições defendidas pelo presidente anterior, acrescidas de críticas ao Plano de Metas. Comparando os gastos governamentais de 1958 com os do ano de 1948, o novo presidente da ACSP sugeria mudanças na política cambial e afirmava que se tal política perdurasse, a maior parte da economia brasileira estaria socializada dentro de alguns anos.[56] Nesse número do *Digesto Econômico*, Aldo Azevedo criticava os reajustes do salário mínimo, que considerava inflacionários, e a política cambial que reduzia os lucros das exportações, privilegiando as importações, o que denominava "confisco cambial do café". Azevedo também criticava a intervenção do Estado na economia, afirmando que "de intervenção em intervenção, de códigos e leis reguladoras, o governo caminhou até o ponto de criar, em nosso país, ambiente desfavorável a certos tipos de atividades econômicas".[57]

O *Digesto* do bimestre maio/junho de 1958 trazia outra exposição sobre a intervenção do Estado na economia. Fábio Monteiro de Barros afirmava que "o liberalismo não é uma doutrina e sim um estado de espírito, cujo principal objetivo é libertar o indivíduo oprimido

---

55 SAIGH, Eduardo. Conjuntura nacional. In: *Revista Digesto Econômico*, n. 140, mar./abr. 1958. São Paulo: ACSP, p. 8
56 LANG JUNIOR. Discurso de posse na presidência da Associação Comercial de São Paulo. In: *Revista Digesto Econômico*, n. 140, jul./ago. 1958. São Paulo: ACSP, p. 13.
57 AZEVEDO, Aldo M. O governo como administrador. In: *Revista Digesto Econômico*, n. 140, mar./abr. 1958. São Paulo: ACSP, p. 24.

pelo Estado".⁵⁸ Como os demais, Monteiro de Barros também apontava o investimento privado, especialmente o estrangeiro, como fator de desenvolvimento, e o café como base da economia brasileira.

No número seguinte, em discurso transcrito para a revista, o presidente da ACSP, Emílio Lang Júnior, afirmava haver unidade entre as classes produtoras e criticava os investimentos governamentais, que identificava como geradores de inflação e desequilíbrio. Segundo ele, estes investimentos "configuram uma revolução branca e a progressiva socialização dos setores básicos da produção".⁵⁹

Para o presidente da Associação Comercial de São Paulo, a execução do programa de metas traria um agravamento da inflação, assim como problemas para o mercado cambial. Afirmando acreditar que o governo estaria empenhado no desenvolvimento econômico do país, reivindicava o que chamava de retomada da "normalidade monetária e cambial".⁶⁰ Nesse mesmo número Luiz Mendonça de Freitas criticava a intervenção do Estado na economia. Numa tentativa de ser profético quanto aos resultados dessa intervenção, informava:

> Todos aqueles que desejam a manutenção do regime de liberdade e do primado da iniciativa particular na economia deveriam estar vigilantes e convencer-se de que nosso sistema não será destruído por um ataque externo, mas por um processo de decomposição interno.⁶¹

O *Digesto* n. 143 trazia mais um artigo de Eugênio Gudin. Enfocando a questão do desenvolvimento, afirmava que não computando as entradas de capital estrangeiro – segundo ele, sempre bem-vindo – na balança de pagamentos, isso não seria fator de desequilíbrio para a economia:

---

58 BARROS, Fábio Monteiro de. Finança pública e intervencionismo. In: *Revista Digesto Econômico*, n. 141, maio./jun. 1958. São Paulo: ACSP, p. 126.
59 LANG JÚNIOR, Emílio. Investimentos públicos e inflação. In: *Revista Digesto Econômico*, n. 142, jul./ago. 1958. São Paulo: ACSP, p. 11.
60 Idem.
61 FREITAS, Luiz Mendonça de. Intervenção do Estado e classes produtoras. In: *Revista Digesto Econômico*, n. 142, jul./ago. 1958. São Paulo: ACSP, p. 64.

a) as obrigações externas relativas aos capitais estrangeiros não devem aumentar em proporção superior à do crescimento do Produto Nacional; sua aplicação deve, é claro ser a mais eficiente possível.
b) não deve haver inflação.[62]

Outro articulista, Paulo Leite Ribeiro, reafirmava a importância dos investimentos estrangeiros para o Brasil e identificava a Instrução 113 da Sumoc como forma positiva de gerar estes investimentos.[63] Luiz Mendonça de Freitas argumentava que o mercado produziria com mais competência se fosse diminuída a presença do Estado, o que justificava a redução de sua intervenção na economia.[64]

Delfim Netto, novamente no *Digesto*, e mais uma vez preocupado com a inflação, alertava contra as emissões, identificando os gastos públicos como fatores geradores dessas emissões. Ele defendia um corte nos investimentos e nos gastos públicos e criticava o reajuste de salário, que considerava fator inflacionário. Tal receituário seria aplicado, anos mais tarde, em sua gestão à frente do Ministério da Fazenda.[65] Ainda nesse número havia mais um artigo contrário à intervenção do Estado na economia: o texto de José Luiz de Almeida Nogueira Porto propunha mudanças nas leis trabalhistas porque, segundo ele, a intervenção estatal no mercado de trabalho seria nefasta para o desenvolvimento brasileiro.[66]

A revista n. 144 trazia novo artigo de Eugênio Gudin em defesa dos investimentos americanos no Brasil. Ele argumentava que nos EUA se considerava a ajuda aos países subdesenvolvidos não só como uma atitude humanitária, mas também um fator de segurança nacional, dada a divulgação das disparidades entre os níveis de vida

---

62 GUDIN, Eugênio. O capital estrangeiro e o desenvolvimento. In: *Revista Digesto Econômico*, n. 143, set./out. 1958. São Paulo: ACSP, p. 9.
63 RIBEIRO, Paulo Leite. Criação de empresa mista de investimentos financeiros do exterior originariamente sob a forma de importação de bens. *Revista Digesto Econômico*, n. 143, set./out. 1958. São Paulo: ACSP, p. 47-51.
64 FREITAS, Luiz Mendonça. As vantagens da livre concorrência e os inconvenientes dos controles de preços. In: *Revista Digesto Econômico*, n. 143, set./out. 1958. São Paulo: ACSP, p. 73-76.
65 DELFIM NETTO, Antônio. Nota sobre o desenvolvimento do processo inflacionário no Brasil. In: *Revista Digesto Econômico*, n. 143, set./out. 1958. São Paulo: ACSP, p. 91-97.
66 PORTO, José Luiz de Almeida Nogueira. A constituição e a intervenção do Estado na economia. *Revista Digesto Econômico*, n. 143, set./out. 1958. São Paulo: ACSP, p. 131-166.

nos EUA e os de outros povos. O ex-ministro da Fazenda explicava o crescimento da economia norte-americana e o consequente aprofundamento dessa disparidade através da reduzida participação americana nas duas guerras mundiais, que não se desenvolveram em território americano. Para ele, o conflito entre capital nacional e capital estrangeiro tinha pequena importância porque era apenas ideológico. Fundamental, para ele, era a solução dos problemas gerados pelo subdesenvolvimento. Segundo ele, a ajuda econômica americana era importante e reverteria em grandes benefícios para o Brasil, assim como para todos os países em desenvolvimento. Para Gudin, esta ajuda seria uma espécie de Plano Marshal, dirigido aos países subdesenvolvidos. Para ele "a luta contra o subdesenvolvimento é uma medida estratégica indispensável, de capital importância".[67]

Importa destacar a palestra do general Edmundo Macedo Soares, realizada no Conselho Técnico da Confederação Nacional do Comércio, transcrita nesse número: iniciava com uma exposição técnica sobre o que são indústrias de base e seu significado, afirmando que a criação dessas indústrias era atribuição da iniciativa privada, em parceria com o Estado. Segundo Soares, o mais importante era a iniciativa privada, pois o Estado teria apenas um papel supletivo, com o propósito de evitar pontos de estrangulamento no processo.[68]

A polêmica sobre o nacionalismo estava novamente presente nesse número, representada por dois artigos: o de Hermes Lima reafirmava o papel do Estado, que, em uma política nacionalista, não deveria ser o de anular a iniciativa privada, porque "a política nacionalista do desenvolvimento, o comando de cujas alavancas cabe ao Estado, deve fazer da iniciativa privada um aliado eficiente, pois não possui nenhum motivo para hostilizá-la".[69]

---

67 GUDIN, Eugênio. Reflexões sobre a ajuda econômica americana. In: *Revista Digesto Econômico*, n. 144, nov./dez. 1958. São Paulo: ACSP, p. 34.
68 SILVA, Gal. Edmundo Macedo Soares. Indústrias de base, sua importância e necessidade do seu desenvolvimento. In: *Revista Digesto Econômico*, n. 144, nov./dez. 1958. São Paulo: ACSP, p. 43-62.
69 LIMA, Hermes. Variações críticas sobre o nacionalismo. In: *Revista Digesto Econômico*, n. 144, nov./dez. 1958. São Paulo: ACSP, p. 82.

O artigo de Gustavo Corção cita Hegel, a quem denomina "filósofo do totalitarismo".[70] Ele tenta explicar o nacionalismo dos países subdesenvolvidos como um ressentimento destes para com o triunfo das potências. Para Corção, a noção de colonialismo como algo depreciativo foi construída por influência da URSS e devia ser mudada, pois, para ele, o colonialismo se justifica por ser um dos processos normais da formação das nacionalidades. Corção apontava características comuns entre nacionalismo, totalitarismo e fascismo:

> Pretendo apenas mostrar – isto sim – que o conceito de nacionalismo pertence a um especial contexto, e é energicamente repelido, ou na melhor hipótese deixado em quarentena, pelas mentalidades que se norteiam por uma concepção humanista, democrática e cristã.[71]

O primeiro número da revista publicado no ano de 1959 trazia um artigo de Arnóbio Graça sobre a economia brasileira, definindo seu desenvolvimento como desordenado e dependente do jogo político, e mostrando que indústria e agricultura são de igual importância para o Brasil:

> Seja como for, julgamos que o melhor sistema para a nossa pátria é o misto: o da coexistência e evolução da agricultura e da indústria. Aquela é indispensável, como esta, a indústria, e ambas constituem fundamentos da independência econômica e política do Brasil.[72]

O diretor executivo da Sumoc, José Garrido Torres, também estava presente nesse número do *Digesto*. Na transcrição de seu discurso, pronunciado na National Foreign Trade Convention[73] em Nova Iorque, podemos ver que ele louvava o empenho dos EUA em diminuir discrepâncias entre os países do continente, demonstrando que este era o mesmo motivo que levava o presidente brasileiro (Juscelino

---

70 Idem.
71 CORÇÃO, Gustavo. Nacionalismo. In: *Revista Digesto Econômico*, n. 144, nov./dez. 1958. São Paulo: ACSP, p. 91.
72 GRAÇA, Arnóbio. Economia brasileira. In: *Revista Digesto Econômico*, n. 145, jan./fev. 1959. São Paulo: ACSP, p. 76.
73 Convenção Nacional do Comércio Exterior.

Kubitschek) a formular a proposta da Operação Pan-americana. A título de proposta para a solução das discrepâncias, Garrido Torres pregava a integração comercial – que levaria à formação de um mercado regional – através de um acordo de livre comércio entre os países da América Latina. Com o crescimento econômico, segundo ele, as oportunidades seriam abertas, atraindo investimentos de outras regiões do mundo, pois, para ele, "o afluxo de capital e tecnologia estrangeiros (sejam de origem pública ou privada) será decisivo para o sucesso do projeto, visto que muito poderá influir sobre a taxa de desenvolvimento".[74]

Essa ideia de integração comercial latino-americana, portanto, não é recente, mas só foi realizada décadas mais tarde, ainda que sob a mesma argumentação.

O número seguinte trazia um artigo de Leite Ribeiro, no qual afirmava que a industrialização se alimentava da inflação e de taxas de câmbio abaixo do seu valor real, o que gerava desinteresse, por parte do capital estrangeiro, em investir no Brasil. Para Leite Ribeiro, a inflação representava uma forma de subsídio, mas, ao mesmo tempo, um ônus para a agricultura. Por isso, segundo ele, fora criada, pelo Conselho da Sumoc, e através da Lei 2145, a Cifer – Comissão de Investimentos e Financiamentos Estrangeiros Registráveis. Sua função era assessorar a Superintendência na solução de situações ligadas às políticas de desenvolvimento, especialmente no que dizia respeito às condições monetárias e cambiais.[75] Segundo Leite Ribeiro, a criação da Instrução 113 e o programa vitorioso da indústria automobilística, "únicos instrumentos efetivos de política de estímulo a capitais e técnica privados do exterior",[76] foram uma decorrência dos trabalhos da Cifer.

---

74 TORRES, José Garrido. Os Estados Unidos na integração da América Latina. In: *Revista Digesto Econômico*, n. 145, jan./fev. 1959. São Paulo: ACSP, p. 110.
75 RIBEIRO, Paulo Leite. Origem e atividades da antiga Comissão de Investimentos e Financiamentos Estrangeiros Registráveis – "CIFER". In: *Revista Digesto Econômico*, n. 146, mar./abr. 1959. São Paulo: ACSP, p. 42-47.
76 Idem, p. 47.

Para Delfim Netto, o aumento da produção e dos estoques de café, assim como o fim da recessão, levou a uma ampliação do mercado e teve como consequência o aumento da procura e a inflação. Por estes motivos, ele reivindicava uma mudança na política governamental em relação ao café, pois, segundo ele, a inflação era um fator negativo para a economia nacional.[77] No mesmo número, Octávio Gouvêa de Bulhões criticava as políticas de preço mínimo para as mercadorias, mostrando que tais políticas foram alvo de críticas em Bretton Woods, pois revertiam em instabilidade econômica:

> Na citada Conferência recomenda-se aos "Governos participantes que, além de porem em prática as medidas financeiras tratadas na presente Conferência", "tendo em vista criar no domínio das relações econômicas internacionais as condições necessárias para a realização das finalidades do Fundo e dos objetivos fundamentais de ampla política econômica" procurem chegar a um "acordo com a máxima brevidade possível quanto aos meios de:
>
> 1) reduzir as barreiras ao comércio internacional e promover, por outros meios, relações comerciais internacionais mutuamente vantajosas.
>
> 2) promover o comércio equilibrado de matérias primas, a preços eqüitativos, tanto para o produtor quanto para o consumidor.[78]

No *Digesto* posterior encontramos a transcrição de uma palestra de Roberto Campos proferida na Confederação Nacional do Comércio.[79] Nela, Campos defendia a necessidade de um planejamento global, não setorial. Desse planejamento deveria constar um plano de estabilização monetária, uma vez que o câmbio artificial estava servindo de subsídio para alguns setores da economia. Ele recomendava

---

77 NETTO, Antônio Delfim. Enfrentemos a realidade cafeeira. In: *Revista Digesto Econômico*, n. 146, mar./abr. 1959. São Paulo: ACSP, p. 79-81.
78 BULHÕES, Octávio Gouvêa de. Um processo econômico de cooperação Internacional. In: *Revista Digesto Econômico*, n. 146, mar./abr. 1959. São Paulo: ACSP, p. 99.
79 CAMPOS, Roberto de Oliveira. Programa de estabilização monetária. In: *Revista Digesto Econômico*, n. 147, mai./jun. 1959. São Paulo: ACSP, p. 15-31.

também um fundo, formado pelos ágios recolhidos pelo governo, que serviria para incentivar a exportação e o financiamento não inflacionário das compras do café, mas frisava que esse fundo não deveria constituir fonte de financiamento para as despesas do governo. O pequeno artigo de Eugênio Gudin, no mesmo número, parece ter sido publicado apenas para desafiar o governo, caso fosse realmente desenvolvimentista, a investir os fundos públicos nas empresas privadas.[80] A reforma cambial é assunto de um outro artigo, de autoria de Nivaldo de Ulhôa Cintra.[81] Este afirmava que a máquina governamental brasileira era diferente das de outros países, por ser hipertrofiada, e que as classes produtoras estavam chamando a atenção do governo para os erros da política cambial vigente, pois o confisco era um verdadeiro imposto de exportação. O autor propunha a liberação do mercado de câmbio do controle governamental e a unificação do câmbio comercial com o financeiro.

Em julho de 1959, o *Digesto* publicava um artigo de Luiz Mendonça de Freitas sobre as funções do Fundo Monetário Internacional. Ele definia o Fundo como instituição que se propunha a corrigir os desequilíbrios de longo e curto prazos na balança de pagamentos, emprestando divisas aos membros, e que atuava no sentido de nortear as relações entre os países:

> Dada, contudo, a impossibilidade de se restaurar, pelo menos a curto prazo, o multilateralismo pleno no comércio mundial e a liberdade cambial, o Fundo Monetário Internacional constitui uma organização muito útil e mesmo necessária ao equilíbrio das transações entre as nações.[82]

Eugênio Gudin trazia um panorama do comércio internacional, demonstrando que as vendas de bens primários haviam encolhido,

---

80 GUDIN, Eugênio. O caos inflacionário e os fundos de participação. In: *Revista Digesto Econômico*, n. 147, mai./jun. 1959. São Paulo: ACSP, p. 32-34.
81 CINTRA, Nivaldo C. de Ulhôa. Reforma cambial. In: *Revista Digesto Econômico*, n. 147, mai./jun. 1959. São Paulo: ACSP, p. 81-86.
82 FREITAS, Luiz Mendonça de. As funções do Fundo Monetário Internacional. In: *Revista Digesto Econômico*, n. 148, jul./ago. 1959. São Paulo: ACSP, p. 35.

o que significava redução no volume das exportações dos países não industriais, fator de déficit. Ele identificava o café como "vítima" desse déficit (da mesma forma que o fumo, o chá e o cacau) e preconizava medidas de proteção aos produtos agrícolas brasileiros destinados à exportação.[83] Delfim Netto também estava presente nesse número. Novamente tratando dos interesses da cafeicultura, ele reclamava da falta de autonomia do Instituto Brasileiro do Café, sua submissão ao Ministério da Fazenda, mas reconhecia a inoperância do Instituto como um dos fatores que contribuíram para essa situação. Delfim criticava ainda a implantação do sistema de cotas de produção, assim como a decisão da Sumoc de que o financiamento da safra de 1959 seria feito nas mesmas condições do financiamento de 1958. Criticava a compra da safra por preço prefixado, alegando que este poderia subir com a inflação, o que geraria prejuízo para os cafeicultores. Além de todas essas críticas, também censurava o rebaixamento do dólar, determinado pelo governo, o que também identificava como fator prejudicial ao cafeicultor. Para ele, dada a importância do setor, o governo deveria deixar livre a cotação e constituir um fundo de auxílio aos cafeicultores em vez de fixar uma cotação alta para o dólar-café:

> É quase certo que muitas pessoas objetarão a tais sugestões porque a elas lhes parecerão inflacionárias. Nada há, entretanto, de mais enganoso, porque estamos propondo uma utilização alternativa de recursos que hoje o governo federal aplica em outros setores que não têm a importância da cafeicultura.[84]

J. Testa, outro articulista, também criticava a política do governo federal destinada à cafeicultura, por ser o produto de extrema importância para a economia nacional:

---
83 GUDIN, Eugênio. Rumos do comércio internacional. In: *Revista Digesto Econômico*, n. 148, jul./ago. 1959. São Paulo: ACSP, p. 55-80.
84 DELFM NETTO, Antônio. Nova política do café. In: *Revista Digesto Econômico*, n. 148, jul./ago. 1959. São Paulo: ACSP, p. 85.

É que o café, embora produzido pelos seus plantadores, é assunto nacional, cumpre não esquecer. Quem assim não o entenda, sendo cafeicultor, está fora da realidade e será sempre um inconformado, até o dia em que resolva dedicar-se a outra atividade mais privativa... Não se trata de sarcasmo ou de cinismo. Seríamos incapazes de tal atitude. É apenas realidade, pois, feliz ou infelizmente, é o café, quase sozinho, que carrega nas costas a economia nacional.[85]

Para outro articulista, Roberto Pinto de Souza,[86] o sistema de contingenciamento do câmbio, criado após a guerra, estava durando demais, pois a Instrução 70 fora criada para definir taxas de câmbio diferenciadas, mas já seria o momento certo de revogá-la. No entanto, para ele, antes da revogação seria melhor corrigir os problemas criados por ela. Para João Paulo de Arruda,[87] o câmbio livre também era uma medida que precisava ser tomada com urgência, pois era preciso corrigir os problemas criados pela Instrução 70 para os cafeicultores, retirando o controle do Estado sobre o câmbio.

Em setembro, Octávio Gouvêa de Bulhões argumentava, através de artigo no *Digesto Econômico*, que os investimentos, especialmente os estrangeiros, eram geradores de renda, pois "uma das vantagens atribuíveis à entrada de capitais estrangeiros num país está, pois, no esforço que ele pode imprimir à formação do capital nacional, contribuindo, assim, para a realização de investimentos simultâneos".[88]

No discurso de despedida de Roberto Campos do Conselho Administrativo do BNDE, transcrito no *Digesto Econômico*, ele defendia a ideia de que o desenvolvimento só será possível com a existência de estabilidade financeira. Campos condenava a "luta que no fundo é puramente semântica, hoje travada entre os que se

---

85 TESTA, J. A atual política cafeeira. In: *Revista Digesto Econômico*, n. 148, jul./ago. 1959. São Paulo: ACSP, p. 100.
86 SOUZA. Roberto Pinto de. Da Instrução 70 ao câmbio livre. In: *Revista Digesto Econômico*, n. 148, jul./ago. 1959. São Paulo: ACSP, p. 127-129.
87 ARRUDA, João Paulo. Câmbio livre e realidade. In: *Revista Digesto Econômico*, n. 148, jul./ago. 1959. São Paulo: ACSP, p. 153-155.
88 BULHÕES, Octávio Gouvêa. Recursos do exterior na formação da renda nacional. In: *Revista Digesto Econômico*, n. 149, set./out. 1959. São Paulo: ACSP, p. 31.

dizem "nacionalistas" e os partidários de uma política realista de desenvolvimento".[89] Para ele, o desenvolvimento deveria ser acelerado através de investimentos, especialmente os advindos do exterior, que eram os únicos capazes de acelerar o desenvolvimento sem frear o consumo. Outro articulista, Ruy Pinto da Silva, iniciava seu texto citando Gudin, para definir uma política de créditos que não fosse inflacionária. Silva afirmava que o crédito a juros baixos era gerador de inflação, criando uma falsa impressão de progresso. A partir dessa argumentação, preconizava um aumento nos juros com o objetivo de conter o processo inflacionário.[90]

No número seguinte, encontramos o discurso de Emílio Lang Júnior, feito na III Conferência Brasileira de Comércio Exterior. Ele reclamava, em nome das classes produtoras, a atenção dos governos e políticas anti-inflacionárias, e criticava os investimentos públicos que eram "desviados" dos setores que sustentavam a economia para outros, "menos importantes". Lang Júnior também criticava o controle dos preços dos produtos agrícolas por parte dos órgãos governamentais, que denominava de "*demagogia do tabelamento*".[91]

Lang Júnior identificava, também, um conflito entre as diferentes concepções: nacionalistas contra não nacionalistas e intervencionistas contra liberais. Mas considerava que o conflito poderia ser contornado "no momento em que todos buscassem entendimento no plano da democracia".[92] Ele também criticava o governo federal por não empreender medidas de combate à inflação, pois entendia que esta causava corrosão nos salários, o que resultava em convulsões sociais. No artigo intitulado "Uma política de investimentos para o

---

89 CAMPOS, Roberto de Oliveira. Conceitos do Banco Nacional do Desenvolvimento Econômico. In: *Revista Digesto Econômico*, n. 149, set./out. 1959. São Paulo: ACSP, p. 65.
90 SILVA, Ruy Pinto da. Política de crédito. In: *Revista Digesto Econômico*, n. 149, set./out. 1959. São Paulo: ACSP, p. 98-105.
91 LANG JÚNIOR. Emílio. Desenvolvimento harmônico na economia nacional. In: *Revista Digesto Econômico*, n. 150, nov./dez. 1959. São Paulo: ACSP, p. 25-34.
92 Idem.

Brasil", Luiz Mendonça de Freitas analisava o movimento nacionalista, fazendo distinção entre o que ele considerava "justas aspirações de desenvolvimento e o que identifica como reivindicações de cunho demagógico deste movimento". E recomendava:

> Igualdade de tratamento para capitais nacionais e estrangeiros;
>
> Revisão da regulamentação sobre investimentos em setores básicos;
>
> Celebração de tratados com potências estrangeiras visando eliminar a bi-tributação internacional;
>
> Estudo por parte da Comissão Nacional de Bolsas de Valores de normas que tornem possível negociar em Bolsas do Exterior títulos de empresas nacionais;
>
> Revisão da legislação brasileira relativa à colaboração de capitais estrangeiros em empreendimentos de base permitindo uma participação minoritária deles nos setores em que atualmente ela é vetada;
>
> Concessão aos títulos de empresas de serviço público ou de empreendimentos em setores básicos, do tratamento dispensado aos títulos públicos relativamente à incidência do imposto de renda.[93]

Para Freitas, a cooperação estrangeira, quando facilitada, aumentaria a disponibilidade de fatores de produção, ampliando as possibilidades de investimento. Afirmava que o volume dos investimentos públicos, estando bem acima dos privados, fazia a economia perder em eficiência. Por isso, segundo ele, caberia ao governo inverter a situação. Para ele estes eram sintomas do que definia como nacionalismo deformado e intervenção indevida do Estado na economia, que constituíam "elementos perturbadores de natureza política". Outra questão levantada era a do sistema cambial, que, segundo o autor, era mantido à custa de medidas artificiais, constituindo fator de distorção do mercado de dinheiro e de capitais do país.

---

93 FREITAS, Luiz Mendonça de. Uma política de investimentos para o Brasil. In: *Revista Digesto Econômico*, n. 150, nov./dez. 1959. São Paulo: ACSP, p. 47.

O ano de 1960 mal iniciava e o *Digesto Econômico* voltava a publicar um artigo de Eugênio Gudin sobre a questão cambial.[94] Nele, o autor apresentava um histórico do câmbio no Brasil desde a Segunda Guerra Mundial e identificava o ano de 1947 como aquele no qual, em virtude da escassez de divisas, o dólar subiu de Cr$ 18,00 para Cr$ 25,00 ou Cr$ 30,00. Segundo Gudin, este fato incentivou as exportações e encareceu as importações. Mas, em 1948, em virtude da intervenção governamental no mercado cambial, através de licenças prévias, o câmbio ficou imobilizado. Para ele, a taxa cambial constituía um termômetro da economia, portanto, não podia ser regulada por decreto. Ele considerava o regime da Cexim[95] uma institucionalização da intervenção estatal no câmbio, através do controle geral das importações e exportações. Segundo Gudin, em 1952, apesar da expansão monetária, o governo manteve a cotação do câmbio em baixa, o que manteve o benefício cambial para as indústrias. Esta situação era denominada por ele de "sacrifício das exportações". Segundo ele, no governo Café Filho, o ministro Whitaker tentou uma reforma cambial, mas foi obrigado a recuar, por pressão dos "interesses demagógicos e mercantis que defendiam o privilégio de uma taxa de câmbio artificial, que usufruíam em detrimento dos demais setores do País". Gudin também criticava o governo por não ter, em quatro anos, feito uma reforma cambial que restabelecesse o equilíbrio das transações de comércio exterior.

---

94 GUDIN, Eugênio. O problema cambial. In: *Revista Digesto Econômico*, n. 151, jan./fev. 1960. São Paulo: ACSP, p. 13-17.
95 O controle do câmbio no Brasil foi institucionalizado em 1941, através da Lei n. 3.293, que criava a Carteira de Exportação e Importação do Banco do Brasil (CEXIM), com a finalidade de "estimular e amparar a exportação de produtos nacionais e assegurar condições favoráveis à importação de produtos estrangeiros". Durante esse período, houve uma crescente valorização do cruzeiro, o que estimulava as importações. Nesse sentido, foi utilizado um sistema de licenciamento de importações para manter a demanda sob controle. A CEXIM controlava um sistema de categorias que variava desde os que poderiam ser livremente importados (remédio, inseticidas, fertilizantes) até aos que eram considerados supérfluos e deveriam aguardar a obtenção de licença, processo demorado, em virtude da longa lista de espera – o que desencorajava a importação. Em 1951, a CEXIM relaxou o controle por acreditar que a guerra na Coreia se transformaria em um conflito mundial e que traria consigo uma escassez geral de suprimentos do estrangeiro. Como resultado, as importações subiram ainda mais, mas parte foi compensada com o aumento das exportações do café. Em dezembro de 1953, a CEXIM foi substituída pela CACEX (Carteira de Comércio Exterior) do Banco do Brasil, através da Lei n. 2.145.

Octávio Bulhões, no mesmo número, diferenciava ufanismo de nacionalismo, argumentando que, enquanto o primeiro era uma fantasia a respeito dos recursos de um país, o segundo era mais científico e imprimia nos habitantes de um país o desejo de superarem os obstáculos ao desenvolvimento.[96] Para ele, se o nacionalismo operava em ambiente de exaltação, os meios eram transformados em fins, o que seria perigoso, pois os resultados seriam contrários aos objetivos. Tratava-se do que ele denominava "surto nacionalista", no qual os preços dos produtos industriais deveriam acompanhar a desvalorização do cruzeiro, "mas tabelamos, com toda a energia, os preços dos produtos agrícolas".[97]

Bulhões também criticava a escolha, por parte do governo, do transporte rodoviário como forma de integração, em detrimento do transporte fluvial. Segundo ele, o transporte fluvial estaria mais de acordo com nossas potencialidades. Mas suas críticas mais ferozes estavam voltadas contra a intervenção do Estado na economia. Ele argumentava que "se compete ao Estado e não aos indivíduos a iniciativa de economizar e de investir, os indivíduos abdicam de sua personalidade, na esfera da economia, em favor da personalidade única do Estado".[98]

Hermes Lima também escrevia contra o nacionalismo.[99] Ele diferenciava patriotismo, que considerava uma virtude cívica, do nacionalismo, que definia como posição política. Para Lima, a qualidade da liderança definia os rumos que cada país tomaria. Como exemplo, utilizava o caso da URSS: se tivesse havido uma liderança "mais hábil, mais oportuna e mais oportunista", os rumos do processo na URSS teriam sido outros. Segundo ele, existiriam dois tipos de desenvolvimento para países como o Brasil: em primeiro lugar o

---

96 BULHÕES, Octávio Gouvêa de. Temas em debate. In: *Revista Digesto Econômico*, n. 151, jan./fev. 1960. São Paulo: ACSP, p. 47-54.
97 Idem, p. 49.
98 Idem, p. 53.
99 LIMA, Hermes. Novos e velhos enganos sobre o nacionalismo. In: *Revista Digesto Econômico*, n. 151, jan./fev. 1960. São Paulo: ACSP, p. 55-63.

desenvolvimento no ritmo dos interesses privativos dominantes, no ritmo e nos limites da economia do lucro, ou seja, "aqueles entregues à iniciativa privada, que seria um instrumento deste tipo de desenvolvimento, que, segundo ele, queria apenas o progresso do país". Mas o segundo tipo seria aquele em que o desenvolvimento aparece apenas como processo de emancipação, com o objetivo de superar o seu caráter de economia reflexa. Assim, seria preciso ampliar os investimentos privados, especialmente os estrangeiros, o que representaria um modo viável de desenvolvimento.

Nesse número havia ainda um artigo sobre o café,[100] que alertava os leitores para a perda de importância e peso deste produto na economia brasileira, porque seu crescimento não era tão acelerado quanto os dos demais setores. Para Carvalho Dias, o autor, o café não tinha sido contemplado no Plano de Metas, portanto não recebia o incentivo que alguns setores (siderurgia, indústria automobilística) possuíam. Mas, para o autor, era o café que fornecia divisas para o desenvolvimento e até para as metas de JK, ou seja, sem o café não haveria reservas cambiais para o desenvolvimento:

> Podemos produzir mais e diversificar a nossa pauta de exportações. Porém, não há razão para substituir o café. É um patrimônio nacional e devemos ser suficientemente competentes, de agora em diante, para manter e ampliar a sua exportação, como o foram os nossos antepassados ao criarem uma agricultura superiormente eficiente, que reergueu o Brasil da fase de profunda atrofia econômica que sucedeu a época da mineração do ouro.[101]

No número seguinte, Eugênio Gudin publicava dois textos. No primeiro, uma palestra, realizada na Confederação Nacional do Comércio, apontava os principais fatores geradores de inflação: aumento do meio circulante e dos salários. E preconizava:

---

100 DIAS, Miguel de Carvalho. Café – Sua importância no desenvolvimento econômico do Brasil e o aumento de suas exportações. In: *Revista Digesto Econômico*, n. 151, jan./fev. 1960. São Paulo: ACSP, p. 72-81.
101 Idem, p. 75.

Diante do impulso inflacionário resultante da elevação dos salários além do que permite a melhoria da produtividade, a política monetária e fiscal tem de escolher entre a cumplicidade ou a resistência ao movimento inflacionário. E a resistência importaria na redução do volume de emprego.[102]

No segundo texto, ele argumentava que a inflação era, na verdade, um impedimento e não uma decorrência do desenvolvimento.[103] Outro artigo, nesse número do *Digesto*, defendia a ideia de que o desenvolvimento vinha tendo o significado de "tirania do Estado" e que a inflação era uma forma de tributo que, na verdade, retirava capital da sociedade, o que significava "financiar o desenvolvimento com a fome do povo":[104]

> O caminho do estatismo e do confisco foi o que seguiu o processo de desenvolvimento e aceleração do avanço econômico nos regimes comunistas. É o caminho no qual geralmente se desemboca, quando os detentores do poder se prefixam obter, a todo custo, determinados níveis de postulação em breve prazo.[105]

O autor classificava o Brasil como um país enfermo, "porque acometido de grave desordem financeira", e afirmava que a cura para essa "enfermidade" dependia da aceitação dos remédios adequados.

O *Digesto* posterior trazia o discurso de posse de Emílio Lang Júnior, reeleito para mais um mandato à frente da Associação Comercial de São Paulo. Lang Júnior afirmava que as condições de vida para todos estavam cada vez melhores, especialmente após a guerra, apesar do crescente número de detratores do capitalismo. Para ele, esses agentes da luta anticapitalista se infiltravam nas organizações

---

102 GUDIN, Eugênio. Conferência internacional sobre a inflação. In: *Revista Digesto Econômico*, n. 152, mar./abr. 1960. São Paulo: ACSP, p. 30.
103 GUDIN, Eugênio. A suposta inflação européia. In: *Revista Digesto Econômico*, n. 152, mar./abr. 1960. São Paulo: ACSP, p. 76-77.
104 FARACO, Daniel. O nosso desenvolvimento e o sofrimento das massas. In: *Revista Digesto Econômico*, n. 152, mar./abr. 1960. São Paulo: ACSP, p. 78-87.
105 Idem, p. 82.

estudantis, fingindo ser estudantes, quando, muitas vezes seriam profissionais pagos para essa finalidade. Esses profissionais estariam explorando seus sentimentos de insatisfação e rebeldia e ensinando à juventude a "votar ódio e desprezo aos capitalistas". Para ele, esses detratores do capitalismo também haviam se apropriado do nacionalismo, pois os brasileiros são "nacionalistas de fins e não de meios".[106] Justamente por isso é que ele se posiciona a respeito do capital estrangeiro da seguinte forma:

> Nós não somos, indistintamente, a favor nem indistintamente contra a participação do capital estrangeiro no nosso desenvolvimento econômico. Há casos em que tal participação deve ser admitida mediante certas cautelas, mas é inegável que os novos capitais representam fator positivo de progresso econômico.[107]

No mesmo número da revista, ainda é possível encontrar um texto de Octávio Gouvêa de Bulhões[108] no qual ele afirmava serem as reservas cambiais uma das maiores proteções contra a inflação. Para Bulhões, o Plano White aconselhava que instituições internacionais que concentravam essas reservas as repassassem dos "países com mais liquidez" para os "países com mais necessidade", o que seria favorável para países como o Brasil.

No bimestre posterior, Bulhões publicou outro texto no *Digesto*, no qual "esclarecia" o que era liberalismo. Para ele, o liberalismo não era uma forma de individualismo, mas sim *uma doutrina que contrariava monopólios e privilégios*, e combatia os entraves produzidos por organizações decadentes que dificultavam a expansão da produção, encarecendo desnecessariamente os produtos, em detrimento de outros produtores, cujos preços eram forçados para baixo. Para exemplificar, usava a política cambial brasileira, na qual o " regime

---

106 LANG JÚNIOR. Emílio. O elogio do capitalismo. In: *Revista Digesto Econômico*, n. 153, mai./jun. 1960. São Paulo: ACSP, p. 11-19.
107 Idem, p. 15.
108 BULHÕES, Octávio Gouvêa de. O papel das reservas internacionais e a política cambial. In: *Revista Digesto Econômico*, n. 153, mai./jun. 1960. São Paulo: ACSP, p. 20-23.

de favorecimento cambial que a lei contempla e outorga a sua execução à Superintendência é um retorno ao mercantilismo".[109]

Roberto Campos também estava presente nesse número do *Digesto* com um texto irônico no qual criticava a ineficiência do Estado, relativizando a noção de desenvolvimento medido a partir da industrialização:

> É que a Rússia e os Estados Unidos, grandes países industriais e substancialmente mais ricos que nós são grandes exportadores de produtos agrícolas e matérias-primas. De modo que o negócio não deve ser tão humilhante assim.[110]

Esse número do *Digesto* não poderia deixar de contar com a participação de Gudin, fazendo pesadas críticas à construção de Brasília, especialmente pela forma como fora efetuada e suas consequências para a economia brasileira:

> Qualquer indivíduo em condições normais de sanidade mental, que decidisse implantar uma grande cidade a dois mil quilômetros de distância, começaria por construir os meios de comunicação. Só um louco construiria uma cidade transportando materiais e gente por avião. Mas mesmo esse louco só praticaria a loucura se as notas de mil cruzeiros queimadas ou desperdiçadas fossem dos outros e não dele.[111]

O número seguinte do *Digesto* trazia outro artigo de Gudin no qual ele traçava um quadro dos desdobramentos da inflação para os salários, os preços e a oferta de empregos, apontando todos os malefícios do processo. Quanto à agricultura, principal foco de interesse do autor, ele afirmava:

> A agricultura é geralmente uma vítima da inflação. Na impossibilidade de evitar a alta dos gêneros alimentícios os governos recorrem ao

---
109 BULHÕES, Octávio Gouvêa de. Considerações sobre o liberalismo. In: *Revista Digesto Econômico*, n. 154, jul./ago. 1960. São Paulo: ACSP, p. 46.
110 CAMPOS, Roberto de Oliveira. Elogio da ineficiência. In: *Revista Digesto Econômico*, n. 154, jul./ago. 1960. São Paulo: ACSP, p. 88.
111 GUDIN, Eugênio. Brasília, foco de irradiação. In: *Revista Digesto Econômico*, n. 154, jul./ago. 1960. São Paulo: ACSP, p. 98.

controle de preços (COFAP), quando não também à fixação de taxas cambiais supervalorizadas que prejudicam as exportações agrícolas.[112]

Para Gudin, a inflação também trazia más consequências para a indústria, pois gerava escassez de divisas para importar maquinário. Para o autor, a inflação atrasava o desenvolvimento.

No mesmo número, encontramos mais críticas à intervenção do Estado na economia, na transcrição de uma palestra de Hermes Lima na Confederação Nacional do Comércio.[113] Fazendo um histórico da relação entre o Estado e a economia, identificava em cada uma das Constituições aquilo que era mais importante para a regulamentação dessa relação. Mostrava, também, que na Carta de 1891 essa intervenção tinha por objetivo garantir a propriedade e a iniciativa privada e que na Carta de 1946 o Estado intervinha para resguardar a força de trabalho, o que, de seu ponto de vista, não servia aos interesses nacionais. O tema era abordado por Octávio Gouvêa de Bulhões[114] nesse mesmo número. Bulhões identificava o mercado como fator determinante para a definição dos salários e afirmava que os salários, no Brasil, eram baixos em virtude da grande oferta de mão de obra, fruto do acelerado crescimento populacional, ou seja, em virtude de fatores "mercadológicos". Bulhões criticava o artigo 148 da Constituição, que rege os reajustes salariais, bem como a ideia da participação dos trabalhadores nos lucros da empresa. Para ele, o Estado só deveria intervir para incentivar a produtividade das indústrias e combater os lucros decorrentes da escassez de mercadorias. Em defesa da livre iniciativa e contra as empresas públicas, afirmava:

> Tenho, com toda sinceridade, procurado compreender a política daqueles que julgam que o Brasil deve caminhar para

---

112 GUDIN, Eugênio. O pequeno ativo e o enorme passivo da inflação. In: *Revista Digesto Econômico*, n. 155, set./out. 1960. São Paulo: ACSP, p. 23.
113 LIMA, Hermes. Intervenção do Estado. In: *Revista Digesto Econômico*, n. 155, set./out. 1960. São Paulo: ACSP, p. 82-88.
114 BULHÕES, Octávio Gouvêa. Intervenção do Estado na economia. In: *Revista Digesto Econômico*, n. 155, set./out. 1960. São Paulo: ACSP, p. 89-97.

a socialização dos meios de produção. É bem possível que eu esteja equivocado. Mas, do que me é dado a observar, verifico que os empreendedores particulares desempenham seu papel. Há pouco, trouxe para esta mesa algumas provas que me parecem muito importantes. Comparando as estatísticas dos lucros com o vulto dos investimentos por elas realizados, verificamos que a percentagem de aplicação dos lucros nos investimentos é extraordinária.[115]

O exame dos exemplares da *Revista Digesto Econômico* publicados ao longo do período enfocado nos mostra que as reivindicações dos empresários representados na ACSP coincidem com as medidas prescritas pelo Fundo Monetário Internacional e foram implementadas através de algumas medidas baixadas através da Superintendência da Moeda e do Crédito. Tais medidas – câmbio livre, redução da intervenção do Estado na economia, combate à inflação – principalmente – a abertura da economia para as inversões de capital estrangeiros, eliminando qualquer barreira protecionista – passaram a fazer parte da estrutura econômica brasileira durante os anos 50. Todas elas foram sendo implantadas a partir de 1964 e ainda fazem parte do receituário de nossa economia, meio século depois de serem alardeadas e defendidas pelos atores sociais descritos neste capítulo. Fazem parte da nova forma de relação que se convencionou chamar de neoliberalismo.

Podemos identificar, em muitos desses articulistas do *Digesto Econômico*, atores sociais que ocuparam espaços no Estado brasileiro após o golpe de 1964, em nome dos interesses da fração da burguesia que representavam. Mais uma demonstração de que o consenso construído ao longo da segunda metade dos anos 50 em instituições da sociedade civil como a Associação Comercial de São Paulo se traduziu na conquista do Estado por parte dessa fração da burguesia na década seguinte.

---

115 Idem, p. 95.

Capítulo VII
Câmbio e mudanças

"It's the economy, stupid!"
(Frase atribuída a Bill Clinton para explicar sua vitória nas eleições de 1992, quando concorreu contra George Bush [pai]).

Se é nosso propósito entender as disputas políticas ocorridas nos anos 50, por que deveríamos nos debruçar sobre questões econômicas, especialmente questões ligadas às políticas cambiais do período? Analisamos questões econômicas porque partimos do princípio de que é nelas que está a base para o entendimento das relações sociais, tal como em Gramsci:

> Com Marx a história continua sendo domínio das ideias, do espírito, da atividade consciente dos indivíduos isolados ou associados. Mas as ideias, o espírito, se realizam, perdem sua arbitrariedade, não são mais fictícias abstrações religiosas ou sociológicas. A substância que adquirem se encontra na economia, na atividade prática, nos sistemas e nas relações de produção e troca. A história como acontecimento é pura atividade prática (econômica e moral).[1]

A questão econômica está presente em todas as relações. Ela é a base sobre a qual se assentam as relações sociais e as estruturas jurídico-políticas. Para entender as disputas que se desenrolaram no Brasil dos anos 50, precisamos identificar não só o debate econômico, mas também as ações ligadas à economia, empreendidas por

---
[1] GRAMSCI, Antonio. Nosso Marx. In: CHASIN, J. (org.). *Marx hoje*. São Paulo: Ensaio, 1987, p. 109.

parte dos atores sociais em questão. Entre essas ações econômicas, identificamos a política cambial como a melhor expressão dos processos sobre os quais nos debruçamos.

As políticas cambiais, ou seja, as oscilações da correspondência entre moedas, especialmente no que diz respeito ao dólar (referencial monetário para todo o comércio internacional no momento que abordamos) em relação à moeda nacional, expressavam os interesses dos diferentes setores do empresariado nacional. Tais políticas eram uma decorrência de decisões que se davam no interior das agências do Estado. Daí sua importância como objeto de estudo para nós.

Para entendermos os embates ocorridos ao longo dos anos 50, identificamos a questão cambial como reflexo das disputas entre frações de classe, e suas repercussões sobre os diferentes setores da sociedade brasileira.

A política cambial constitui um dos principais instrumentos através do qual o Estado regulamenta algumas das relações econômicas. Estas, em uma sociedade capitalista, serão geradoras de benefícios para as classes dominantes, especialmente para aquelas frações que detêm o controle das instituições promotoras das políticas. Identificamos, no período abordado, pressões realizadas pelos diversos setores e grupos de interesse no sentido de garantir uma política cambial que atendesse às suas demandas. Para os exportadores de produtos agrícolas, especialmente os cafeicultores, a valorização do dólar frente ao cruzeiro[2] era decisiva, garantia de bons lucros na venda da safra. Para o empresariado industrial, essa mesma valorização do dólar poderia significar o encarecimento dos insumos necessários à manutenção da produção, portanto, do ponto de vista deste setor, interessava que o cruzeiro estivesse valorizado frente à moeda americana. Por outro lado, para os demais setores da população, a valorização do dólar também tinha seu significado: para os trabalhadores, mais alto o preço do dólar, maior seria o custo

---

2 Moeda vigente no Brasil de novembro de 1942 a fevereiro de 1967, de maio de 1970 a fevereiro de 1986 e de março de 1990 a julho de 1993.

de produtos importados e também o do petróleo, o que, por si só, já constituía fator de encarecimento do custo de vida, não só por interferir no preço do seu transporte, como também por ser um dos componentes do custo de muitas mercadorias.

Toda eleição das políticas econômicas resulta de uma hierarquização de objetivos. Estes, por sua vez, refletem as pressões dos diferentes grupos de interesse em torno da ação governamental. Tais pressões têm sua origem em todos os setores da sociedade, desde os empresários até os trabalhadores, e são produzidas pelas instâncias de representação de classe de cada um desses setores.

As taxas de câmbio são uma variável importante na política econômica. No período que abordamos, a valorização ou a desvalorização do dólar refletiam diretrizes governamentais ora ligadas ao incentivo à importação de insumos para a indústria, ora ligadas à lucratividade do setor exportador, especialmente aquele ligado à cafeicultura que, mesmo nos anos 50, não deixou de constituir a base de nossa pauta de exportações no que diz respeito aos produtos agrícolas.

Na segunda metade dos anos 50, em virtude das dificuldades geradas pela Segunda Guerra Mundial, as políticas públicas encontravam-se sujeitas a mudanças bruscas, decorrentes, principalmente, dos problemas gerados pelas oscilações da economia internacional. Este era um fator que dificultava o planejamento e o controle governamental sobre as transações comerciais.

Desde 1945 até o final dos anos 80, podemos identificar uma característica básica nas políticas cambiais brasileiras: as taxas de câmbio eram atribuição governamental, o que significava um controle estatal da cotação do dólar. Até 1965 o controle era feito através da Sumoc, após a transformação dessa Superintendência, pelo Banco Central. Nesse período o Brasil não havia adotado o regime de câmbio flutuante e o dólar possuía conversibilidade reduzida. Mas, desde 1945 até o ano de 1953, a intervenção governamental no câmbio contribuiu para a ocorrência de alguns eventos conhecidos como colapsos cambiais, ocorridos em 1951 e 1952.

Em função desses momentos de extrema tensão nas questões relativas à moeda, as medidas voltadas para o controle e direcionamento do valor do câmbio passaram a ser motivo de disputa no espaço onde elas eram definidas: a Sumoc. Desde aquele período, nos vários momentos em que despontam crises cambiais ou movimentos bruscos de alta na cotação do dólar, é através da Sumoc, depois transformada em Banco Central, que os setores interessados no direcionamento do câmbio irão atuar. Nos dias de hoje, o controle do Banco Central tem importante significado para as disputas em torno da cotação cambial. Embora tenhamos, a princípio, uma política de câmbio flutuante, as oscilações na cotação da moeda ainda se mantêm sob o controle do BC, que exerce esse domínio através da compra ou da venda da moeda, atuando através da redução ou aumento da oferta de moeda no mercado.

Muitos autores atribuem a crise cambial brasileira do início dos anos 50 à Guerra da Coreia, mas também apresentam como estopim desse processo o crescimento das importações, especialmente em virtude da "boa vontade" governamental para com as licenças para importação durante os anos 40. Como o aumento das importações apontava para um volume maior de itens relacionados aos maquinários e produtos dirigidos às indústrias de bens de consumo, essa liberalização, na prática, pode ser interpretada como uma orientação no sentido de incentivar o crescimento industrial, pois tinha a capacidade de reduzir o custo dos insumos industriais. Mas a desvalorização do dólar tinha seus efeitos na exportação de produtos, especialmente na agricultura, o que corrobora a ideia de que a cotação do câmbio e as licenças para a importação definiam o fortalecimento deste ou daquele setor no interior do aparelho de Estado.

Desde o final de 1950, com a constituição da Comissão Mista Brasil-Estados Unidos,[3] houve uma significativa mudança nas rela-

---

3 A CMBEU fazia parte do projeto norte-americano de fornecimento de assistência técnica para os países da América Latina conhecido como Ponto IV. Foi formada, inicialmente em 1949, por Eugênio Gudin, Octávio Gouvêa de Bulhões e Valter Lima Sarmanho. Tinha por objetivo inicial estudar as prioridades para um programa de desenvolvimento do país, mas acabou estabelecendo como prioridades os setores de agricultura, energia e transporte, sem formular um projeto específico de financiamento.

ções entre os dois países, não só através de uma alteração na atitude dos EUA, ampliando os investimentos no Brasil, especialmente aqueles destinados à infraestrutura, mas também pelo fato de que a maioria dos projetos industriais e de infraestrutura seriam financiados pelo Eximbank.[4] Nesse período, os preços internacionais do café estavam em alta, o que, na prática, representava alívio na situação das transações externas. Estas, entre outras razões, levaram o governo a manter a taxa de câmbio fixa e sobrevalorizada, mantendo, também, o regime de concessão de licenças para importar. Na prática, havia uma política de liberalização das importações pela via cambial, o que também refletia os interesses do setor industrial, uma vez que reduzia os custos de produção.

Segundo Vianna[5], essa liberalização pode ser explicada, do ponto de vista interno, pelos seguintes fatores:

(i) persistência de séria pressão inflacionária interna e de aguda propensão a importar (ii) abastecimento precário do mercado interno, no que tange a produtos importados, devido às restrições cambiais de importações aplicadas com crescente severidade desde 1948 até meados de 1950 e afrouxadas apenas parcialmente em seguida à melhoria da posição cambial em fins de 1950, (iii) perspectiva decrescente de escassez internacional de matérias-primas e equipamento importável, em função da expansão dos programas armamentistas (iv) perspectivas favoráveis da evolução das exportações dos principais produtos, (v) posição cambial temporariamente favorável (CEXIM Relatório 1951).

Embora Vianna não indique explicitamente essa liberalização através do câmbio como resultante das pressões políticas, especialmente por parte dos setores da burguesia vinculados à indústria, há

---

4 Eximbank (Export and Import Bank of the United States): criado em 1934, o Banco de Exportação e Importação dos Estados Unidos, com o objetivo de financiar programas de governos e empresas estrangeiros associados à compra de equipamentos e serviços norte-americanos. Sua atuação tem se concentrado nos países do Terceiro Mundo.
5 VIANNA, Sérgio Besserman. *Política econômica externa e industrialização: 1946-1951*. In ABREU, Marcelo de Paiva (org) A ordem do progresso: cem anos de política econômica republicana 1889-1989. Rio de Janeiro: Campus, 1990.

um indicativo interessante de que essa medida pode ser identificada a tais setores: a presença de Ricardo Jafet[6] na presidência do Banco do Brasil, instituição que possuía o controle do crédito em detrimento do Ministério da Fazenda.

A política de "liberalização" cambial e aduaneira, segundo alguns analistas, foi responsável pelo aumento das importações, o que explicaria, especialmente para Lafer e os partidários da contenção creditícia, o aumento da inflação. Para Vianna, a conjuntura econômica do início do ano de 1953 pode ser caracterizada pelo aumento da inflação, pelo colapso cambial e pela acumulação do que ele denomina de atrasados comerciais. Segundo o mesmo autor, tais fatores abalaram o projeto de saneamento econômico.[7] Para fazer frente a essa crise, o Congresso aprovou, em dezembro de 1952, uma alteração da política de câmbio fixo e utilização das licenças de importação, que passou a vigorar em janeiro de 1953: a Lei n. 1.807, ou Lei do Mercado Livre.[8] Esta lei criava taxas distintas para certas importações e exportações, com o objetivo de garantir o escoamento dos produtos gravosos[9] e diminuir a capacidade de importar, através do deslocamento, para o mercado livre, da terça parte do valor total das importações. Tal modificação na política cambial encerrava um longo período de taxa de câmbio fixa que tinha vigorado desde 1939.

Como consequência da Lei n. 1.807, sobreveio uma desvalorização do cruzeiro em relação ao dólar. A valorização do dólar, por sua

---

6 Em sua gestão à frente do Banco do Brasil, Jafet promoveu uma política de expansão do crédito, o que levou à incompatibilização com o então ministro da Fazenda, Horácio Lafer, defensor de uma política anti-inflacionária que tinha como principais instrumentos a contenção do crédito. Também foi atacado pela oposição a Vargas, que o acusava de favoritismo na concessão de créditos ao jornal *Última Hora*, de propriedade de Samuel Vainer, periódico criado como contraponto aos demais jornais, com o objetivo de apoiar o presidente. Estes fatores levaram ao afastamento de Jafet da diretoria do Banco do Brasil, mas já o identificam como defensor das teses desenvolvimentistas e da ampliação da participação do Estado na economia.
7 VIANNA, Sérgio Besserman, op. cit., p. 131.
8 A Lei n. 1.807 instituiu o sistema de taxas múltiplas de câmbio, algumas até flutuantes. Permitia às mercadorias que não excedessem 4% do valor médio do total de exportações realizar parte das divisas obtidas no exterior fora do controle governamental.
9 É denominada gravosa toda mercadoria exportável que, dado o seu alto custo de produção, não pode competir, no mercado internacional, com os similares estrangeiros, ficando, assim, na dependência de medidas protecionistas por parte do governo.

vez, teve como principal decorrência o encarecimento das importações e a maior lucratividade para as exportações. Esta era uma situação que comprometia uma política de incentivo ao crescimento industrial, portanto, teve curta duração: em meados de 1953, Horácio Lafer e Ricardo Jafet foram substituídos. O Ministério da Fazenda passou para as mãos de Oswaldo Aranha, e o Banco do Brasil ficou sob a presidência de Marcos de Souza Dantas. Na nova gestão, o colapso cambial serviu como justificativa para a redução das despesas do setor público, em particular os gastos com investimentos. Cortar investimentos significa, na prática, reduzir a capacidade de atuação do Estado como agente econômico. No entanto, essa maré de medidas de política econômica cujo objetivo era reduzir o déficit público e solucionar a crise cambial levou também à criação, em 9 de outubro de 1953, da Instrução 70 da Sumoc. Esta instrução estabelecia uma nova regra para o câmbio, sob maior controle governamental, beneficiando o setor industrial.

Através dessa Instrução, o câmbio subvencionado estava extinto, e era inaugurado um sistema de taxas múltiplas. Dessa forma, o governo distribuía divisas disponíveis em lotes, sendo a taxa de câmbio para cada categoria determinada por meio de leilões. Tais lotes eram constituídos por bens considerados essenciais ou não. Nesse sistema, que durou, com algumas alterações, até 1957, o governo fixava a quantidade de divisas distribuídas, mas não o valor da moeda estrangeira. No entanto, a quantidade de divisas atribuída a cada mercadoria já determinava o valor da moeda, pela escassez ou opulência. Caso fosse em menor quantidade que a demanda existente em algum ramo, geraria uma valorização do dólar para aquele setor da economia. Procurando não desencorajar demasiadamente as importações necessárias à industrialização, a Instrução 70 era uma tentativa de produzir estabilidade financeira, mas a intenção de Aranha e Dantas era tornar as exportações brasileiras mais acessíveis ao mercado internacional e reduzir as importações (especialmente as de bens de consumo), bem como proteger a indústria e a balança comercial.

Para Vianna,[10] a Instrução 70 tinha como meta a estabilização monetária, pois, tendo como objetivo principal a política de câmbio referenciada no sistema de taxas múltiplas, buscava minorar o desequilíbrio cambial e combater a tendência de aumento da inflação do final da década anterior. Apesar de ter funcionado, na prática, como incentivo ao processo de substituição de importações (servindo, portanto, de apoio à indústria), não impediu que a situação financeira do país continuasse instável. De nossa parte, consideramos que essa medida também expressa o peso político do empresariado ligado à indústria, que ocupava um espaço considerável na sociedade política no período.

Segundo Almeida,[11] os "liberais" brasileiros, em defesa da reforma cambial, afirmavam que o processo de industrialização pela via da substituição de importações seria o responsável pela instabilidade financeira e pelo desequilíbrio na balança de pagamentos, na medida em que o câmbio sobrevalorizado não favorecia as exportações.

O que os "liberais" preconizavam era uma mudança nos rumos do câmbio, uma valorização da moeda nacional e a eliminação dos impostos que eram tomados através de confisco cambial. Tais medidas eram atribuição do Banco do Brasil, através de um de seus departamentos: a Sumoc. Portanto, o controle do Banco – consequentemente da Superintendência – representaria a prerrogativa de dar a direção do processo e determinar a forma como seria feita a reforma cambial.

Além da questão cambial e do domínio do déficit público, o controle do Banco do Brasil, responsável pela condução da política monetária, através de um de seus departamentos – a Sumoc – era o objetivo de Aranha. Isso vai ficar claro quando, também em outubro de 1953, o então ministro da Fazenda – através do Plano Aranha

---

10 VIANNA, Sérgio Besserman, op. cit.
11 ALMEIDA, Lúcio Flávio de. *Uma ilusão de desenvolvimento: nacionalismo e dominação burguesa nos anos JK*. Florianópolis: UFSC, 2006.

– propôs a subordinação do Banco do Brasil ao seu Ministério. A proposta tinha por justificativa reduzir a possibilidade de conflitos como os que haviam ocorrido entre o ex-ministro da Fazenda, Horácio Lafer, e o ex-presidente do Banco do Brasil, Ricardo Jafet, que, segundo o próprio Aranha, tinham sido entraves para a estabilização fiscal. Tratava-se de uma iniciativa cujo intuito era garantir o controle sobre a política monetária e cambial – os empréstimos e o valor do dólar. Foi através desse processo que o conflito pelo controle dessas agências do Estado – a Superintendência da Moeda e do Crédito e o Banco do Brasil – e de suas funções se tornou explícito.

O Plano Aranha não resultou em maior controle do Ministério da Fazenda sobre o Banco do Brasil, nem em redução do déficit monetário ou das disputas. O fracasso pode ser, em parte, explicado pela mudança nas relações entre o Brasil e os EUA, especialmente em virtude da eleição do republicano Eisenhower para a presidência dos Estados Unidos. Da mudança no comando da política norte-americana resultaram duas novidades: o acirramento da Guerra Fria, com a consequente decisão de prioridade para o combate ao comunismo, e o abandono da política de Truman,[12] que significou a retirada dos financiamentos para os projetos elaborados pela Comissão Mista Brasil-Estados Unidos.

A nova orientação norte-americana em relação aos financiamentos governamentais para países do Terceiro Mundo coincidiu com a adoção, por parte do Eximbank, de condições duras para os empréstimos destinados a saldar dívidas comerciais e o encerramento dos trabalhos da CMBEU.[13] O fechamento da Comissão, por sua vez,

---

12 A política externa adotada pelo Governo Truman em relação aos países do bloco capitalista teve início com o discurso de Truman, em 12 de março de 1947, diante do Congresso Nacional dos EUA, no qual o presidente assumiu o compromisso de defender o mundo capitalista contra o comunismo. A política de Truman visava conter o avanço do socialismo e a expansão da área de influência da União Soviética. A ajuda americana iniciou com a concessão de créditos para a Grécia e a Turquia e prosseguiu com a colaboração financeira dos Estados Unidos na recuperação da economia dos países europeus. No campo econômico, a Doutrina Truman foi responsável pelo chamado Plano Marshall, mas a ajuda americana não se limitava ao campo econômico, estendendo-se ao campo militar, o que deu origem à Guerra Fria.

13 A Comissão Mista Brasil-Estados Unidos para o Desenvolvimento Econômico era parte do plano norte-americano de assistência técnica para a América Latina, conhecida como Ponto IV. Foi formada pelos técnicos

teve como desdobramento o fortalecimento das posições do Banco Mundial. Para a economia brasileira, esta situação não era nada favorável, pois, segundo Vianna, as taxas de juros do Eximbank eram mais baixas e suas condições de financiamento mais suaves que as do Banco Mundial.[14]

Não seria apropriado explicar essa alteração nas relações Brasil-
-EUA, o fim da CMBEU ou qualquer outra mudança de rumo nas orientações da política econômica através de uma modificação na correlação de forças interna ou a uma atitude nacionalista de Vargas. Tais alterações devem ser atribuídas muito mais à mudança no governo norte-americano – a posse de Dwight D. Eisenhower – e à tentativa do Banco Mundial de ampliar sua tutela sobre as políticas econômicas dos países que demandavam crédito, bem como ao conflito entre o Eximbank e o próprio Banco Mundial. O novo governo norte-americano colocou-se explicitamente a favor das posições do Banco Mundial, o que resultou em endurecimento das condições para a concessão de empréstimos. Tais fatores também contribuíram para o acirramento da crise cambial no Brasil.

Em 1954, em virtude da crise e das pressões dos setores contrários às políticas econômicas implantadas em seu governo, Vargas suicidou-se e tomou posse o vice-presidente, Café Filho. Seu governo iniciou-se sem que os problemas relativos ao câmbio e ao déficit tenham sido resolvidos. Café Filho nomeou para o Ministério da

---

brasileiros Eugênio Gudin, Octávio Gouveia de Bulhões e Valder Lima Sarmanho, e encarregada de estudar os pontos prioritários que deveriam compor um projeto de desenvolvimento do país. Um dos resultados do trabalho da Comissão foi a criação, do Banco Nacional de Desenvolvimento Econômico (BNDE), em 20 de junho de 1952. O BNDE tinha a incumbência de financiar e gerir recursos captados no Brasil, no Eximbank e no Bird para esses projetos, mas durante o governo Vargas somente 181 milhões foram concedidos pelos bancos estrangeiros e nem todos os projetos receberam financiamento. A Comissão Mista foi dissolvida e apresentou seu último relatório em 1954, já no governo Café Filho, para o ministro da Fazenda, Eugênio Gudin. O relatório limitou-se a dois pontos, considerados prioritários: transportes e energia. O grupo de brasileiros que participou da Comissão, mais tarde, fundou a Consultec, empresa privada que elaborou todos os projetos para o BNDE. O grupo também serviu de base para o Conselho de Desenvolvimento Econômico, que, por sua vez, preparou o Programa de Metas do Governo Kubitschek. Após a dissolução da CMBEU, o BNDE levou adiante as negociações para a execução dos projetos recomendados (*Apud* ABREU, Alzira Alves et al. *Dicionário histórico biográfico brasileiro pós-30*. Rio de Janeiro: FGV/Positivo, 2001, v. II, p. 1466-1468.
14 VIANNA, Sérgio Besserman, op. cit.

Fazenda, Eugênio Gudin, que nomeou Clemente Mariani[15] para o Banco do Brasil e Octávio Gouvêa de Bulhões para a Sumoc. O tripé que passou a comandar a economia brasileira a partir de 1954 possuía em comum alguns princípios: a crítica às políticas de desenvolvimento e de apoio às empresas públicas, a defesa do ingresso de capitais estrangeiros, a defesa da importância da agricultura brasileira frente à indústria, além da forte preocupação com o controle da inflação através da redução do crédito e a convicção de que era preciso reduzir a participação do Estado na economia.

Tendo como principal proposta o combate à inflação e o equilíbrio do déficit, o novo ministro da Fazenda, Eugênio Gudin, baixou nova medida, através da Sumoc: a Instrução 113. Esta Instrução criava condições atraentes para o capital estrangeiro no país através da concessão de licença, sem cobertura cambial, para importação de maquinaria para empresas estrangeiras associadas a empresas nacionais.

A Instrução 113 harmonizava-se aos interesses representados por Gudin no Ministério da Fazenda e suas ideias a respeito da validade do capital estrangeiro:

> Para atrair capital estrangeiro uni ou multinacional, devemos proporcionar: a) Instituições estáveis, com "regras do jogo" também estáveis em relação ao capital alienígena. b) Boa acolhida para a empresa afluente, dando-lhe as facilidades e proteção usuais. c) Liberdade de entrada como de saída para as reservas necessárias.[16]

Com suas ideias e biografia, Gudin possuía enorme prestígio junto à comunidade financeira internacional. Defensor intransigente do capital estrangeiro como fator necessário ao desenvolvimento, esta tese estava sempre explícita em seus trabalhos:

> Em recente visita a Brasília, o Presidente do Conselho Diretor do City Bank felicitou os brasileiros "por não mais considerarem o

---
15 Com relação a Clemente Mariani, ver nota de rodapé n. 15, do Capítulo III.
16 GUDIN, Eugênio, op. cit.

investimento estrangeiro como uma ameaça a sua autonomia, e sim como expressão da confiança mundial em sua florescente economia". Para quem, como eu trabalha durante mais de meio século procurando esclarecer a opinião do país no sentido de acolher a colaboração de uma quota de poupança estrangeira e de desfazer o fantasma do perigo do capital invasor, é decerto confortador assinalar essa evolução da nossa mentalidade, acabando por compreender o quanto pode o capital externo contribuir para acelerar o desenvolvimento econômico nacional, tão carente de poupança e de tecnologia.[17]

Todo o "prestígio" do ministro, especialmente junto aos organismos financeiros internacionais, não foi suficiente para obter recursos junto a essas instituições. Cabe creditar esse fato especialmente à mudança de orientação norte-americana, advinda com a eleição dos republicanos em 1953. Ao mesmo tempo, o desequilíbrio resultante da redução das exportações de café aprofundou a crise cambial brasileira. Foi justamente o momento em que medidas de caráter mais efetivo no sentido de captar investimentos externos se faziam "necessárias". Daí a adoção da Instrução 113. Mesmo sendo defendida pelo ministro como medida de solução de longo prazo para a crise cambial e para o financiamento da industrialização, a Instrução 113 só foi possível em virtude do controle do Banco do Brasil e da Sumoc pelos intelectuais organizadores que apontavam para um processo de desnacionalização da economia brasileira como condição para o desenvolvimento:

> O nacionalismo exclusivista apresentava os argumentos mais curiosos. Um era o imperativo de se manterem no país os *centros de decisão*. Não foi fácil convencer esses nacionalistas bravios de que esses *centros de decisão* sempre estiveram nas mãos do governo, que empunha um arsenal de instrumentos com que pode afirmar sua soberania: tarifas aduaneiras, Cacex, Conselho de Desenvolvimento, política fiscal e outras glórias.[18]

---

17 GUDIN, Eugênio, op. cit.
18 GUDIN, Eugênio. As multinacionais. In: GUDIN, Eugênio. *Reflexões e comentários: 1970-1978*. Rio de Janeiro: Nova Fronteira, 1978. Idem.

A justificativa para a adoção da Instrução 113 era a busca de equilíbrio monetário, mas seus reflexos, ainda durante o governo Café Filho e mais tarde ao longo do governo JK, demonstram ter sido uma medida cujo principal objetivo era a atração de investimentos estrangeiros como contraposição à política de redução dos créditos implementada pela gestão de Gudin.

As declarações do Ministro ao jornal *O Estado de São Paulo* também são bastante esclarecedoras quanto às suas intenções:

Aplicação de capitais

Quanto às aplicações de capitais estrangeiros e nacionais, assegurou que amanhã ou depois deverão ser baixadas as instruções da SUMOC sobre o assunto. "Será regulamentada – declarou – a questão das aplicações de capitais estrangeiros destinados ao Brasil com capitais exclusivamente alienígenas, e não camuflados. Também o capital nacional, interessado em adquirir aparelhamentos novos – não a compra de uma máquina ou de um caminhão – mas sim de um conjunto de aparelhamentos ou de uma fábrica completa, ou ainda, de um adicional completo – será regulamentada quando se tratar de financiamento."

Financiamento da produção

Indagado sobre o decreto do financiamento da produção que vem sendo reclamado pelos produtores paulistas, o sr. Eugênio Gudin respondeu que o projeto foi submetido à apreciação de novo Conselho de Abastecimento, tendo sofrido ali a demora necessária ao estudo da matéria. "No momento – informou – já se encontra de volta o projeto, tendo sido realizada uma sessão para o debate final e encaminhando-se para o próximo despacho sua sanção".[19]

Segundo Almeida,[20] o total dos investimentos estrangeiros no Brasil, facilitados pela Instrução 113, chegou à cifra de US$ 401

---

19 DECLARAÇÕES DO MINISTRO GUDIN SOBRE AS PROVIDÊNCIAS DO GOVERNO. As aplicações de capitais estrangeiros e nacionais. Vai à sanção o decreto sobre o financiamento da produção. *O Estado de São Paulo*, São Paulo, terça-feira, 18 de janeiro de 1955, p. 36.
20 ALMEIDA, Lúcio Flávio de, op. cit., p.107.

milhões de dólares, de um total de 565 milhões, no período entre 1955 e 1960. Isso demonstra o significado da Instrução 113 para a internacionalização da economia brasileira.

Em declaração ao mesmo jornal, Bulhões, Superintendente da Sumoc, afirmava:

> Várias são as empresas estrangeiras que se mostram interessadas em trazer conjuntos de equipamentos para instalar novas fábricas no Território Nacional. Poder-se-ia condenar o "investimento" se se tratasse da simples entrada de um ou outro equipamento. Seria essa importação uma entrada sem pagamento de ágios que, na falta de uma adequada tarifa alfandegária, tem hoje um aspecto protecionista que não podemos esquecer. Tratando-se, porém, como disse, de uma fábrica inteira, a possibilidade desse conjunto, contendo um ou outro equipamento produzido no País, é menos condenável do que proibir-se a entrada de todo esse conjunto com o receio infundado de prejudicar-se a indústria nacional.[21]

Fica claro que a política desenvolvida durante esse período tinha por principal objetivo garantir facilidades para a internacionalização da economia. Mas, quando imaginamos que o Centro das Indústrias do Estado de São Paulo iria combater esse tipo de orientação, nos deparamos com o pronunciamento favorável do seu presidente. No dia 27 de janeiro, *O Estado de São Paulo* publicava matéria com o pronunciamento do presidente do Centro das Indústrias:

> Julgamos também muito oportunas as observações de s. Exsa. sobre as diretrizes da Superintendência da Moeda e do Crédito à política de crédito, pronunciando-se decididamente em prol da seleção de crédito, salientando que já é tempo de complementar as medidas postas em execução pela SUMOC quanto à economia privada, com providências enérgicas relativas ao saneamento do orçamento federal, mediante a redução das despesas públicas. É oportuno acrescentar

---

21 O sentido das últimas instruções da SUMOC: declarações do sr. Otávio Gouveia de Bulhões, diretor executivo daquele órgão. *O Estado de São Paulo*, São Paulo, quinta-feira, 20 de janeiro de 1955, p. 44.

que, quanto a essa questão, tal apelo não significa uma crítica ao sr. Ministro da Fazenda, mas ao contrário, um reforço de sua posição por parte de um líder de inegável prestígio das classes produtoras.[22]

No mesmo dia, a diretoria da então denominada Federação das Indústrias do Distrito Federal (Rio de Janeiro) reuniu-se e decidiu convidar o sr. Octávio Gouvêa de Bulhões para realizar uma conferência nesse órgão. Ela versou sobre a Instrução 113, objeto de críticas contundentes por parte desses empresários. A diretoria também deliberou que iria convocar dois representantes do Conselho de Exportação da entidade para "trabalharem" no órgão (na Sumoc) com o objetivo de obter alterações na Instrução que seriam do interesse da indústria.[23]

Não se trata de um discurso nacionalista, mas explicitamente classista. Discurso que também descortina a participação de membros da Federação em agências do Estado, como é o caso do sr. Renato Heinzelmann, membro da Federação e que integra o comitê especial da Cacex.[24]

A participação de um membro da Federação das Indústrias do Distrito Federal na Cacex possibilitou, ainda antes do lançamento da Instrução 113, um debate nas dependências da Federação sobre os problemas voltados para a exportação de produtos industriais. Na verdade, o debate versava sobre o preço do dólar, ou seja, sobre as formas como o governo pretendia lidar com a questão cambial,[25] o que era vital para empresários que pretendiam adquirir maquinário no exterior. O apoio desses industriais às políticas implementadas pelo governo Café Filho era explícito. Na reunião do Conselho de

---

22 .As forças econômicas e o governo federal. O pronunciamento do presidente do Centro das Indústrias – Política cambial e de crédito, orçamento federal e entrada de capitais. *O Estado de São Paulo*, São Paulo, quinta-feira, 27 de janeiro de 1955, p. 5
23 FEDERAÇÃO DAS INDÚSTRIAS DO DISTRITO FEDERAL. Ata da Reunião do Conselho de Representantes.27/01/1955. Rio de Janeiro: Arquivo Firjan.
24 FEDERAÇÃO DAS INDÚSTRIAS DO DISTRITO FEDERAL. Ata da Reunião do Conselho de Representantes.11/01/1955. Rio de Janeiro: Arquivo Firjan.
25 FEDERAÇÃO DAS INDÚSTRIAS DO DISTRITO FEDERAL. Ata da Reunião do Conselho de Representantes. 11/01/1955. Rio de Janeiro: Arquivo Firjan.

Representantes do dia 11 de janeiro de 1955, eles lembravam que "devemos também telegrafar ao Sr. Ministro da Fazenda, congratulando-nos com S. Excia, pela entrevista que deu a respeito do novo tratamento que o governo pretende adotar para com os investimentos estrangeiros em nosso país".[26]

Ao contrário do que se poderia supor, os industriais brasileiros, já àquela altura, se posicionavam contra o que eles denominam de "intervenção estatal acentuada" e se ressentiam com as restrições impostas pela Instrução 113 ao financiamento de suas empresas com capital internacional:

> O Sr Mario Ludolf manifesta-se contra essas congratulações, de vez que o critério anunciado pelo Ministro da Fazenda estabelece distinção entre as indústrias novas e as já existentes, pois a fórmula só tem interesse para indústrias que venham a estabelecer-se no país, de atividades ainda não exercidas, pois do contrário, a concorrência será evidente e fatal.[27]

Na verdade, os industriais não estavam se contrapondo às facilidades criadas pela Instrução 113 ao ingresso de capitais estrangeiros, ou seja, não era um discurso nacionalista. Não se tratava de discordância quanto à participação do capital estrangeiro, mas à imposição de regras que preservassem seus interesses sem impedir a entrada de capital estrangeiro. O que esses empresários criticavam era a impossibilidade de utilizarem a Instrução para captar financiamentos externos. O que pretendiam era exercer sua influência para garantir modificações nessa política a fim de abrir espaço para a associação com capitais internacionais. A participação de membros da Federação nos embates que se desenrolavam no interior da sociedade política fica explícita quando, na mesma ata, podemos ver as formas de pressão exercidas pelos industriais em relação à Instrução 113:

---

26 FEDERAÇÃO DAS INDÚSTRIAS DO DISTRITO FEDERAL. Ata da Reunião do Conselho de Representantes. 11/01/1955. Rio de Janeiro: Arquivo Firjan.
27 FEDERAÇÃO DAS INDÚSTRIAS DO DISTRITO FEDERAL. Ata da Reunião do Conselho de Representantes. 11/01/1955. Rio de Janeiro: Arquivo Firjan.

O economista Knaack de Souza[28] responde a várias perguntas que lhe são dirigidas pelo plenário e comenta a Instrução cento e treze, que se refere a investimentos de capital estrangeiro no país, aludindo, por fim, a uma emenda apresentada pelo Senado ao projeto de lei que prorroga o regime de licença prévia, emenda esta essencialmente perigosa e até inconstitucional, pois que delega poderes ao Executivo para estabelecer sobretaxas de câmbio, caso este resolva extinguir o sistema de licitação atualmente em vigor.[29]

Em abril de 1955, Gudin demitiu-se do Ministério da Fazenda. Os motivos de sua saída ainda não são um consenso entre aqueles que se debruçam sobre esse período. Alguns acreditam que ela foi impulsionada pelo pedido de substituição da presidência do Banco do Brasil. Outros pensam que o estímulo para que Gudin deixasse o cargo foram as reclamações dos cafeicultores contra o chamado confisco cambial. Quanto a este último motivo, consideramos que, por ser um quadro ligado aos interesses do café, seu nome não seria alvo de veto por parte dos cafeicultores. Observamos que as pressões por parte do empresariado industrial no sentido de garantir acesso mais amplo aos investimentos estrangeiros poderiam ter tido peso político suficiente para derrubar o Ministro da Fazenda. Em abril do mesmo ano, a Federação posicionava-se a respeito da demissão de Gudin do Ministério da Fazenda:

> O Gal Octacílio Almeida, a propósito da demissão do Ministro da Fazenda, pede que a Casa pleiteie a permanência do diretor da Cacex, homem digno, que vem desempenhando o cargo de acordo com os altos interesses do país e em consonância com as aspirações das classes.[30]

---
28 José Octávio Knaack de Souza era economista e pertencia à Confederação Nacional da Indústria.
29 FEDERAÇÃO DAS INDÚSTRIAS DO DISTRITO FEDERAL. Ata da Reunião do Conselho de Representantes. 11/01/1955. Rio de Janeiro: Arquivo Firjan
30 FEDERAÇÃO DAS INDÚSTRIAS DO DISTRITO FEDERAL. Ata da Reunião do Conselho de Representantes. 05/04/1955. Rio de Janeiro: Arquivo Firjan.

Na verdade, mais importante que a dignidade do diretor da Cacex, seriam os interesses de classe e a manutenção de um representante desses interesses na agência. O que eles desejavam era "a continuidade de um programa e não a simples permanência de um homem no cargo".[31]

Do que esses empresários se ressentiam era de uma maior participação nas agências do Estado:

> Agora mesmo está informado de que os ministros para assuntos econômicos do Itamaraty não são economistas e muitos deles são até estrangeiros, desconhecendo por completo as necessidades nacionais e as coisas do Brasil.[32]

Porque, na verdade, sabiam que era na sociedade política que seus interesses deveriam ser defendidos:

> O Sr. José Pironnet solicita à Mesa providências no sentido de que o Governo não utilize a Instrução 113 da Sumoc, que permite a importação de máquinas, sem cobertura cambial, para instalação de novas indústrias no país, sem ouvir a Confederação Nacional da Indústria.[33]

Para o presidente da Confederação Nacional do Comércio, que defendia a mínima intervenção do Estado na economia, a mudança das regras para as importações era proveitosa do ponto de vista dos exportadores:

> O presidente da Confederação Nacional do Comércio, sr. João de Vasconcelos, falando à reportagem sobre as duas instruções que acabaram de ser baixadas pela SUMOC, afirmou que os primeiros pronunciamentos recebidos são favoráveis às medidas adotadas ali, destacando-se que pela primeira vez ficou estendida aos

---

31 FEDERAÇÃO DAS INDÚSTRIAS DO DISTRITO FEDERAL. Ata da Reunião do Conselho de Representantes. 05/04/1955. Rio de Janeiro: Arquivo Firjan.
32 FEDERAÇÃO DAS INDÚSTRIAS DO DISTRITO FEDERAL. Ata da Reunião do Conselho de Representantes. 12/04/1955. Rio de Janeiro: Arquivo Firjan.
33 FEDERAÇÃO DAS INDÚSTRIAS DO DISTRITO FEDERAL. Ata da Reunião do Conselho de Representantes. 20/07/1955. Rio de Janeiro: Arquivo FIRJAN.

produtos gravosos o sistema de exportações até agora vigente para a exportação do café.³⁴

Outro setor da burguesia industrial, representado pelo Sindicato da Indústria da Fiação e Tecelagem em Geral de S. Paulo, não defendia uma maior intervenção do Estado na economia. Estes empresários reclamavam da nova Instrução e clamavam por uma política que fosse representativa de seus interesses:

Sobre os reflexos da Instrução 113 da SUMOC, observou-se que a indústria têxtil vem há muito pleiteando a inclusão de teares automáticos na terceira categoria de importação, o que modificaria o conceito de licença e financiamento desse material. Acreditam os industriais que a nova instrução tenha dificultado ainda mais a importação.³⁵

Em outubro de 1955, o Conselho de Representantes da Federação das Indústrias do Distrito Federal reunia-se mais uma vez sem chegar a um acordo sobre a melhor forma de enfrentar a nova política cambial. Uma parte defendia que, na Carta de Princípios da Indústria – a ser discutida por todos os empresários ligados à indústria brasileira –, fosse incluída a prioridade para a indústria de base e de máquinas, especialmente quanto aos investimentos feitos pelo capital estrangeiro. Outros industriais consideravam que não se deveria restringir os investimentos estrangeiros a toda produção, mas apenas a um setor da indústria. Sem fechar uma posição unificada, os industriais do Rio de Janeiro encerraram a reunião.³⁶

Em dezembro de 1955, na reunião do mesmo Conselho de Representantes, o sr. Álvaro Ferreira da Costa relatou que um dos membros da Federação já havia conseguido barrar a entrada de uma

---

34 Manifesta-se o Presidente da CNC. *O Estado de São Paulo*, São Paulo, quinta-feira, 20 de janeiro de 1955, p. 44.
35 A Instrução 113 da CACEX e a indústria têxtil. *O Estado de São Paulo*, São Paulo, sábado, 22 de janeiro, p. 11.
36 FEDERAÇÃO DAS INDÚSTRIAS DO DISTRITO FEDERAL. Ata da Reunião do Conselho de Representantes.18/09/1955. Rio de Janeiro: Arquivo Firjan.

empresa mexicana de equipamentos para montagem de rolhas, mas que a partir da Instrução 113 a empresa teria obtido facilidades para conseguir se instalar no Brasil. E reportava que várias empresas do ramo estavam se mobilizando para evitar esse tipo de ingresso de capital.[37]

Não seria de espantar que o discurso de posse do ministro José Maria Alkmin, reproduzido pelo periódico *Observador Econômico*, expressasse uma tentativa de equilibrar os polos opostos:

> Os tradicionais exportadores de outros produtos agrícolas e de mineração também são atendidos em suas pretensões de ajustamento do valor de suas cambiais à realidade econômica do País. Procuraremos, outrossim, ajustar e possibilitar a exportação de nossos produtos industriais. Destarte, sem prejuízo da exportação agrícola que se desenvolverá com benéfico efeito em sua produção, iniciar-se-á a expansão da exportação industrial. Com isto, adotaremos realmente uma política de desenvolvimento, libertando o País da condição de só exportar café e fazendo com que o aumento da renda proveniente do incremento das exportações não se concentre em determinados setores, dando a estes uma capacidade de ação inflacionária, mas antes se distribua pelos diversos campos da produção.[38]

Segundo Almeida,[39] ao "herdar" a Instrução 113 do período anterior, o governo Kubitschek obteve um excelente instrumento de substituição de importações que, ao mesmo tempo, facilitou a importação de equipamentos mediante "a emissão de licenças de importação sem cobertura cambial". A Instrução também simplificou o processo burocrático, o que, em última instância, representou um reforço na própria industrialização brasileira, garantindo e facilitando a entrada de capital estrangeiro para que o crescimento

---

37 FEDERAÇÃO DAS INDÚSTRIAS DO DISTRITO FEDERAL. Ata da Reunião do Conselho de Representantes.13/10/1955. Rio de Janeiro: Arquivo Firjan.
38 A presença do Estado. Trecho do Discurso de posse de José Maria Alkmin. In: *O Observador Econômico*, jan. 1956, ano XXI, n. 239, p. 15.
39 ALMEIDA, Lúcio Flávio de, op. cit., p. 107.

industrial se realizasse de maneira acelerada, como era a proposta do novo governo.

A Instrução 113 expôs os conflitos entre as frações da burguesia nesse período porque representou uma reorientação na política cambial: ao desencadear críticas e pressões por parte dos setores que se sentiam prejudicados com a concorrência do capital estrangeiro, poderia ter agradado aos empresários ligados à agricultura. Mas estes não foram beneficiados com a medida e, ao mesmo tempo, também se ressentiam, pois a aceleração no ritmo de expansão industrial levaria a balança a pender mais para o lado da indústria, comprometendo, assim, o espaço conquistado e mantido pelo empresariado ligado à agricultura de exportação no interior da sociedade política.

A mudança no sistema cambial ocorrida nos anos 50 não tinha por principal objetivo a solução para as dificuldades da balança de pagamentos. Na verdade, o que se pretendia era garantir uma ferramenta para a promoção da industrialização, garantindo a participação do capital estrangeiro nesse processo. A prova dessa postura está na lei tarifária de 1957 da Sumoc: esta nova medida também permitia a importação de equipamentos sem necessidade de cobertura cambial. Dessa forma, o investidor estrangeiro poderia importar máquinas sob condição de concordar em aceitar pagamento pela participação do capital no empreendimento no qual o equipamento seria utilizado.

Em 1957, ainda durante o governo JK, houve uma mudança básica no sistema cambial brasileiro, com a promulgação da Lei n. 3.244, onde foram introduzidas tarifas *ad valorem*[40] que elevaram até a 150% as categorias cambiais, reduzindo de 5 para 2 a categoria geral (matérias-primas, bens de capital) e a categoria específica (eram os bens considerados não essenciais). De 1958 a

---

40 De acordo com o Tesouro Nacional, a expressão *ad valorem* significa conforme o valor. Assim, um tributo "ad valorem" é aquele cuja base de cálculo é o valor do bem tributado. Contrasta com o tributo específico, arrecadado conforme uma dada quantia por unidade de mercadoria.

1961, o dólar no câmbio livre estava abaixo da taxa aplicada pela categoria geral.

Durante os últimos anos da vigência desse sistema cambial, o governo cobrava empréstimos compulsórios tanto de exportadores quanto de importadores. Estes últimos pagavam um imposto denominado de ágio no mercado de leilões e recebiam a moeda seis meses depois. Os exportadores recebiam somente uma fração dos preços da moeda estrangeira em cruzeiros, e o saldo era investido em títulos públicos de seis meses no Banco do Brasil. Tratava-se de forte intervenção estatal no câmbio, tão combatida pela Associação Comercial de São Paulo, conforme vimos no capítulo anterior, mas que, apesar das pressões, vigorou no país durante toda a década de 1950.

Somente a partir das novas medidas econômicas implantadas pela equipe que assumiu em 1964 as rédeas da economia brasileira, destacando-se, entre eles, Octávio Gouvêa de Bulhões e Roberto Campos, é que as regras cambiais começaram a mudar, culminando com o câmbio livre, adotado no país durante os anos 90.

Capítulo VIII
A Sumoc

O que faz andar o barco não é a vela enfunada, mas o vento que não se vê. (Platão)

Neste capítulo, examinamos a Sumoc – Superintendência da Moeda e do Crédito –, uma agência do Estado brasileiro, espaço de disputa política, onde se evidenciavam as contradições entre duas frações da classe dominante no Brasil: de um lado, os empresários ligados à indústria e às teses do nacionalismo, denominado de desenvolvimentista, e, do outro, os empresários vinculados à exportação de produtos agrícolas e ao capital internacional, defensores do projeto de inserção do Brasil no estágio mundial de desenvolvimento capitalista monopolista que terá sua plena consolidação a partir de 1964. Segundo Dreifuss, tais setores:

> Eram parte integrante e orgânica do bloco de poder emergente, até mesmo pelo fato de eles próprios pertencerem economicamente às classes dominantes: eram intelectuais e organizadores políticos e, ao mesmo tempo, diretores de empresas, grandes proprietários de terras ou administradores de grandes propriedades, empresários comerciais e industriais.[1]

Para orientar o exame dos conflitos entre esses diferentes setores que compõem as classes dominantes no interior da Sumoc, analisamos através de Gramsci a disputa entre as forças sociais por posições nos órgãos da sociedade política.[2]

---
1 DREIFUSS, op. cit., p. 485.
2 "O momento seguinte é a relação das forças políticas: a avaliação do grau de homogeneidade, de

As relações entre estrutura e superestrutura devem ser pensadas a partir do princípio de que nenhuma sociedade sofre transformações que não estejam em via de aparecer ou de se realizar, e, principalmente, que o Estado constitui uma relação social em si, na medida em que aglutina o conjunto das relações existentes na sociedade. A partir dessa abordagem, analisar as disputas existentes entre diferentes frações das classes dominantes que se desenvolveram nos anos 50 significa identificar um dos espaços onde se realizam essas relações.

Por outro lado, ao nos debruçarmos sobre as rupturas e permanências ocorridas na sociedade brasileira ao longo da segunda metade do século XX, também não podemos considerar que a consolidação do capitalismo brasileiro deve ser entendida tendo como referência o modelo clássico de desenvolvimento deste sistema, o que nos remeteria à ideia da existência de "dois Brasis". Nossa análise a respeito da expansão da economia brasileira filia-se à concepção desenvolvida por Francisco de Oliveira a respeito da forma como se processa a expansão capitalista no Brasil: através de uma integração dialética entre agricultura e indústria, na qual a primeira proporciona a acumulação de capital necessário ao desenvolvimento da segunda, por meio do fornecimento da força de trabalho e alimentos, ao mesmo tempo em que, mesmo não representando mercado

---

autoconsciência e de organização alcançado pelos vários grupos sociais. Por sua vez, este momento pode ser analisado e diferenciado em vários graus, que correspondem aos diversos momentos da consciência política coletiva, da forma como se manifestaram na História até agora. O primeiro e mais elementar é o econômico-corporativo: um comerciante sente que deve ser solidário com outro comerciante, etc., mas o comerciante não se sente solidário com o fabricante. Assim, sente-se a unidade homogênea do grupo profissional e o dever de organizá-la, mas não ainda a unidade do grupo social mais amplo. Um segundo momento é aquele em que se adquire a consciência da solidariedade de interesses entre todos os membros do grupo social, mas ainda no campo meramente econômico. Neste momento já se coloca a questão do Estado, mas apenas visando a alcançar uma igualdade político-jurídica com os grupos dominantes: reivindica-se o direito de participar da legislação e da administração, talvez de modificá-las, reformá-las, mas nos quadros fundamentais já existentes. Um terceiro momento é aquele em que se adquire a consciência de que os próprios interesses corporativos, no seu desenvolvimento atual e futuro, superam o círculo corporativo de grupo meramente econômico, e podem e devem tornar-se os interesses de outros grupos subordinados. Esta é a fase mais abertamente política, que assinala a passagem nítida da estrutura para a esfera das superestruturas complexas; é a fase em que as ideologias germinadas anteriormente se transformam em 'partido', entram em choque e lutam até que uma delas, ou pelo menos uma combinação delas, tende a prevalecer, a se impor, a se irradiar em toda a área social, determinando, além da unicidade dos fins econômicos e políticos, também a unidade intelectual e moral" (GRAMSCI, Antonio, op. cit., p. 49).

suficiente para garantir uma demanda de produtos industrializados, redefine as condições estruturais da indústria. Para Oliveira esta relação demonstra a complementaridade entre os dois setores, pois a "tensão entre agricultura e indústria no Brasil não se dá ao nível das relações das forças produtivas, mas se dá ou se transfere para o nível interno das relações de produção tanto na indústria como na agricultura".[3]

Encontramos na obra de Nelson Werneck Sodré as mesmas concepções. Ele afirma que estando "a economia de exportação dificultada, opera-se um movimento de transferência de capitais para a área industrial, muito mais rentável na referida fase".[4]

Mesmo entendendo agricultura e indústria como setores complementares e integrados – fato que se reflete na maneira como se estruturam as diversas frações da burguesia no Brasil –, é indiscutível a existência de choques de interesses, conflitos e disputas em torno das políticas produzidas pelo Estado. Os interesses ligados à agroexportação, vinculada ao capital financeiro, e os interesses dos empresários ligados à indústria confrontam-se neste espaço. Tais conflitos se expressam através da disputa pelo controle dos espaços no interior do aparelho de Estado, especialmente aqueles destinados à condução das diretrizes econômicas. Um desses espaços seria a Superintendência da Moeda e do Crédito, mais tarde Banco Central.

Examinamos os conflitos entre esses diferentes setores da burguesia que se realizaram no interior da Sumoc porque nosso referencial teórico identifica a sociedade política como o *locus* onde se realizam as relações. É através do Estado/sociedade política que se realizam as disputas entre os setores das classes dominantes em questão. Os agentes da sociedade que participam das agências do Estado também têm vínculos com instituições pertencentes à sociedade civil que entendemos como aparelhos privados de hegemonia.

---

3 OLIVEIRA, Francisco de, op. cit., p. 95.
4 SODRÉ, Nelson Werneck. Declínio do latifúndio. In: *Revista Tempo Brasileiro*. Rio de Janeiro. Tempo Brasileiro, jun./set. 1962, p. 42.

Este é um dado que serve como exemplo da noção Estado ampliado presente na obra de Gramsci. Um desses agentes, aqui analisado, foi Eugênio Gudin. Mesmo atuando como ministro da Fazenda, também exercia suas atividades junto à Associação Comercial de São Paulo, conforme podemos constatar pela constância com que contribuía para a *Revista Digesto Econômico*. Da mesma forma, os diretores da Sumoc tinham origem e mantinham ligações estreitas com instituições que representavam grupos de interesses.

Partindo da ideia de que o Estado constitui espaço privilegiado da disputa entre esses dois setores, destacamos, no seu interior, duas instituições: a Sumoc e o Ministério da Fazenda. Trataremos, a seguir, apenas da primeira, objeto deste trabalho.

VIII.1 – Histórico

A proposta de dar origem à Superintendência da Moeda e do Crédito – Sumoc – foi feita em 1944 ao então ministro da Fazenda Artur de Souza Costa, pelo professor Octávio Gouvêa de Bulhões. E a Sumoc foi criada pelo Decreto-lei n. 7.293, de 2 de fevereiro de 1945, como instituição que constituiria o embrião do futuro Banco Central do Brasil. A ideia de constituir um Banco Central do Brasil foi trazida de Bretton Woods pelo grupo que participou do encontro, entre eles o próprio Bulhões.

O acordo de Bretton Woods foi importante para que os organizadores da política econômica brasileira percebessem o início de uma nova fase não só para as relações internacionais, mas especificamente para as relações entre EUA e Brasil. Tal situação favorecia a criação de uma instituição com características de um banco central independente cuja finalidade seria controlar a expansão da moeda, fator que desencadeava os aumentos de preços e, consequentemente, a inflação. É importante destacar que, dentre os 750 delegados representantes dos 45 países presentes ao encontro, a delegação brasileira contou entre seus membros com o ministro da Fazenda Arthur de Souza Costa, Eugênio Gudin, Octávio Gouvêa de Bulhões e Roberto Campos.

O exame da exposição de motivos do então ministro da Fazenda, Arthur de Souza Costa, para a criação da Superintendência, já aponta para seus objetivos:

A Superintendência da Moeda e do Crédito foi criada para impedir os efeitos da inflação em sua obra de desorganização da ordem econômica. Sem o controle do crédito o potencial monetário continuará subindo com grave perigo para o país. Os preços altos dos nossos produtos de exportação – algodão, café, tecidos e materiais estratégicos – tornaram-se poderosos agentes de inflação; porque as importâncias entregues aos exportadores, não tendo podido ser congeladas, passaram a ser aplicadas na aquisição das utilidades existentes no país e cujo aumento de produção não pode ser proporcional ao dos meios de pagamento. A manutenção dos meios de pagamento em circulação, sem o controle dos empréstimos bancários e o desenvolvimento sistematizado de vendas dos títulos do Governo Federal agravaram a inflação que já é de proporções exageradas. É, portanto chegado o momento inadiável do lançamento de um sistema completo de flexibilidade e de controle do meio circulante e do crédito. Os saldos favoráveis no balanço de pagamentos e das despesas do Governo em excesso sobre a arrecadação determinam um estado de inflação que a subscrição compulsória das 'Obrigações de Guerra' e dos demais empréstimos tende a corrigir, desde que o Governo adote uma política severa de restrições de despesas e exerça um controle de crédito de modo que se canalizem para os títulos do Governo os recursos disponíveis.

Permitindo-se que esses recursos continuem disponíveis para os particulares e que o Governo prossiga no seu programa de obras, estaríamos concorrendo para que cada vez mais se agravasse a inflação que atingiria, afinal, uma situação caótica, impossível de controlar. A lentidão na absorção de recursos, por meio de tomada de "Obrigações de Guerra", acarretou considerável aumento do meio circulante. Deixando de afluir ao Tesouro com a necessária rapidez, tais recursos mantiveram-se em circulação com o prazo que foi suficiente para provocar expansão de crédito, nos bancos. Não tendo corrido rapidamente às mãos do Governo, obstou a que ele dispusesse de meios para reduzir no Banco do Brasil as suas responsabilidades decorrentes da compra de ouro e cambiais. Obrigado a prosseguir na compra da totalidade das cambiais de exportação, em grande volume pelo aumento desta, sem poder vendê-las, viu-se o Banco do Brasil na contingência de apelar constantemente para a Carteira de Redescontos. A princípio utilizou o Banco os seus títulos comerciais; depois as "Letras do Tesouro", tomadas com o propósito de atender às necessidades de nossa exportação. As emissões da Carteira avolumaram assim o meio circulante, dando novos estímulos à expansão bancária, novos incentivos à movimentação dos negócios e da especulação, que, por sua vez tornaram ainda menos interessantes ao público a subscrição das "Obrigações de Guerra". Desencadeado o processo cumulativo de expansão dos meios de pagamento, é necessário consolidar com urgência as bases da política monetária, instituindo definitivamente, em toda a sua amplitude, o sistema de Banco Central. O Decreto-lei 4.792/42, de 1942, rigorosamente aplicado, levaria a uma deflação demasiado violenta, porque exigiria retração considerável dos meios de pagamento, à medida que fossem sendo vencidas as "Letras do Tesouro".

Ante a urgência das medidas, considero aconselhável a criação imediata de uma Superintendência da Moeda e do Crédito, com todas as faculdades de um Banco Central, a qual poderá esperar a organização deste e desempenhar-lhe as funções até a criação.[5]

Na época de sua fundação, a direção da Sumoc era constituída por um Conselho presidido pelo ministro da Fazenda, tendo como membros o presidente do Banco do Brasil, o diretor executivo da Sumoc, o diretor da Carteira de Câmbio do Banco do Brasil e o diretor da Carteira de Redesconto e Caixa de Mobilização e Fiscalização

---

5 *Apud* FIGUEIREDO FILHO, João Sidney de. *Políticas monetária, cambial e bancária no Brasil sob a gestão do Conselho da Sumoc, de 1945 a 1955*. Niterói, 2005. Dissertação de mestrado, Universidade Federal Fluminense, Faculdade de Economia.

Bancária, que atuavam em conjunto. A nomeação de todos esses cargos era atribuição específica da Presidência da República.

O Decreto-lei n. 7.293, de 2 de fevereiro de 1945, que dispôs quanto às atribuições da Superintendência, já expressava o objetivo de criar uma instituição capaz de cobrir as funções de Banco Central no Brasil – até então pulverizadas dentro do Banco do Brasil – e ser o agente responsável pela gestão das políticas monetária e cambial, bem como da regulação bancária:

> O Presidente da República usando das atribuições que lhe confere o art. 180 da constituição, decreta:
>
> Art.1º É criada, diretamente subordinada ao Ministro da Fazenda, a Superintendência da Moeda e do Crédito, com o objetivo imediato de exercer o controle do mercado monetário e preparar a organização do Banco Central.
>
> Art. 2º A Superintendência da Moeda e do Crédito terá um Diretor Executivo, nomeado por Decreto do Presidente da República, e será orientada por um Conselho, a que presidirá o Ministro da Fazenda, constituído dos seguintes membros: Presidente do Banco do Brasil S.A., Diretor da Carteira de Câmbio, Diretor da Carteira de Redescontos e Caixa de Mobilização e Fiscalização Bancária e Diretor Executivo da Superintendência.
>
> Art. 3º Enquanto não for convertido em Lei o projeto de criação do Banco Central, à Superintendência da Moeda e do Crédito incumbem as seguintes atribuições:
>
> a) requerer emissão de papel-moeda ao Tesouro Nacional até o limite máximo de que trata o artigo 2º do Decreto Lei n.º 4.792, de 5 de outubro de 1942, e para os fins previstos neste Decreto-lei;
>
> b) receber, com exclusividade, depósitos de bancos;
>
> c) delimitar, quando julgar necessário, as taxas de juros a abonar às novas contas, pelos bancos, casas bancárias e caixas econômicas;
>
> e) autorizar a compra e venda de ouro ou de cambiais;
>
> f) autorizar empréstimos a bancos por prazo não superior a 120

dias, garantidos por títulos do Governo Federal até o limite de 90% do valor em Bolsa;

g) orientar a fiscalização dos bancos;

h) orientar a política de câmbio e operações bancárias em geral;

i) promover a compra e venda de Títulos do Governo Federal em Bolsa;

j) autorizar o redesconto de títulos e empréstimos a bancos nos termos da legislação que vigorar.

Art. 4º Independentemente do fato de manterem em Caixa o numerário julgado indispensável ao seu movimento, são os bancos obrigados a conservar em depósito no Banco do Brasil S.A., à ordem da Superintendência da Moeda e do Crédito, sem juros:

a) 8% sobre o valor dos depósitos à vista;

b) 4% sobre as importâncias depositadas a prazo fixo ou mediante aviso prévio superior a 90 dias.

§ único - A Superintendência da Moeda e do Crédito poderá alterar, para mais ou para menos, até o máximos de 75% das percentagens indicadas a obrigatoriedade referida neste artigo, sendo-lhe, ainda, facultado usar para isso o critério discricionário de trata o art. 3.º, letra "d" deste Decreto-lei.

Art. 5º A Superintendência da Moeda e do Crédito fixará o prazo para integral cumprimento do disposto na letra "b" do art. 3º e no art. 4º antecedentes.

Art. 6º A Superintendência da Moeda e do Crédito baixará, sempre que for necessário, Instruções para a perfeita execução do presente Decreto-lei.

Art. 7º Fica o Ministro da Fazenda autorizado a contratar com o Banco do Brasil S.A. a execução dos serviços da Superintendência da Moeda e do Crédito.

§ primeiro. O contrato, previamente lavrado no livro próprio de termos existente no Gabinete do Ministro, dependerá de aprovação por decreto do Governo.

§ segundo. Das cláusulas do contrato constará que o Diretor Executivo da Superintendência terá idênticas vantagens às que usufruírem os Diretores do Banco do Brasil.

Art. 8º No fim de cada ano financeiro, se as rendas auferidas pela Superintendência da Moeda e do Crédito não derem para cobrir os encargos decorrentes da execução do contrato a que se refere o artigo anterior, a diferença será atendida e classificada, dentro do respectivo exercício, à conta de crédito especialmente aberta no Ministério da Fazenda para tal fim.

§ único. Em caso contrário, o excesso de receita será escriturado com renda eventual da União.

Art. 9º Ficam revogadas as atribuições legais que competiam às Carteiras de Câmbio e de Redesconto do Banco do Brasil S.A. e à Caixa de Mobilização e Fiscalização Bancária, ora atribuídas à Superintendência da Moeda e do Crédito por este Decreto-lei.

Art. 10º Este Decreto-lei entrará em vigor na data de sua publicação;

Art. 11º Revogam-se as disposições em contrário.[6]

A principal função da Superintendência era formular a política monetária e creditícia, na prática a base de toda a política econômica do país, e, particularmente, controlar a expansão dos empréstimos do Banco do Brasil ao setor privado, ao setor público e ao Tesouro.

Foi na área de política cambial e de comércio exterior que a Sumoc desempenhou papel-chave na década de 1950. A adoção do sistema de taxas múltiplas e leilões cambiais contemplados pela famosa Instrução 70, de outubro de 1953, foi uma tentativa de contornar a crise cambial de 1952 e 1953, principalmente porque deixava nas mãos do "mercado" a decisão a respeito do volume de cambiais a ser destinado a cada setor, através dos leilões de divisas. Este sistema vigorou até a criação da Instrução 113, baixada em 1955 por Eugênio Gudin e amplamente utilizada no Governo de Juscelino Kubits-

---

6 *Apud Memória do Banco Central do Brasil.* Brasília: Divisão de Impressão e Publicações do Departamento de Administração de Recursos Materiais do Banco Central do Brasil, 1990.

chek: dos 565 milhões de dólares de capital de risco (investimento direto) que ingressaram no Brasil entre 1955 e 1960, cerca de 401 milhões ingressaram graças à Instrução 113, o que significa dizer que entraram sem cobertura cambial, ou seja, com subsídio estatal. Da mesma forma, dos 1.710 milhões de dólares de empréstimos e financiamentos obtidos pelo Brasil no período de 1955 a 1960, mais de 60% (1.163 milhões) foram subsidiados pela política cambial, ou seja, também ingressavam no país sob a forma de máquinas, veículos e equipamentos, sem cobertura cambial – isto é, sem precisar comprar os dólares necessários nos leilões de categoria relevante –, e tinham assegurado o direito de remessas para o exterior ao favorável custo de câmbio.

As importações sem cobertura cambial chegaram a representar uma parcela significativa (70% em média) das importações de máquinas, veículos e equipamentos no período de 1956 a 1960. Tais importações sem cobertura cambial representaram em média 1/4 das importações totais do Brasil no período de 1956 a 1960. Na verdade, para a equipe de JK, esta foi uma maneira de evitar que a restrição de divisas ou a falta de investimentos externos comprometessem o Plano de Metas.

Na época de sua criação e em seus primeiros anos, a Superintendência não tinha controle pleno da execução dessas políticas, uma vez que estas estavam dispersas por vários órgãos: Banco do Brasil, através de suas Carteiras de Redesconto (Cared), de Câmbio e Comércio Exterior (Cacex); da Caixa de Mobilização Bancária (Camob), uma instituição administrada pelo diretor da Cared; e da Caixa de Amortização, do Ministério da Fazenda. A Caixa de Amortização emitia moeda, quando solicitada pela Cared ou pela Camob, depois da autorização do Conselho da Sumoc. A Camob tinha como objetivo socorrer bancos com crise de liquidez em virtude de saques anormais de seus depositantes. A Cared, além do redesconto bancário normal, também operava em nome do governo para refinanciar determinadas atividades através do sistema bancário. Por último, a

Cacex, responsável pela execução da política de comércio exterior, enquanto a Carteira de Câmbio do Banco do Brasil executava a política de câmbio e administrava as reservas internacionais do país. Nos primeiros anos a Superintendência funcionava apenas com um diretor executivo e um secretário-geral.

Segundo Denio Nogueira,[7] primeiro diretor do Banco Central do Brasil, a existência de mandatos fixos para a diretoria da Superintendência – e mais tarde do Banco Central – tinha por objetivo garantir a independência política da agência, na medida em que, se estivesse subordinada a algum ministério, suas funções estariam sujeitas a pressões políticas. Segundo Nogueira, a nomeação e a demissão da diretoria pelo Poder Executivo evitariam a existência de pressões, impedindo a subordinação do Banco Central à política implementada pelo Ministério da Fazenda. Assim, o Banco Central poderia cumprir seu papel de "defensor da moeda".

O mesmo argumento é utilizado, nos nossos dias, pelo atual ministro da Fazenda. Para Guido Mantega, a existência de um mandato fixo na diretoria garantiria para o Banco Central autonomia em relação ao poder político:

> Havendo autonomia há uma perda de comando, uma diminuição do grau de ingerência do Executivo sobre o Banco Central e, portanto, sobre a política monetária. A vantagem é que ela dá ao mercado [financeiro] uma garantia de que a inflação tende a ser mais baixa, pois não poderá acontecer uma situação de o presidente da República pegar o telefone, ligar para o Banco Central e dizer "eu tenho eleição no ano que vem, abaixa aí as taxas de juros; não importa que tenha mais inflação; eu quero crescimento já, quero aumento de emprego".[8]

No entanto, a própria criação da Sumoc e sua posterior transformação em Banco Central foram condicionadas pela existên-

---

[7] NOGUEIRA, Denio. *Denio Nogueira: depoimento*. Brasília: Banco Central do Brasil, 1993.
[8] Apud BENJAMIN, César & RIBEIRO, Rômulo Tavares. Autonomia legal para o Banco Central: uma tragédia anunciada. In: *Revista Espaço Acadêmico*, n. 33, fev. 2004. Disponível em http://www.espacoacademico. com.br/033/33ccesar.htm. Acesso em 27/09/2007.

cia de uma correlação de forças favorável aos setores das classes dominantes interessados nessa autonomia: a reforma bancária de 1964 teve como principal objetivo a transformação da Superintendência em Banco Central e a concessão de autonomia para as autoridades monetárias. Esta autonomia seria obtida a partir da independência das autoridades monetárias em relação ao governo federal. As autoridades monetárias eram compostas pelo Conselho Monetário Nacional, órgão da cúpula da política monetária, formado por seis membros com mandatos fixos de seis anos e três membros passíveis de demissão pelo Presidente da República. Por sua vez, a diretoria do Banco Central do Brasil era composta por quatro membros, escolhidos dentre os seis membros do Conselho Monetário Nacional, com mandatos fixos de seis anos.

O Ato Institucional n. 5, baixado em dezembro de 1968, ao suspender as garantias legais de todos aqueles que exerciam mandato fixo, anulou a suposta autonomia do Banco Central. Mais tarde, em maio de 1974, a Lei n. 6.045, consolidou essa situação, estabelecendo que os diretores do Banco Central seriam passíveis de demissão pelo presidente da República.

A Constituição de 1988, através de seu artigo 192, estabeleceu que a organização do Banco Central deve ser objeto de lei complementar, mas esta ainda não foi objeto de debate e votação por parte do Congresso Nacional. Assim, a questão da autonomia do Banco Central independe de regulamentação e está, em tese, subordinada aos ocupantes do Poder Executivo, mas, na verdade, está sujeita ao jogo político, e, na prática, reflete a correlação de forças de cada conjuntura.

Da mesma forma, a composição da diretoria da Sumoc também expressava o peso de cada fração de classe nas decisões relativas à política econômica, numa demonstração de que, mesmo havendo uma legislação que conferia à Superintendência autodeterminação e liberdade para definir as orientações de política econômica, a nomeação de quadros técnicos vinculados às classes ou frações de classes definia e orientava sua atuação.

Desde a sua criação, a Superintendência da Moeda e do Crédito foi palco de disputa. A rivalidade no interior da Sumoc é representada, ainda em 1946, pelo duelo entre Ricardo Jafet,[9] presidente do Banco do Brasil, por um lado, em oposição a Fernando Cadaval, diretor da Carteira de Câmbio (e vinculado a Octávio Gouvêa de Bulhões) do mesmo Banco.

Essas disputas seriam evidenciadas a partir de um fato que, à primeira vista, seria uma medida econômica: a Instrução 113 da Sumoc. Identificamos nessa medida a expressão das disputas políticas existentes entre as diversas frações das classes dominantes no período que analisamos. Temos aqui um claro exemplo de politização da economia.

Espaço de acirradas disputas políticas entre os diferentes grupos de interesses, a Sumoc, ao longo de sua consolidação como agência do Estado, foi assumindo a direção das políticas econômicas, e daí vem a sua importância. Esta orientação está claramente norteada pelas decisões de Bretton Woods. Sua transformação em Banco Central só foi realizada em 1965, quando foram criadas as condições políticas favoráveis à consolidação do modelo econômico voltado para a internacionalização da economia. Nos primeiros anos, logo após a sua criação, o foco de sua atuação foi o combate à inflação, apontada como um grande inimigo. Os principais embates, durante esse período, também eram pelo controle do câmbio e dos mecanismos de ingresso de capitais internacionais, fatores que constituíam

---

9 Ricardo Nami Jafet foi empresário ligado às atividades industriais, especialmente à extração de minério. Fundou a companhia Mineração Geral do Brasil, da Usina Siderúrgica de Mogi das Cruzes e da Empresa Internacional de Transportes – dedicada ao transporte rodoviário de cargas entre o Rio e São Paulo. Por seu apoio financeiro à campanha de Vargas, foi cogitado para o Ministério da Fazenda, sendo, ao final, nomeado para a presidência do Banco do Brasil. Partidário de uma política de expansão do crédito, durante sua gestão o volume de empréstimos aumentou consideravelmente, especialmente o crédito concedido a elementos ligados a Vargas e à Usina Siderúrgica de Mogi das Cruzes. Ao sair do Banco do Brasil, em 1953, passou a dedicar-se integralmente à direção de suas novas empresas, entre as quais o Banco Cruzeiro do Sul, a Fiação Jafet e a Imobiliária Bom Pastor (*Apud* ABREU, Alzira Alves de. et al. *Dicionário histórico biográfico brasileiro pós-1930*. Rio de Janeiro: FGV, v. III, 2001).

focos de divergência de interesses entre as diferentes frações das classes dominantes e que irão determinar os rumos da economia.

Para melhor entendermos o papel da Superintendência como campo das disputas políticas e na condução das questões econômicas do período, é fundamental lembrarmos os principais aspectos do quadro econômico dos primeiros anos da década de 1950. No Ministério da Fazenda encontramos o industrial paulista Horácio Lafer,[10] que propõe, em 1951, um plano quinquenal de desenvolvimento, o Plano Lafer, prevendo novos investimentos em indústrias de base e setores onde ocorriam pontos de estrangulamento para o desenvolvimento industrial, como transporte e energia. No entanto, o Plano Lafer acabou sendo esvaziado pela crise cambial de 1951/1952 e pela falta de investimentos americanos, com os quais contava Lafer. Em 1952, a saída de Lafer do Ministério e a criação, por Vargas, do Banco Nacional de Desenvolvimento Econômico, foi reflexo dessa situação.

Durante o Governo Vargas, a Sumoc começou a tomar forma como instituição. Até o ano de 1951, organizava-se a estrutura que foi mantida até a sua transformação em Banco Central, sendo-lhe atribuída a função de Inspetoria Geral dos Bancos. A partir de janeiro daquele ano, a instituição passa pelo que foi denominado de fase

---

10 Horácio Lafer nasceu na cidade de São Paulo (SP) em 3 de maio de 1900, foi deputado federal pelo Partido Constitucionalista – de 1935 a 1937 – e pelo PSD – a partir de 1945 –, sempre vinculado às questões relativas à economia. Em 1937, com o Estado Novo, retirou-se, momentaneamente, da vida política, retomando o controle dos seus negócios no grupo Klabin-Lafer. Entre 1943 e 1951, fez parte do Conselho Técnico de Economia e Finanças do Ministério da Fazenda. Foi nomeado Ministro da Fazenda em 1951, quando se empenhou no combate à inflação. Durante sua gestão, a atuação do ministro da Fazenda era paralela à da Assessoria Econômica da Presidência da República, órgão de grande influência na política econômica do governo. Além da defesa dos interesses industrialistas, destacou-se pelo apoio ao general Teixeira Lott, assegurando a posse de JK. Como porta-voz de Kubitschek, foi à Câmara dos Deputados defender a ruptura com o FMI, em 1959, argumentando que a política anti-inflacionária do Fundo não era compatível com o Plano de Metas. Após o episódio, e como desdobramento de sua atuação, foi substituído na área econômica e nomeado ministro das Relações Exteriores, cargo no qual atuou com um perfil de desenvolvimentista favorável à participação do capital estrangeiro. Para isso, criou a Comissão de Política Econômica Exterior desse ministério, cujo objetivo era assegurar as condições para a importação de equipamentos e produtos de base para a indústria, bem como diversificar os mercados importadores dos produtos brasileiros. Nesse sentido, foi o promotor do acordo comercial de 1959, celebrado entre o Brasil e a URSS (*Apud* ABREU, Alzira Alves de. et al. *Dicionário histórico biográfico brasileiro pós-1930*. Rio de Janeiro: FGV/Positivo, v. III, 2002, p. 2998-3001).

de "expansão e consolidação".[11] Esta última corresponde ao período que antecede o governo Juscelino Kubitschek.

Entre fevereiro de 1945 e fevereiro de l951, José Vieira Machado presidiu a Superintendência. Funcionário de carreira do Banco do Brasil, em 1928 Vieira Machado foi secretário da Fazenda do Espírito Santo, voltando ao Banco após o movimento de 1930. Ainda como funcionário do Banco do Brasil, representou o país em acordos bancários com a França, Bélgica, Portugal, Holanda e Suécia e em negociações bancárias realizadas em Nova Iorque. Foi o organizador da Sumoc e seu primeiro diretor executivo, ainda durante o governo Vargas, mantendo-se no cargo mesmo depois da deposição do presidente. Durante o governo Dutra, foi ministro interino da Fazenda e em 1950 deixou a diretoria da Sumoc. Quando faleceu, presidia a gravadora Odeon.

Vieira Machado foi sucedido por Valter Moreira Sales, mineiro, filho de João Moreira Sales, proprietário da Casa Bancária Moreira Sales & Cia, estabelecimento voltado para operações de financiamento da produção de café no Estado de Minas Gerais, em convênio com o Banco Francês e Italiano, o Banco Alemão Transatlântico e outras instituições bancárias estrangeiras. Em 1936, Valter assumiu a direção do Banco Moreira Sales, porém seus negócios também envolviam a produção e comercialização de café. Por conta dessa atividade, era filiado à Associação Comercial de Santos, tendo, inclusive, presidido a instituição. Durante o governo Dutra, foi diretor da Carteira de Crédito Geral do Banco do Brasil. Com a posse de Vargas em 1951, foi convidado por Horácio Lafer, recém-nomeado ministro da Fazenda, para ser o diretor executivo da Sumoc.

Durante sua gestão na Superintendência, foram criados novos departamentos: a Inspetoria de Bancos e o Departamento Econômico. Embora a Superintendência ainda fosse considerada como uma diretoria do Banco do Brasil, Moreira Salles tratou de ampliar sua estrutura, criando diversas secretarias e atribuindo maior peso à

---

11 FONSECA, Herculano Borges da. Sumoc, transição para um Banco Central (dez anos de História da Sumoc). In: *Revista Economia Brasileira*, Rio de Janeiro, 1982, p. 125.

Secretaria-geral (que cuidava da fiscalização dos bancos) e à Assessoria Técnica (responsável pelas análises e relatórios econômicos). Moreira Sales, durante sua gestão na Sumoc, participou da reunião anual dos diretores do Fundo Monetário Internacional (FMI) e do Banco Internacional de Reconstrução e Desenvolvimento (Bird) de 1951, e em 1952 assinou um acordo bilateral com os EUA, regulamentando a troca de manganês, areia monazítica e outras matérias-primas brasileiras por equipamentos militares. Em maio de 1952, deixou a direção executiva da Sumoc para assumir o posto de embaixador do Brasil nos EUA. Durante sua gestão nesse cargo, investiu pesadamente na obtenção de financiamento para projetos formulados pela Comissão Mista Brasil-Estados Unidos.[12] A relutância do Bird e do Eximbank e a resistência americana em fornecer os financiamentos fizeram com que deixasse a embaixada em agosto de 1953, para voltar ao controle de seus negócios. Voltou aos EUA, na qualidade de embaixador, em 1959, por ocasião do rompimento das negociações entre o Brasil e o FMI. Esta nomeação teria por finalidade a recomposição do relacionamento com os EUA, permanecendo no cargo até fevereiro de 1960. No governo Jânio Quadros, novamente atuou no campo das relações Brasil-EUA. Juntamente com Roberto Campos, Miguel Osório de Almeida e João Dantas, participou da missão econômica encarregada de obter financiamento estrangeiro para cobrir o déficit externo da economia brasileira. A valorização do dólar e a eliminação dos subsídios cambiais (realizadas através das Instruções 204 e 205 da Sumoc) foram importantes para o êxito da missão, visto que eram medidas preconizadas pelo FMI.

---

12 Esta Comissão, denominada de Comissão Mista Brasil-Estados Unidos, aproveitou os relatórios anteriores sobre os problemas brasileiros – a Missão Cooke, de 1942, e a Missão Abbink –, mas visava objetivos concretos. Contando com o financiamento do BNDE, do Eximbank e do Bird, a Comissão, que definiu seus objetivos em abril de 1950, pretendia acelerar o crescimento econômico aumentando os investimentos públicos e privados, nacionais e estrangeiros, especialmente concentrados no setor de energia e transportes. No entanto, o Banco Mundial não liberou os financiamentos, e a Comissão limitou-se a servir de espaço de articulação para uma equipe técnica que mais tarde fundou a Consultec e elaborou todos os projetos a serem financiados pelo BNDE ao longo do governo Kubitschek.

Estava consolidada, nesse período, a composição da Superintendência que, a partir de 1953, passaria a gerir a política cambial e o comércio exterior, ampliando suas atribuições e apontando para seu futuro papel na gestão da economia.

Segundo Lago, "uma das funções dos economistas da Sumoc naquele momento foi desenvolver um projeto de reforma da estatística de câmbio para aperfeiçoamento do Balanço de Pagamentos, na execução do qual o FMI se revelava grandemente interessado".[13] Entendemos que esses economistas são intelectuais orgânicos ligados à fração agrário-exportadora e que as reformas pretendidas acolhiam os interesses do setor. A execução desse projeto foi feita, segundo o autor, em conjunto com o Núcleo de Economia da Fundação Getúlio Vargas, do qual faziam parte Eugênio Gudin (futuro ministro da Fazenda no governo Café Filho), Otávio Gouvêa de Bulhões (futuro diretor da Sumoc), Alexandre Kafka e Roberto Campos (futuro diretor-superintendente do BNDE).

Outra função desempenhada pela Superintendência foi a elaboração do Orçamento Monetário, orientador da política econômica do período. Nesse sentido, a Sumoc passava a ser uma agência do Estado de grande importância, daí o interesse em garantir o seu controle. Foi através da Sumoc, em 1953, que o governo Vargas baixou a Instrução 70, de grande repercussão, dado o seu significado em termos de intervenção do Estado na política cambial e seus desdobramentos para o desenvolvimento econômico no período.

Durante o ano de 1953, a política cambial promovida por Vargas, mantendo a paridade do cruzeiro (sobrevalorizado em relação ao dólar), tinha por objetivo subsidiar as importações de bens de capital e máquinas para a indústria. No entanto, seu principal objetivo seria promover a estabilidade da moeda e conter a inflação. Tais medidas resultaram em aumento das importações e no consequente esgotamento das reservas de dólares, gerando nova crise cambial.

---

13 LAGO, Pedro Aranha Correa do. *A Sumoc como embrião do Banco Central*. Rio de Janeiro, 1982. Dissertação de mestrado, Pontifícia Universidade Católica do Rio de Janeiro, p. 80.

Na tentativa de minimizar a crise e regularizar o pagamento de atrasados comerciais, o governo federal contraiu um empréstimo no valor de 300 milhões de dólares com o Eximbank. Entretanto, somente com a introdução da Instrução 70 foi possível obter saldo, ainda que pequeno, na balança de pagamentos.

A Instrução 70, de 9 de outubro de 1953, teve como formuladores o então presidente da Sumoc, José Soares Maciel Filho,[14] e o ministro da Fazenda, Osvaldo Aranha.

Desde o período que se inicia imediatamente após a Segunda Guerra Mundial até os últimos anos da década de 80, as regras cambiais obedeciam a duas características básicas: as taxas oficiais de câmbio eram fixadas pelo governo e a moeda em vigor possuía elevado grau de restrição cambial (pequena capacidade de conversão). Tais regras expressavam o forte controle governamental da taxa cambial. A única exceção, ao longo desse período, foi a Instrução 70, através da qual o governo distribuía as divisas disponíveis em lotes (definidos inicialmente em bens a partir do seu grau de importância ou de demanda), sendo a taxa de câmbio para cada categoria determinada por meio de leilões. Neste sistema, que durou, com algumas alterações, até 1957, o governo fixava a quantidade de divisas distribuídas. Esta política não deixava de ser uma outra forma de controle governamental das taxas de câmbio, e foi alvo de vigorosas críticas por parte dos setores ligados à exportação de produtos agrícolas – especialmente os cafeicultores. Este setor defendia uma política cambial de "liberdade", em que as taxas ficariam ao sabor do "mercado", o que, na verdade, atenderia aos interesses dos exportadores de produtos agrícolas. E esta é a característica da política cambial na atualidade, o que expressa o controle – hoje em dia – do Banco Central por parte de atores sociais ligados a esse grupo de interesses.

---

[14] José Soares Maciel, além de superintendente da Sumoc, foi diretor-superintendente do BNDE e participou do Grupo Misto de Estudos BNDE-Cepal. Este grupo foi o responsável pela elaboração do "Esboço de um programa de desenvolvimento para a economia brasileira – período de 1955-1962", no qual foi baseado o Programa de Metas do governo Juscelino Kubitschek.

A Instrução 70 introduziu o sistema de taxas múltiplas de câmbio, abandonando o regime de taxa de câmbio única, existente entre 1946 e 1947, sem controle de importações e, depois de junho de 1947, juntamente com o sistema de controle de importações administrado pela Carteira de Exportação e Importação (Cexim) do Banco do Brasil.

Com a Instrução 70 foi feita a desvalorização diferenciada do cruzeiro em relação ao dólar, tomando como base a paridade cruzeiro/dólar declarada ao Fundo Monetário Internacional (18,36 cruzeiros por dólar norte-americano). Foram estabelecidas bonificações correspondendo, inicialmente, a cinco cruzeiros por dólar – no caso do café – e dez cruzeiros por dólar – no caso de outros produtos de exportação. Eugênio Gudin, ferrenho defensor dos princípios liberais, teria colaborado na elaboração dessa Instrução. Dessa forma, quando assumiu a pasta da Fazenda, no governo Café Filho, pode utilizá-la como fonte de recursos para o Estado sem que fosse preciso emitir moedas ou aumentar os impostos. O interessante é que, ao praticar preços diferenciados para o câmbio, o que condenava veementemente, como veremos no Capítulo VII, Gudin mostrou que era pragmático.

Com a contenção da importação de produtos considerados não essenciais gerada pela Instrução 70, buscava-se atender às pressões dos setores ligados principalmente à indústria de bens não duráveis, promovendo a substituição de importações. Tais setores passaram a contar com vantagens para a aquisição de bens de capital e insumos a custos relativamente baratos. Nesse sentido, o regime cambial instituído pela Instrução 70 passou a beneficiar o setor ligado à indústria, em detrimento do setor vinculado à exportação. Mais tarde, a Instrução 113, de janeiro de 1955, estabeleceu quatro categorias de exportações variando as bonificações da primeira e da quarta categorias entre 71,5% e 173% da paridade oficial. Os valores dessas bonificações foram frequentemente reajustados (embora com base em taxas inferiores às relativas às taxas de câmbio para importação) e, além disso, determinados produtos foram transferidos de categoria, visando contemplar as pressões dos empresários vinculados ao setor exportador.

Foi abolido o controle seletivo de importações e, em seu lugar, instituído o regime de leilões de divisas para importação. Para estes leilões foram criadas cinco categorias de bens importados, definidas de acordo com critérios de necessidade. Cada uma dessas categorias correspondia a uma taxa de cambial, estabelecida em leilão em função da demanda de bens de cada categoria e da decisão do governo relativa à oferta de cambiais para o leilão de cada categoria. Quanto mais "necessária" fosse considerada uma determinada mercadoria, maior seria a oferta de divisas por parte do governo e mais valorizada a taxa cambial. O critério que determinava a necessidade ou não das mercadorias ficaria a cargo da diretoria da Sumoc, o que demonstra sua importância na condução da política cambial.

Além das taxas cambiais relativas às cinco categorias, eram utilizadas outras taxas para importações de mercadorias consideradas especiais, tais como papel de imprensa, trigo, determinados insumos agrícolas, petróleo, frutas e artigos de natal, livros, importações feitas por entidades públicas, sempre valorizadas em relação às taxas referentes às cinco categorias de importação.

Em setembro de 1954, logo após o suicídio do presidente Vargas, assumiu a direção executiva da Sumoc o carioca José Soares Maciel, idealizador e fundador do jornal *A Nação*, cujo principal objetivo era apoiar Vargas. Em 1935 lançou outro jornal, *O Imparcial*, cuja principal característica era a oposição ao mesmo presidente, que, em 1937, passou novamente a apoiar, em função da campanha contra o perigo comunista. Durante o Estado Novo, Maciel foi membro do CNAEE[15] e integrou o DIP.[16] Em 1952, ocupou a superintendência do recém-criado Banco Nacional de Desenvolvimento Econômico, função que passou a acumular, em 1953, com a de diretor-executivo

---

15 Conselho Nacional de Águas e Energia Elétrica.
16 Departamento de Imprensa e Propaganda

da Sumoc. Segundo John Foster Dulles, foi Maciel quem auxiliou Vargas na elaboração do documento político que serviu de base para a carta-testamento, durante a crise de agosto de 1954.[17] No governo Café Filho foi substituído na Sumoc por Otávio Gouvêa de Bulhões. Bulhões foi funcionário do Ministério da Fazenda, onde atuou como chefe da seção de Estudos Econômicos, tendo sido assessor técnico da Coordenação da Mobilização Econômica[18] em 1943. Ele também participou do I Congresso Brasileiro de Economia[19] e, discordando das teses aprovadas no evento, que preconizavam uma maior atuação do Estado na economia, passou a integrar a oposição liberal, liderada por Eugênio Gudin. Em 1944 foi delegado do Brasil na Conferência Monetária Internacional de Bretton Woods e em 1946 participou da sessão da ONU que implantou o FMI, estabelecendo, desde então, estreitas relações com o Fundo, pois a partir de 1953 esteve presente em todas as reuniões anuais da entidade, tendo sido seu vice-governador em 1954. Em 1947 chefiou o grupo brasileiro que participou da reunião para a criação da Comissão Brasileiro-Americana de Estudos Econômicos, enquanto John Abbink chefiava o grupo americano.[20] A partir de 1950, integrou o

---

17 *Apud* ABREU, Alzira Alves de. et al. *Dicionário histórico biográfico brasileiro pós-1930*. Rio de Janeiro: FGV/Positivo, 2001.
18 Órgão criado pelo governo federal em setembro de 1942, com o objetivo de coordenar o funcionamento da economia brasileira no contexto de emergência gerado pela entrada do Brasil na guerra. Era diretamente subordinada ao presidente da República, tinha sede no Rio de Janeiro e possuía escritórios regionais nas principais capitais do país, e suas principais funções eram o controle de preços, da produção e da venda dos produtos brasileiros, bem como a supervisão de outros órgãos e empresas, tanto estatais quanto privadas. A Coordenação, na prática, constituiu uma forma de intervenção do Estado na economia, na medida em que procurava garantir o planejamento na economia brasileira. Com o fim da Grande Guerra, em 1945, foi extinta.
19 Realizado em 1943, reuniu grande número de empresários, especialmente aqueles ligados à Fiesp e à CNI, assim como técnicos e funcionários do governo. As conclusões desse Congresso apontavam para a necessidade de aumentar a intervenção do Estado na economia, através da coordenação das decisões pelas agências do Estado, bem como para a importância de implementar uma política de apoio à industrialização, através da participação nas indústrias básicas.
20 A missão Abbink, realizada no governo Dutra, tinha por objetivo diagnosticar os principais problemas da economia brasileira e, como especial recomendação, o emprego de recursos externos pleiteados pelo Ministério da Fazenda. A partir do início da Guerra da Coreia, os EUA passaram, então, a pressionar o Brasil para que o auxiliasse militarmente no novo conflito, mas o governo brasileiro, buscando não se comprometer de forma direta, propôs, em lugar do envio de tropas, o fornecimento das matérias-primas necessárias aos EUA. Em 1949, a Missão Abbink elaborou um documento que analisava não só os segmentos econômicos e as precondições para o desenvolvimento, mas também a participação do Estado e do capital estrangeiro. Foi a primeira tentativa

recém-criado CNE (Conselho Nacional de Economia), instituição que funcionava como órgão consultivo da Presidência da República, tendo deixado de fazer parte em 1954.

O relatório da Missão Abbink, que foi, em grande parte, responsabilidade de Bulhões, apresentou ao ministro da Fazenda duas sugestões básicas: a) toda atividade econômica deveria basear-se na iniciativa privada e b) o Estado só deveria intervir com o objetivo de coordenar os investimentos. Além das sugestões, o relatório acentuava a dependência da economia brasileira em relação a poucos produtos de exportação e o baixo nível de renda do país. Com o objetivo de criar um capitalismo industrial, apontava a estabilidade financeira como o fator fundamental para o desenvolvimento econômico, preconizando a restrição ao crédito e o incentivo à participação do capital estrangeiro em setores como energia e mineração. Para os membros da Confederação Nacional da Indústria (CNI), a contenção do crédito sugerida pela missão Abbink era algo impensável, visto que seria contrária ao "objetivo do desenvolvimento econômico, que requer, antes, para um emprego mais produtivo dos fatores de produção, uma expansão adequada do crédito".[21]

Em 1954, com a morte de Getúlio e a posse do vice-presidente Café Filho, este nomeou Eugênio Gudin para o Ministério da Fazenda. Gudin, por sua vez, convidou Bulhões para ocupar a superintendência da Sumoc. Nesse sentido, como parte do grupo identificado com as políticas financeiras ortodoxas, Bulhões auxiliou o ministro Gudin na elaboração de uma rígida política de estabilização, baseada no corte de despesas públicas e na contenção da expansão monetária e creditícia. Com relação aos bancos, foi definido um aumento do saldo de caixa mínimo e estabelecido que metade de todos os depósitos bancários deveria ser recolhida à Sumoc. Em 17 de janeiro de 1955, durante a gestão de Bulhões, foi baixada a Instrução 113, que criava condições

---

de criar um plano de desenvolvimento para o Brasil. Contudo, a Missão não chegou a detalhar projetos para investimento, nem a calcular os montantes necessários.

21 *Apud* ABREU, Alzira Alves de et al. *Dicionário histórico biográfico brasileiro pós-1930*. Rio de Janeiro: FGV/Positivo, v. I, 2001, p. 877.

favoráveis aos investimentos estrangeiros, na medida em que concedia licença de importação sem cobertura cambial para a compra de maquinaria por empresas estrangeiras. Durante todo o governo JK essa regulamentação seria utilizada, favorecendo a entrada de capitais estrangeiros sob a forma de equipamentos industriais, especialmente para a indústria automobilística. Octávio Gouvea de Bulhões seria reconduzido à diretoria executiva da Sumoc em fevereiro de 1961, permanecendo no cargo até janeiro de 1963.

A primeira gestão de Bulhões na Sumoc encerrou-se em maio de 1955, quando foi substituído por Prudente de Morais Neto, também conhecido como Pedro Dantas. Neto do primeiro presidente civil do Brasil, Pedro Dantas era formado em direito, mas iniciou sua carreira como jornalista, em 1925, colaborando no jornal paulista *A Manhã* e no pernambucano *A Província de Recife* (este último era, então, dirigido por Gilberto Freyre). Durante o Estado Novo, foi representante do Ministério da Educação e Cultura junto à comissão de censura de cinema do DIP. No entanto, durante o I Congresso Brasileiro de Escritores (promovido pela Associação Brasileira dos Escritores), onde esteve na qualidade de delegado do Distrito Federal, fez declarações de crítica ao Estado Novo e a favor da democracia e das liberdades públicas. Em 1951, quando trabalhava como chefe de redação do jornal *Diário Carioca*, participou ativamente da campanha contra a posse de Getúlio Vargas, recém-eleito presidente da República. Em 19 de maio de 1955, deixou seu posto no jornal para assumir a direção da Sumoc, tendo encerrado sua gestão em outubro do mesmo ano. Foi substituído pelo mineiro Inar Dias de Figueiredo, empresário, proprietário rural e banqueiro. Foi diretor--presidente do conselho de administração da Macife (Materiais de Construção e da Empresa Brasileira de Solda Elétrica), diretor vice--presidente da Nadir Figueiredo Indústria e Comércio, membro do conselho consultivo do Banco Nacional de Minas Gerais e do conselho de administração da Rio Light, além de diretor da Companhia de Seguros Bandeirantes, tendo sido presidente do Sindicato dos

Bancos do Rio de Janeiro. Foi substituído na Sumoc, após a posse de JK, por Eurico de Aguiar Sales.

VIII.2 – A Instrução 113

Em 17 de janeiro de 1955, durante o governo do presidente Café Filho, na gestão de Eugênio Gudin no Ministério da Fazenda, foi lançada a Instrução 113. Ela diminuía consideravelmente as restrições à entrada de capitais sob a forma de maquinário. A instituição desse novo regime cambial, ainda no governo Café Filho, determinaria a existência de taxa livre no pagamento de juros e amortizações para capitais registrados na Sumoc, de grande importância para a entrada de capitais estrangeiros.

O governo Café Filho significou, para a economia brasileira, o preâmbulo de um processo de internacionalização da economia brasileira que iria se consolidar com a posse de Juscelino Kubitschek e que pode ser entendida a partir da participação de atores políticos como Octávio Gouvêa de Bulhões, Eugênio Gudin e Roberto Campos nas agências do Estado. A Instrução 113 representaria uma ferramenta para a consolidação desse projeto de desenvolvimento, assim como o fortalecimento da Sumoc (e sua consequente transformação, posteriormente, em Banco Central) e a criação do BNDE, em 1962. As raízes desse processo podem ser encontradas em Bretton Woods, em cujas resoluções a delegação brasileira, formada por Bulhões, Campos e Gudin, os mesmos atores sociais presentes nas agências do Estado, teve intensa participação:

> Resolve-se que, para a consecução eficaz dos objetivos perseguidos pelo Fundo Monetário Internacional e o Banco para Reconstrução e Desenvolvimento, seja convocada uma Conferência das Nações unidas e associadas, com a finalidade de promover a estabilidade dos preços de matérias-primas e produtos agrícolas e formular recomendações para se alcançar um crescimento mais equilibrado do comércio internacional.[22]

---

22 CAMPOS, Roberto. *A lanterna na popa: memórias*. Rio de Janeiro: Topbooks, 1994, p. 69.

A Instrução 113 representou a gênese de uma nova política, identificada com os setores do empresariado brasileiro interessados na internacionalização da economia. Tais setores, representados pelos quadros técnicos que se encontram na direção das agências, são aqueles ligados à exportação de produtos agrícolas. E a Sumoc representará, no período em questão, um dos espaços de disputa entre duas políticas que ora se complementam, ora se contradizem: a política atualmente denominada de monetarista e a política identificada hoje em dia como desenvolvimentista.

O conflito de interesses envolvia, portanto, o empresariado industrial, que reivindicava a manutenção de uma política estatal favorável aos seus interesses, o que representava a continuação dos investimentos, subsídios e medidas restritivas quanto ao ingresso de capitais externos. De sua parte, o empresariado ligado ao capital internacional, especialmente aqueles ligados à agroexportação, advogava a redução da intervenção do Estado, através da desregulamentação da economia (estabelecendo as taxas de câmbio livre), da diminuição do crédito e defendendo a necessidade da internacionalização da economia como forma de fazer frente às necessidades do desenvolvimento.

A atuação de Eugênio Gudin no Ministério da Fazenda representou, sem dúvida, a predominância da opção por um desenvolvimento econômico desvinculado da ação do Estado, impulsionado principalmente pela injeção de capitais internacionais. Através da Sumoc, cujo superintendente na época era ninguém menos do que Octávio Gouvêa de Bulhões, foram implantadas as medidas que apontavam nessa direção, especialmente a Instrução 113:

> Do licenciamento de importações que independem de cobertura cambial
>
> 1º – A Carteira de Comércio Exterior (Cacex) poderá emitir licenças de importação sem cobertura cambial, que correspondam a investimentos estrangeiros no país, para conjuntos de equipamentos destinados à complementação ou aperfeiçoamento dos conjuntos

já existentes, quando o Diretor da Carteira dispuser de suficientes elementos de convicção de que não será realizado pagamento em divisas correspondente ao valor dessas importações:

2º – O investidor apresentará prova de que, efetivamente, dispõe no exterior, dos equipamentos a serem importados ou de recursos para seu pagamento. Essa prova será feita:

a) se os recursos ou equipamentos provierem de país com o qual o Brasil mantenha convênio de pagamento, por declaração do Banco ou órgão executor de convênio, que contenha autorização expressa de dispensa de pagamento de seu valor:

b) se os recursos ou equipamentos provierem de país de moedas de livre curso internacional, por declaração de banco idôneo, a juízo do Banco do Brasil S.A.. Nesta hipótese a prova poderá ser dispensada pela Cacex se a idoneidade e o vulto da empresa investidora tornarem óbvia a existência de tais recursos.

3º – Antes da emissão das licenças, deverá ser apresentada declaração e compromisso do investidor e, se for o caso, da empresa nacional em que será feito o investimento, de que:

a) os equipamentos licenciados serão incorporados ao Ativo da empresa nacional ou da filial do investidor no Brasil, sem contrapartida no Passivo exigível;

b) a empresa em que for realizado o investimento ou a filial não efetuará pagamento no exterior correspondente ao valor dos equipamentos importados;

c) os equipamentos permanecerão no Ativo da empresa ou filial pelo prazo correspondente à sua utilização normal.

A declaração e compromisso de que trata o presente item conterá o reconhecimento expresso de que a sua inobservância será considerada, para todos os efeitos, como infringente do disposto no art. 11, da Lei n. 2.145, de 29-12-1953, ficando sujeito o infrator às sanções correspondentes e obrigando-se os interessados, nesse caso, ao pagamento dos ágios que seriam exigíveis, caso a importação não se tivesse realizado sem cobertura cambial.

4º – A Carteira de Comércio Exterior ouvirá o Conselho da Superintendência da Moeda e do Crédito, caso o conjunto de equipamento se destine à produção de artigos classificados nas 4ªs e 5ªs categorias de importação e que sejam notoriamente supérfluas para a economia do país.[23]

A Instrução 113 permitia a importação de bens de capital à taxa "livre" de câmbio por investidores estrangeiros, caso esses investidores aceitassem como forma de pagamento a participação no capital próprio da empresa que importasse o equipamento. Este era o fator que a caracterizava como medida que propiciava a abertura da economia aos capitais internacionais.

A implantação dessa Instrução desencadeou reações desfavoráveis por parte da burguesia industrial. Alegando que a instalação de indústrias estrangeiras no país com condições favoráveis (isenção cambial) constituía uma concorrência desleal, essa fração da burguesia iniciou movimentos de pressão em direção ao Estado para que a Instrução fosse revogada. Tais setores organizavam-se na Federação das Indústrias do Estado do Rio de Janeiro (Firjan), entre outros espaços que chamamos de aparelhos da sociedade civil. O exame das fontes recolhidas na Firjan nos dá a medida da pressão dessa fração das classes dominantes para garantir suas prioridades nas políticas produzidas pelo Estado.

Em janeiro de 1955, o jornal *Última Hora*, porta-voz dos interesses do setor ligado diretamente ao capital industrial, trazia como destaque a seguinte matéria:

> Esta é a Bandeira de Última Hora - Pontos Fundamentais do Programa de Ação que Este Jornal se Traçou Para o Período Crucial que a Nação Atravessa.
>
> Urge Mobilizar a opinião pública a fim de levar o governo atual a modificar sua política econômica e financeira, libertando-a do espírito negativista do pânico e do derrotismo, emanado do colonialismo, caminho aberto para o entreguismo de todos os tempos.

---

23 CARONE, Edgard. *A quarta República (1945-1964)*. São Paulo: Difel, 1980, p. 378.

Quase cinco meses já são passados desde que o atual Governo se encontra no Poder. Jamais o país sofreu uma crise econômica e financeira tão asfixiante. E são as camadas menos favorecidas da população – que constituem a maioria do nosso povo – que vêm pagando o maior tributo por essa política. O custo de vida sobe em espiral e nada parece poder detê-lo. Só uma política de audácia e incentivo à Produção e Crédito mais amplo às iniciativas úteis, em suma, uma política de expansão e não de depressão, de otimismo e não de pessimismo de confiança e não de descrédito, poderá abrir ao Brasil perspectivas que a sua condição de país jovem e progressista. (UH:01/1955)

Ao mesmo tempo, vozes originadas nos setores favoráveis às medidas econômicas adotadas pelo governo também se manifestavam através dos jornais:

Era com certa impaciência que nos meios econômicos se aguardava a modificação do regime de entrada de capitais estrangeiros, anunciada há meses pelo Ministro da fazenda. A Instrução 113 da Sumoc, que acaba de ser publicada, será acolhida certamente com agrado pelos que desejam a simplificação das exigências feitas aos capitais estrangeiros dispostos a aplicar-se no País. Em alguns meios, porém, não se deixará de lamentar que o governo não tenha ido longe na concessão de facilidades num momento em que a situação da nossa balança de pagamentos exige grande entrada de capitais. (OESP:01/1955)

Este grupo de interesses, cujo porta-voz era o jornal *O Estado de São Paulo*,[24] reivindicava medidas que diminuíssem ainda mais as restrições aos investimentos estrangeiros:

---

24 Jornal paulista fundado em 4 de janeiro de 1875 inicialmente sob o nome de *Província de São Paulo*. Seus fundadores foram Américo Brasiliense de Almeida Melo e Manuel Ferraz de Campos Sales. *O Estado de São Paulo*, por suas ligações políticas, sempre defendeu os interesses da burguesia agrário-exportadora, tendo inclusive, em seus primeiros anos, combatido a centralização política e administrativa imposta pelo Poder Moderador ao longo do Império.

A nova regulamentação amplia consideravelmente o quadro das possibilidades de importação de material de equipamento sem cobertura de câmbio. Por um lado, não se cogita mais de uma definição do interesse da economia nacional (noção sempre muito subjetiva), mas com uma restrição: o material assim importado não deve destinar ao fabrico de produtos classificados nas 4ª e 5ª categorias, ainda que a Sumoc possa conceder tais autorizações se as considerar necessárias. Assim, devemos reconhecê-lo, as possibilidades de aplicação de capitais estrangeiros, sob a forma de importação de material, encontram-se consideravelmente aumentadas. Os capitais estrangeiros não mais terão de aguardar as decisões, frequentemente subjetivas, das autoridades financeiras, para saberem se as importações de material que se propõe a fazer obedecem ao critério de "relevante interesse para a economia brasileira" desde que eles provem tratar-se de uma importação de material que não será revendido no mercado nacional nem dê motivo a pagamento em cambiais, sob uma ou outra forma, será concedida a autorização.

Esta simplificação de medidas irá dar origem, certamente, a um grande movimento de aplicações de capitais estrangeiros. Muitas empresas que haviam apresentado à Sumoc pedidos para a instalação de fábricas, vêem hoje essa possibilidade mais amplamente aberta. É certo que a noção de "conjunto de equipamentos" se poderá prestar a discussões. De acordo com a definição que lhe for dada, a medida poderá, em certos casos, ser prejudicial à economia do País. Tomemos, como exemplo, o caso de uma usina siderúrgica que pretenda instalar-se entre nós. Pode admitir-se que a estrutura metálica dessa usina faça parte do equipamento de conjunto? Essa interpretação prejudicaria grandemente a indústria nacional, a qual tem uma produção capaz de satisfazer qualquer pedido nesse setor e que, de certo modo, apenas se tem desenvolvido na esperança de que novas usinas se instalem em nosso território.

Este aspecto é importante e cabe às autoridades não permitirem que uma medida que, incontestavelmente, beneficia a economia nacional, se volte contra ela. (OESP:01/1955)

Em 1956, o capixaba Eurico Sales foi nomeado para a direção da Sumoc. Sales era advogado em Vitória e membro do Partido da Lavoura do Espírito Santo – entidade cujo objetivo era defender os interesses dos agricultores daquele estado –, quando foi convidado para ser consultor jurídico do Banco de Crédito Agrícola do Espírito Santo. Durante o Estado Novo, foi secretário de Educação e Cultura do Espírito Santo. Com o fim do Estado Novo, concorreu a uma cadeira como deputado federal pelo PSD, tendo participado dos trabalhos da Constituinte de 1946. Como superintendente da Sumoc, fez parte da delegação brasileira na Conferência Interamericana de Buenos Aires e nas convenções do FMI realizadas em Washington. Deixou a Superintendência em novembro de 1957, nomeado por JK como titular da pasta da Justiça e Negócios Interiores. Foi substituído pelo paulista José Joaquim Cardoso de Mello Neto.

Também conhecido como Cazuza, Melo Neto era advogado da Companhia Telefônica Brasileira em 1910, quando assumiu a presidência da Sociedade Anônima Elétrica Rio Claro, uma das maiores empresas fornecedoras de energia elétrica de São Paulo. Foi um dos fundadores da Liga Nacionalista, organização criada em 1917 que defendia a adoção do voto secreto e do serviço militar obrigatório. Também foi um dos fundadores do Partido Democrático (PD) de São Paulo, agremiação que defendia um programa liberal, o voto secreto e aglutinava a oposição ao PRP (Partido Republicano Paulista), tendo, inclusive, se aproximado das lideranças tenentistas e da Coluna Prestes, unindo-se à Aliança Liberal em 1929. Melo Neto foi presidente do PD e constituinte por esse partido em 1946. Na constituinte, pautou sua atuação pela defesa do liberalismo e do federalismo, lutando pelo fortalecimento do Legislativo em detrimento do Executivo e pela autonomia financeira dos estados. , acumulando as funções parlamentares com a presidência do Banco Mercantil de São Paulo (do qual foi fundador, em sociedade com Gastão Vidigal) e da Empresa de Luz e Força de Jundiaí. Integrava também o conselho de administração do Banco Comercial do Estado de São Paulo, da Companhia Agrícola Rodrigues Alves S.A. e da Fiação e Tecelagem de Piraçununga. Por todas essas qualidades, foi nomeado para a Sumoc em novembro de 1957, exercendo o cargo de superintendente até julho de 1958, quando foi substituído por José Garrido Torres. Torres era economista e foi assessor técnico da delegação brasileira na Conferência Internacional de Negócios realizada em Rye, Nova Iorque, em 1944, e na Conferência de Comércio e Emprego da Organização das Nações Unidas, realizada em Londres em 1946. No mesmo ano, foi delegado suplente do Brasil no comitê de redação da Conferência de Comércio e Emprego, além de chefe do Escritório de Expansão Comercial do Brasil, em Lake Sucess, Nova Iorque. Representou o Brasil na Conferência do Conselho Interamericano de Comércio e Produção, em Chicago, e foi adido comercial brasileiro em Washington até 1952. Também representou o Brasil na segunda sessão preparatória da Conferência de Comércio e emprego da ONU, em Genebra, Suíça, em 1947, e em Havana, Cuba, em 1948. Foi assistente técnico da Cexim do Banco do Brasil. Em 1951, participou, como assessor técnico, da delegação brasileira na IV Reunião de Consulta dos Chanceleres Americanos, sendo conselheiro na IV Conferência do Conselho de Ministros Exteriores Interamericanos, realizada em Washington.

Garrido Torres era membro do CNE (Conselho Nacional de Economia) e diplomado pela ESG (Escola Superior de Guerra). Em 1956 foi dirigente da sessão II do Fórum Econômico de Belo Horizonte — este fórum era especialmente dedicado à reforma cambial. Também em 1956, foi delegado à primeira sessão da Cepal, no Chile, na qual presidiu o grupo de trabalho dedicado ao tema "Mercado comum e comércio de produtos tradicionais", tornando-se consultor da Cepal a partir daquele ano. Em 1957 passou a presidir a Comissão Nacional de Economia por nomeação de JK, cargo que exerceu até 1958. Neste ano, chefiou a delegação brasileira na reunião do grupo de trabalho de bancos centrais da Cepal, realizada no Rio de Janeiro, e integrou, juntamente com o ministro da Fazenda

Lucas Lopes, o presidente do BNDE, Roberto Campos e outros diretores de órgãos governamentais a consultoria técnica (Consultec), empresa encarregada de elaborar projetos de investimentos que seus próprios participantes aprovariam. No mesmo ano em que Garrido Torres era superintendente da Sumoc, a Consultec apoiou e insistiu no plano de estabilização econômica proposto por Lucas Lopes e combatido veementemente pelo PTB. Segundo Dreifuss,

> [...] A Sociedade Civil de Planejamento e Consultas Técnicas Ltda – Consultec, também conhecida como Companhia Sul Americana de Administração e Estudos Técnicos era, incontestavelmente, o mais importante e bem sucedido escritório técnico, e um anel burocrático-empresarial em si mesma. A Consultec era importante em decorrência da qualidade profissional de seus membros; era bem sucedida em razão de sua capacidade política e de sua ativa "advocacia administrativa" de sua ampla penetração nos canais técnicos burocráticos e sua conexão com o grupo de poder formado pelos interesses multinacionais e associados, aos quais os seus membros pertenciam individualmente. A Consultec proporcionou os canais para contornar tanto as agências estatais corporativas tradicionais de articulação de interesses quanto o Congresso. Ao estabelecer contatos diretos com agências estatais, ela evitou o escrutínio do público e a necessidade de responder às demandas populares ou ter de levar em conta outras pressões. As atividades da Consultec se estendiam da consultoria dada a pedidos de empréstimos feitos ao BNDE por companhias multinacionais até a redação de discursos públicos, da preparação de projetos de lei, decretos e regulamentos, até a obtenção de acordos comerciais. A Consultec preparou inclusive o programa apresentado ao Congresso em 1962 pelo então Primeiro-Ministro Tancredo Neves, assim como o plano governamental referente ao petróleo que o Primeiro-ministro comissionou também a esse escritório técnico.[25]

---

25 DREIFUSS, René Armand, op. cit., p. 86.

Além de consultor do Banco Interamericano de Desenvolvimento, Garrido Torres participou do Instituto de Pesquisas e Estudos Sociais (Ipes).²⁶ Em 1964, no governo Castelo Branco, ocupou a presidência do BNDE e o Conselho Monetário Nacional – de abril de 1965 a março de 1967. Sua gestão na Sumoc durou pouco mais de um ano – foi substituído em 19 de agosto de 1959 por Marcos de Souza Dantas.

Marcos Clemente de Souza Dantas iniciou a carreira como funcionário do Banco Francês e Italiano para a América do Sul em 1918. Em 1919, passou a trabalhar no Banco Francês para o Brasil até 1921, ano em que entrou para o quadro de funcionários do Banco do Brasil, lá permanecendo até 1954. Também foi diretor-superintendente do Banco do Estado de São Paulo de 1929 a 1930. Foi um dos colaboradores de José Maria Withaker (ministro da Fazenda no governo provisório de Vargas) no projeto e elaboração do decreto de aquisição do estoque de café, medida defendida pelos cafeicultores que visava dirimir a crise vivida pelo setor, desencadeada pela queda dos preços do produto, em 1931.

Em 1932, Souza Dantas presidiu o Conselho Nacional do Café e nos anos de 1933 e 1934 foi representante do Banco do Brasil na Tecelagem Ítalo-Brasileira, assumindo, de 1934 a 1935, a Carteira Cambial do Banco. Neste ano enviou carta ao ministro da Fazenda, alertando para a impossibilidade de fazer as transferências bancárias necessárias para o pagamento da dívida pública externa e defendendo a inversão de prioridades, dando preferência ao pagamento das importações, o que provocou protestos no Brasil e no exterior, inclusive do então embaixador nos EUA, Oswaldo Aranha. Aranha classificou a proposta de Souza Dantas de "anarquia cambial", e esta

---

26 Organização de empresários do Rio de Janeiro e de São Paulo, estruturada no decorrer de 1961 e fundada oficialmente em 2 de fevereiro de 1962, com o objetivo de "defender a liberdade pessoal e da empresa, ameaçadas pelo plano de socialização dormente no seio do governo João Goulart", através de um "aperfeiçoamento da consciência cívica e democrática do povo". Após a vitória do movimento de 31 de março de 1964, de cuja preparação participaria ativamente, o Ipes viria reduzir suas atividades, desaparecendo completamente em 1972. *Apud* ABREU, Alzira Alves de. et al. *Dicionário histórico biográfico brasileiro pós-1930*. Rio de Janeiro: FGV/Positivo, 2002, v. 5, p. 5770.

opinião foi um dos fatores para a sua saída da Carteira Cambial do Banco do Brasil. Apesar disso, Souza Dantas esteve duas vezes acompanhando o ministro Souza Costa aos EUA e à Inglaterra, com o objetivo de resolver o problema da balança comercial. Mas só da primeira vez conseguiu um adiamento dos atrasados comerciais, com o compromisso de tornar o câmbio livre. Em 1935, desembarcando no Rio de Janeiro, prestou juramento à bandeira integralista e passou a integrar a Câmara dos Quarenta, órgão máximo da AIB (Ação Integralista Brasileira). No ano de 1939 integrou a comitiva brasileira que foi aos EUA para a assinatura de vários acordos financeiros. Entre esses acordos, destacamos a autorização de um crédito de 50 milhões de dólares para a criação de um Banco Central no Brasil e a concessão de um empréstimo de 19,2 milhões de dólares para o Brasil pelo Banco de Exportação e Importação (Eximbank), além de vários outros créditos de longo prazo para a aquisição, pelo Brasil, de produtos exportados pelos EUA. Essa comitiva também selou o compromisso brasileiro com o restabelecimento do pagamento do serviço de suas dívidas em dólares, bem como de realizar uma política financeira e comercial capaz de favorecer a aplicação, no Brasil, de capitais norte-americanos.

Em 1953, Souza Dantas foi conduzido à direção do Banco do Brasil. Nessa ocasião, promoveu, juntamente com o então ministro da Fazenda Oswaldo Aranha, a edição da Instrução 70 da Sumoc, que acabava com a subvenção ao câmbio e introduzia um tratamento discriminatório aos produtos importados (sob a forma de câmbio diferenciado), com o objetivo de estimular a exportação de produtos nacionais. As críticas fizeram com que renunciasse ao cargo e só voltasse à vida pública em 1959, quando foi nomeado para a diretoria da Sumoc, cargo que ocupou até junho de 1960, quando foi substituído por Francisco Vieira de Alencar.

Vieira de Alencar iniciou sua carreira no Banco do Brasil em 1922, chegando a subgerente do setor industrial da Carteira de Crédito Agrícola e Comercial do Banco em 1942. No mesmo ano, foi nomeado interventor no Banco Alemão Transatlântico, cargo que ocupou até 1944, quando da liquidação do banco em virtude da ruptura de relações entre o Brasil e a Alemanha. Em dezembro do mesmo ano, representou o Banco do Brasil no I Congresso Brasileiro da Indústria, realizado em São Paulo. Por um curto período (3de junho de 1960 a 3 de fevereiro de 1961), assumiu a superintendência da Sumoc, sendo substituído pelo superintendente nomeado pelo presidente Jânio Quadros: Octávio Gouvêa de Bulhões, que já havia ocupado o cargo durante o governo Café Filho.

Com a posse de Jânio Quadros, Otávio Gouveia de Bulhões voltou à diretoria executiva da Sumoc, juntamente com Clemente Mariani,[27] contando com uma equipe econômica afinada com o pensamento liberal. Essa equipe conseguiu ganhar a confiança da comunidade financeira internacional e o amplo respaldo econômico e político da nova administração norte-americana, chefiada por John F. Kennedy, cuja posse teve lugar quase simultaneamente com

---

27 O baiano Clemente Mariani Bittencourt era bacharel em direito e jornalista, tendo sido redator e mais tarde redator-chefe do *Diário da Bahia*. Também foi deputado estadual e professor na Faculdade de Direito da Bahia. Participou da formação do Partido Social Democrático (PSD) da Bahia e foi eleito constituinte, em 1934, por esta legenda. Durante o Estado Novo, afastou-se da política, retornando às atividades de professor e advogado, atividades que também abandonou para se dedicar exclusivamente às suas empresas, a CIRB e a Usina Cinco Rios, e em 1942 tornou-se diretor do Banco Comercial da Bahia e do Banco da Bahia, cuja presidência assumiu dois anos depois, reestruturando-o e dinamizando sobretudo o setor de câmbio. Em 1945, mudou de legenda, entrando para a UDN. Com a deposição de Vargas, candidatou-se e foi eleito para a Constituinte de 1946, saindo para assumir o Ministério da Educação e Saúde Pública a convite do presidente Eurico Dutra, tendo também participado das articulações políticas para a escolha dos candidatos à sucessão de Dutra durante o ano eleitoral de 1950. Não conseguindo se reeleger em 1951, afastou-se dos cargos políticos, voltando à presidência do Banco da Bahia. Com o suicídio de Vargas e a posse de Café Filho, foi convidado pelo novo ministro da Fazenda, Eugênio Gudin, para assumir a presidência do Banco do Brasil. Em 1960, apoiou a candidatura de Jânio Quadros à presidência da República, visto que a orientação financeira anunciada por Jânio em sua plataforma se ajustava às teses de reforma cambial e de austeridade que sempre havia defendido e foi convidado por este para assumir o Ministério da Fazenda. Com a renúncia de Jânio, Mariani manteve-se no cargo durante o governo interino de Pascoal Ranieri Mazzilli e enquanto duraram as negociações que culminaram com a posse de Jango na presidência, quando, já em vigor o regime parlamentarista, Goulart foi empossado e Mariani deixou a pasta da Fazenda, sendo substituído por Válter Moreira Sales, retornando às suas atividades empresariais durante todo o governo de Jango. Com aprovação da Lei de Reforma Bancária e a criação de novas entidades autônomas para o exercício das atividades financeiras, Mariani criou um banco de investimento e uma companhia financeira, ligados ao Banco da Bahia. Apesar de suas estreitas ligações com figuras da UDN, não participou das articulações que precederam o golpe de 1964, mas, como empresário e banqueiro, não deixou de acompanhar as mudanças na política econômica implementadas pelo governo do marechal Humberto de Alencar Castelo Branco (*Apud* ABREU. Alzira Alves de et al. *Dicionário histórico biográfico brasileiro pós-30*. Rio de Janeiro: FGV/Positivo, 2001, v. III, p. 3564 a 3568).

a de Jânio Quadros. A equipe econômica nomeada por Jânio aplicou uma política de estabilização que levou à contenção de gastos públicos e ao controle da expansão monetária, assim como a uma desvalorização cambial de 100% e à abolição da Instrução 70. Enviou também duas missões paralelas aos Estados Unidos e à Europa para negociar os termos da dívida externa brasileira e a obtenção de novos créditos. A missão enviada aos Estados Unidos era chefiada por Valter Moreira Sales, enquanto a equipe enviada à Europa tinha à frente Roberto Campos. Ambas obtiveram, em maio e junho de 1961, um significativo sucesso nas negociações, conseguindo a renegociação de parte da dívida, fazendo novos empréstimos, num valor superior a 650 milhões de dólares, graças ao aval conferido pelo FMI à política de redução do crédito e ao programa de estabilização, assim como a liberalização do câmbio, feitos pela equipe econômica de Jânio Quadros.

Após a renúncia de Jânio Quadros, e imediatamente após a posse de João Goulart, houve um esforço, por parte da nova equipe de governo, para demonstrar à comunidade financeira internacional – e ao governo norte-americano em particular – que havia um novo programa de governo a ser implementado, especialmente após a volta do regime presidencialista. O programa de governo consistiu no Plano Trienal, elaborado por Celso Furtado e implementado nos primeiros meses de 1963. Os técnicos da Sumoc tiveram grande participação na elaboração da parte monetária do Plano Trienal, que estabeleceu que o crédito ao setor privado deveria crescer em montante correspondente à elevação do nível de preços adicionados ao aumento do produto.

No entanto, no segundo trimestre de 1963, também em virtude da crise, o Plano Trienal perdeu apoio político e empresarial, e a Sumoc passou a ter menor influência, especialmente como o *locus* da elaboração das políticas econômicas. Nesse período, Otávio Gouveia de Bulhões deixou a diretoria executiva. Em maio e junho de 1963, Celso Furtado e Francisco Clementino de San Tiago Dantas deixaram respectivamente os ministérios do Planejamento e da Fazenda. A partir dessas datas, apesar dos esforços de Otávio Dias Carneiro como diretor executivo, a Sumoc refletiu a crise que marcaria os últimos meses da administração Goulart e os conflitos políticos que levaram ao golpe de 1964.

O penúltimo diretor executivo da Sumoc foi o carioca Otávio Augusto Dias Carneiro. Graduado como guarda-marinha, formou--se também em arquitetura e ingressou no Itamarati. Mais tarde, quando serviu na embaixada brasileira em Washington (de 1946 a 1951), bacharelou-se e terminou o doutorado em economia política nos EUA. Também foi chefe do Departamento de Economia do Banco Nacional de Desenvolvimento Econômico (BNDE) – de março a julho de 1953 – e participou do Conselho de Desenvolvimento da Presidência da República e da Comissão Nacional de Energia Nuclear (CNEN). Representou o Ministério da Fazenda junto ao Conselho Nacional do Petróleo (CNP) e foi membro da CNEN. Em fevereiro de 1961, durante o governo do presidente Jânio Quadros (janeiro a agosto de 1961), foi designado presidente da comissão de organização do Ministério da Indústria e Comércio, criado com o desdobramento do antigo Ministério do Trabalho, Indústria e Comércio.

Durante a fase parlamentarista do governo João Goulart – entre fevereiro de 1962 e o final de janeiro de 1963 –, Dias Carneiro foi ministro da Indústria e Comércio. Sua gestão iniciou imediatamente após o plebiscito que deliberou a restauração do presidencialismo e que provocou uma completa reformulação ministerial. Em março, assumiu a direção da Sumoc. Foi mantido no cargo no período imediatamente posterior ao golpe de 1964, porém, em maio de 1964 foi substituído pelo novo titular, Denio Nogueira.

Este foi o último superintendente da Sumoc e primeiro presidente do Banco Central do Brasil. Filho de militar, ingressou no Conselho Nacional de Águas e Energia e, em 1942, foi nomeado estatístico do Ministério da Educação. Em 1943, formou-se em economia e foi convidado por Octávio Gouvêa de Bulhões a integrar o Conselho Nacional de Economia. Também foi redator-chefe da revista *Conjuntura Econômica*. Em 1953 colaborou com Bulhões na elaboração de um parecer técnico do Conselho propondo um reajuste de 33% no salário mínimo. A ideia não foi aceita pelo então ministro do Trabalho, João Goulart, que acabou concedendo um reajuste de 100%. Em 1958, trabalhou como consultor econômico da Sumoc, participando da elaboração de dois programas de estabilização econômica, sob a coordenação de Roberto Campos, então superintendente do BNDE, e de Lucas Lopes, ministro da Fazenda à época.

Em 1959, foi consultor econômico do Sindicato dos Bancos do Rio de Janeiro e da ALALC (Associação Latino Americana para Livre Comércio), atuando, nesta última, como relator de um grupo de estudos sobre o tratamento do capital estrangeiro pelos países signatários. Entre setembro de 1962 e janeiro de 1963, integrou, no Ministério da Fazenda, uma comissão que se destinava a preparar um projeto de criação de um Banco Central. Desde os primeiros anos da década de 1960, passou a fazer parte do Ibad (Instituto Brasileiro de Ação Democrática), sendo inclusive relator econômico do jornal da entidade (periódico intitulado *Ação Democrática*) e também do Ipes (Instituto de Pesquisas e Estudos Sociais).[28]

Imediatamente após o golpe de 1964 (em abril de 1964), e a convite do novo ministro da Fazenda, Octávio Gouvêa de Bulhões, Denio Nogueira tornou-se diretor executivo da Sumoc, tendo cobrado do novo governo o compromisso com a criação de Banco Central, o que foi feito em 31 de dezembro de 1964, através da Lei n. 4.595, que também criava o Conselho Monetário Nacional.

---

28 O complexo Ipes/Ibad é apresentado, na obra de René Armand Dreifuss, como o verdadeiro partido da burguesia, seu Estado-maior para a ação ideológica, política e militar, espaço de articulação da ação da fração de classe que preparava a conquista do Estado em 1964. O Ipes era a instituição encarregada de disseminar as ideias que justificariam o golpe militar, e o Ibad estaria encarregado de arrecadar e manipular os recursos financeiros que iriam corromper e também sustentar as campanhas dos candidatos comprometidos com o golpe (*Apud* DREIFUSS, René Armand, op. cit.).

Como primeiro presidente do Banco Central do Brasil, Denio Nogueira participou das missões que renegociaram a dívida externa brasileira junto ao FMI e ao Eximbank. Ajudou a estabelecer novos parâmetros para o mercado de capitais, concedendo ao Banco Central a atribuição de regulamentar e disciplinar o mercado mobiliário. Também auxiliou na aplicação do Plano de Estabilização Monetária, junto com Roberto Campos e Octávio Gouvêa de Bulhões, o que rendeu a eles o apelido de *"trindade maldita"*.[29] As medidas de contenção da moeda e do crédito empregadas por Denio Nogueira resultaram em uma queda na taxa de inflação de 91,9% para 34,5%.[30] Também realizou inúmeras reduções da taxa de câmbio, que justificava com a necessidade de manter a competitividade das exportações. Também executou uma forte redução creditícia, aumentando o custo do redesconto de 12% para 22%.

No início de 1967, Denio Nogueira promoveu mais uma forte desvalorização cambial, que resultou em enorme desgaste político e teve como consequência sua renúncia da direção do Banco Central. Foi, então, requisitado pela Fundação Getúlio Vargas, voltando a integrar a redação da revista *Conjuntura Econômica*. Mais tarde, por indicação de Eugênio Gudin, tornou-se também representante no Brasil do grupo financeiro Rothschild and Sons. Na década de 1970 participou da diretoria do grupo Vigorelli. Após sua saída do grupo, passou a dedicar-se às atividades de consultoria na formação de *joint venture* entre empresas brasileiras e estrangeiras, tornando-se também professor-titular de economia brasileira na Universidade Santa Úrsula.

Ao examinar as trajetórias desses atores sociais, podemos identificar o importante papel que os quadros técnicos desempenharam na construção de um modelo de Estado de acordo com os cânones do neoliberalismo. Este modelo correspondeu ao projeto de uma

---

29 ABREU, Alzira Alves de. et al. *Dicionário histórico biográfico brasileiro pós-1930*. Rio de Janeiro: FGV/Positivo, 2001, v. IV, p. 4096.
30 ABREU, Alzira Alves de. et al. *Dicionário histórico biográfico brasileiro pós-1930*. Rio de Janeiro: FGV/Positivo, 2001, v. IV, p. 4096.

fração de classe que se articulou para ocupar a sociedade política – e o fez com competência a partir de 1964. Não se trata de uma "personificação" do Estado ou de uma de suas agências, mas de reafirmar que o projeto de reorganização do Estado brasileiro, a partir dos anos 50, contou com a participação de atores sociais originários ou ligados à fração das classes dominantes que iria ocupar o poder a partir de 1964. Mas a instauração do novo modelo político que criaria condições para a definitiva internacionalização da economia só foi possível com a participação da violência de Estado: as tropas chefiadas pelo general Olímpio Mourão Filho, contando com o apoio do governador de Minas Gerais, Magalhães Pinto – proprietário do Banco Nacional de Minas Gerais –, saíram de Juiz de Fora, Minas Gerais, rumo ao Rio de Janeiro, para depor o presidente João Goulart.

A Sumoc, desde a sua criação como agência de Estado, desempenhou um papel importante na consolidação desse projeto, pois passou a ser o espaço de onde emanavam as políticas de câmbio e crédito. Dessa forma, a superintendência dessa agência passou a ser ocupada, como vimos, por atores sociais que pertenciam a essa mesma fração. As medidas preconizadas pelos intelectuais vinculados a esse campo, e que são defendidas na *Revista Digesto Econômico*, são as mesmas assumidas pelos dirigentes dessa agência, o que demonstra que a ocupação de espaços na sociedade política reverte em garantir políticas que atendam aos grupos de interesse que conquistaram essa trincheira.

Tais agentes sociais eram, em sua maioria, quadros técnicos. Eram intelectuais orgânicos porque, tendo como origem as camadas médias urbanas, se tornaram especialistas, organizadores e dirigentes a serviço das classes dominantes. Sua condição de intelectuais orgânicos também é dada pela sua conexão com os espaços da sociedade civil e com os da sociedade política. A grande maioria desses diretores executivos é composta de economistas e advogados identificados com o pensamento liberal. Dois desses diretores são banqueiros – Valter Moreira Salles e Inar Dias de Figueiredo. Mesmo Denio Nogueira iniciou sua trajetória como quadro técnico. Muitos deles também atuaram em aparelhos privados de hegemonia, como o Ipes e o Ibad, envolvidos com a articulação do golpe de 1964. Sua presença nesses espaços comprova seu comprometimento ideológico com a expansão do domínio da burguesia financeira e com as novas formas de relação entre Estado e sociedade advindas com o golpe. Vieira Machado, por exemplo, iniciou sua carreira como quadro técnico, mas tornou-se empresário. Vale identificar também aqueles que tiveram participação na Consultec: Denio Nogueira, Octávio Gouvêa de Bulhões. Nesse sentido, torna-se importante refletir sobre a existência de uma rede ligando a Sumoc, o Centro de Estudos Econômicos da FGV e a Faculdade Nacional de Ciências Econômicas, em torno da qual se construiria o referencial liberal nos anos 40 e 50.[31]

Vale lembrar que a autonomia da Sumoc e do Banco Central, na prática, sempre existiu. Mesmo com o mandato fixo da diretoria, a nomeação de seu diretor executivo e de sua diretoria era ditada pelo peso político de cada setor da sociedade; portanto, seus cargos de direção eram ocupados por atores sociais vinculados às classes ou frações de classe que detinham a hegemonia no período e que podem ser identificadas pelas medidas levadas adiante através da Superintendência da Moeda e do Crédito. Isso se aplica ao Banco Central nos dias atuais, onde, por decisão do Copom, são mantidas as taxas de juros altas e o câmbio flutuante, além de medidas voltadas para atender aos interesses do setor financeiro, como, por exemplo, o Proer.

O exame da discussão em torno do controle do câmbio e sobre o ingresso de capitais estrangeiros será fundamental para determinar as posições existentes entre diferentes setores e os interesses envolvidos em cada uma das posições defendidas. Na medida em que esse

---
31 Cf. LEOPOLDI, Maria Antonieta. Os economistas no governo: gestão econômica e democracia. In: *Revista Brasileira de Ciências Sociais*, v. 14, n. 39, São Paulo, fev. 1999.

controle era produzido no interior da Sumoc, foi nela, enquanto agência do Estado, que se desenvolveu o embate entre as duas frações que defendiam interesses conflitantes. Campo de prolongados confrontos travados por cada uma dessas propostas, a Sumoc revela-se espaço de disputa política e nos proporciona uma visão dos constantes momentos de equilíbrio e desequilíbrio entre as forças em conflito. A disputa pelo seu controle e a consolidação da hegemonia por parte da fração ligada ao processo de transformações que tiveram como ponto culminante a definitiva internacionalização da economia podem ser identificadas a partir de 1964, quando a Superintendência foi transformada em Banco Central. Tais confrontos continuam na atualidade, no interior da sociedade política, especialmente no Banco Central, no que diz respeito ao seu papel e autonomia, bem como às decisões do Copom[32] no que tange à política cambial e aos juros. Podemos identificar na atuação do Banco Central a expressão da preponderância dos interesses de frações de classe também na atualidade. Um exemplo desse fato foi a implantação do Proer,[33] durante o governo Fernando Henrique Cardoso, a manutenção da alta nas taxas de juros Selic tanto naquele governo quanto nos que o sucederam e os sucessivos cortes de investimentos sociais para garantir o pagamento dos investidores.

---

32 Comitê de Política Monetária, órgão do Banco Central do Brasil, atualmente composto pelos ministros da Fazenda e do Planejamento e pelo presidente do Banco Central.

33 Sob a justificativa de "salvar instituições financeiras fragilizadas", e principalmente de "preservar o sistema financeiro nacional de uma crise que poderia se tornar estrutural", o Banco Central promoveu, em novembro de 1995, através Medida Provisória n. 1.179 e a Resolução n. 2.208, o Programa de Estímulo à Reestruturação e ao Fortalecimento do Sistema Financeiro Nacional – Proer. Na prática, os desvios existentes em inúmeras instituições monetárias e financeiras, que antes eram encobertos pela inflação, ficaram a descoberto, mas, com o Proer, foram cobertos por empréstimos concedidos pelo Banco Central.

Bossa Velha

Na minha terra onde tudo na
Vida se dá um jeitinho
Ainda hoje invasores namoram a tua beleza
Que confusão veja você, no mapa mundi está com Z
Quem te conhece não esquece meu Brasil é com S
(João Gilberto e Vinícius Eliud, *Brasil com S*)

Os anos JK não constituíram uma época que se possa definir por "dourada". Nem nacionalismo nem estabilidade podem ser identificados como principais características desse período. Marcadas pelos embates entre frações das classes dominantes que disputavam o controle do Estado, as políticas governamentais apontavam ora no sentido de garantir o crescimento industrial, ora para o atendimento das demandas dos setores agrário-exportadores, mas não obtinham sustentação em nenhum desses polos.

O processo de crescimento econômico desse período se notabilizou pela abertura e pelas facilidades proporcionadas ao capital estrangeiro. Da mesma forma que em muitas das economias periféricas, os anos 50, no Brasil, podem ser entendidos como aqueles em que foi feita a opção por um modelo estratégico condicionado pelos interesses dos Estados Unidos, país que, à época, consolidava sua hegemonia no continente, assim como no mundo capitalista. Como exemplo dessa opção, temos a implantação da indústria automobilística brasileira. Podemos dizer que a segunda metade do século XX foi o momento da expansão da chamada "civilização do automóvel", fenômeno surgido nos EUA que se expandiu em direção aos países "em desenvolvimento" e pode ser comparado ao que ocorreu no século XIX, quando a implantação de ferrovias nos países periféricos atendeu à necessidade de exportação de capital e tecnologia da Inglaterra, potência então hegemônica.

Observamos que os "anos dourados" representaram, para a economia brasileira, uma marcha em direção à internacionalização, apesar dos apelos nacionalistas expressos por alguns setores das classes dominantes, especialmente os empresários industriais. O grande instrumento desse processo foi a Instrução 113, da Superintendência da Moeda e do Crédito – embrião do Banco Central brasileiro. A Instrução, lançada ainda no período do governo Café Filho, foi utilizada largamente ao longo de todo o governo JK, sob a justificativa de garantir o fluxo de capitais para o desenvolvimento. Esse novo ciclo de industrialização brasileiro foi caracterizado pela implantação de empresas estrangeiras, especialmente a indústria automobilística, definida já no Plano de Metas como a grande ferramenta para o crescimento econômico, que se tornou a opção brasileira para o transporte desde o período, modelo que se mantém até os nossos dias.

O processo de abertura aos capitais internacionais contou com o apoio e a participação maciça de empresários de todos os setores da economia brasileira. Ao contrário do que a maioria das análises produzidas acerca do período apregoa, entre os diferentes setores do empresariado não havia uma divergência em torno da nacionalidade do capital a ser empregado no desenvolvimento brasileiro. A participação estrangeira só era criticada quando as regras de entrada do capital não interessavam aos empresários brasileiros, fosse porque estes investimentos traziam algum tipo de concorrência ou porque a parte do empresariado que criticava o ingresso de capitais estrangeiros não detinha o domínio sobre as regras de entrada desse capital. Para aqueles que possuíam as ferramentas que definiam o modelo de associação, o capital internacional era bem-vindo e se justificava, conforme vimos nos seus discursos, tanto na Associação Comercial de São Paulo quanto na Federação das Indústrias do Distrito Federal.

O discurso dos empresários vinculados à exportação fica claro através da leitura do *Digesto Econômico*. Para eles, o ingresso de divisas estrangeiras era considerado necessário desde os anos 50. Na Associação Comercial de São Paulo, aparelho privado onde se expressam, articulam e organizam os interesses dessa fração da burguesia brasileira, e no pensamento produzido por dois de seus principais intelectuais organizadores expostos neste trabalho – Roberto Campos e Eugênio Gudin – faziam a defesa da internacionalização, bem como de todo o receituário promovido pelo encontro de Bretton Woods: redução da participação do Estado na economia, controle da inflação e taxas de câmbio definidas pelo mercado, ou seja, fora do controle estatal.

A disputa entre essas duas frações da burguesia nacional se caracterizava pela forma como o capital internacional e todo esse modelo seriam introduzidos na economia brasileira. Tanto os empresários ligados à agricultura de exportação quanto aqueles que defendiam os interesses da indústria pretendiam promover uma reforma cambial, de formas diferentes, para atender a interesses diversos. Ao mesmo tempo, todos concordavam que, para atender à demanda de capitais, seria necessário atrair divisas do exterior. Na verdade, a rivalidade girava em torno do modelo de associação com esses capitais, e dos privilégios a eles concedidos, bem como a respeito da política cambial a ser adotada. Para definir a direção dessas políticas, era necessário garantir o controle das agências do Estado onde eram produzidos e realizados.

O que se organizou, então, foi uma verdadeira guerra de trincheiras: de um lado, estavam os empresários industriais, de outro, empresários exportadores de produtos primários – especialmente os cafeicultores. Os primeiros, reunidos em torno da Confederação Nacional da Indústria e, mais especificamente da FIDF (Federação das Indústrias do Distrito Federal, entidade mais preponderante entre as associações de classe do setor no período), mobilizavam-se para pressionar o Estado com o objetivo de redefinir as políticas econômicas, especialmente aquelas que tratavam do câmbio e das licenças para a importação de maquinário. Informados pelas ideias produzidas a partir da Cepal e de parte dos intelectuais do Iseb, procuravam redefinir o rumo das políticas econômicas produzidas no período.

O Iseb, por sua vez, abrigava vários matizes ideológicos, representados pelos diferentes intelectuais que atuavam no seu interior. Dos desenvolvimentistas que aceitavam a participação do capital estrangeiro aos partidários de um modelo de desenvolvimento autônomo e redistributivo, era no Instituto que as ideias se confrontavam. A disputa política existente no período também se estendeu ao Iseb, o que levou ao seu fracionamento. Quando parte dos intelectuais isebianos passou, também, a produzir as ideias que nortearam os movimentos populares, superando a condição de aparelho privado de hegemonia da burguesia industrial para transformar-se em espaço de discussão das plataformas políticas dos movimentos populares, o Instituto se revelou dividido. Com o golpe de 1964 e a consequente conquista do Estado por parte da fração das classes dominantes que apontava para a consolidação do modelo neoliberal, se fez necessário que os movimentos populares e seus espaços de articulação fossem suprimidos. E o Iseb também foi eliminado.

O ideário das diversas frações da burguesia brasileira não estava apenas contido no Iseb. Os liberais brasileiros construíram seu consenso fora do Instituto. Embora Roberto Campos tenha pertencido a ele em seus primeiros anos, o grande difusor das ideias liberais no país, Eugênio Gudin, nunca esteve no Iseb. Responsável pelo pensamento dominante durante todos os anos em que predominaram as ideias liberais, e reconhecido como o mais preeminente desse ideário, inclusive na atualidade, Gudin pode ser identificado como o grande intelectual orgânico desse campo. Seu debate com representantes de outras frações do empresariado – Roberto Simonsen, por exemplo – mostra as divergências entre diferentes setores da burguesia. Mas, quando examinamos seu debate com Raúl Prebish, foi possível identificar pontos em comum entre o liberalismo e o desenvolvimentismo cepalino: ambos constituem expressões dos interesses da burguesia brasileira.

É interessante verificar que essas duas correntes compartilhavam alguns princípios, entre eles a ideia de que o capital estrangeiro era sempre bem-vindo, uma vez que iria suprir uma demanda que o capital nacional não atendia. Ambas também não discordavam acerca dos limites da ação do Estado. Apenas estes limites eram mais reduzidos para os liberais e um pouco mais amplos para os desenvolvimentistas – pelo menos aqueles que pautaram sua prática pelo conjunto de propostas desenvolvidas pela Cepal. Portanto, desenvolvimentismo não era sinônimo de nacionalismo, como defendem muitos daqueles que estudam esse período. Como vimos, o desenvolvimentismo levado a cabo pelo Plano de Metas de JK não era nacionalista – embora tivesse um discurso desse teor. Era o "desenvolvimentismo vitorioso", ou seja, o desenvolvimentismo liberal. Este se encontrava muito longe da ideia de um desenvolvimento autônomo ou mesmo da criação de barreiras protecionistas. Ao contrário: o Plano de Metas manteve e utilizou as medidas que visavam atrair e garantir a entrada de investimentos estrangeiros, como a Instrução 113.

Quanto às divergências entre as duas correntes, especialmente no que dizia respeito à intervenção do Estado na economia, chamamos a atenção para um fato: quando se fazia necessária a presença do Estado – especialmente para suprir as demandas ou para estabelecer regras que beneficiassem o capital –, esta era aceita, ou até reivindicada, mesmo pelos empresários que defendiam a diminuição do papel Estado como agente econômico e a redução de sua intervenção na economia. Na atualidade, temos como exemplo a intervenção do Banco Central no mercado de moedas estrangeiras para regular a cotação do câmbio. Os liberais, embora defendam o Estado mínimo, não abrem mão desse mesmo Estado – especialmente do capital obtido através do atual BNDES – para financiar empresas privadas, ou até para a privatização de empresas estatais.

Os liberais nos anos 50 também pregavam a redução do tamanho do Estado, mas clamavam por sua intervenção para o financiamento da safra quando os preços mínimos não alcançavam o valor desejado. Mas, para garantir que as políticas estatais iriam atender aos interesses dos setores da burguesia brasileira em questão, foi preciso que essas frações de classe ocupassem trincheiras e conquistassem espaços no interior da sociedade política. Assim, criaram-se as condições – inclusive do ponto de vista jurídico – para a implantação do modelo econômico que representou os interesses dessa burguesia. Os espaços de definição desse processo eram – e ainda são – as agências do Estado. No período abordado, especialmente a Sumoc, de onde emanavam as instruções que regiam essas relações.

O domínio desse espaço significava possuir o controle de todas as políticas econômicas, especialmente aquelas relativas aos capitais e investimentos. Uma vez transformada em Banco Central, em 1965, essa agência manteve sua importância para a determinação das políticas de investimento e das taxas de juros. Tal influência permanece até os dias atuais, pois é do Banco Central que emanam a política creditícia, as intervenções no câmbio (através da compra maior ou menor de dólares no mercado para regular a cotação) e a legislação relativa aos investimentos públicos no Brasil.

Expressões do controle do Banco Central na atualidade são não só as suas intervenções no mercado de moeda estrangeira, mas também, e principalmente, a manutenção de uma taxa de juros sempre alta. A taxa de juros brasileira na atualidade parece desafiar toda a lógica econômica. A princípio a justificativa difundida era a contenção da inflação, mas, uma vez comprovado que esta não pode ser contida a partir de políticas de restrição ao crédito, fica claro que a política de juros altos pode ser entendida como a expressão do controle do Copom (departamento do BC) pelos investidores e especuladores.

Outra expressão do domínio dessa fração da burguesia sobre o Banco Central tem sido a política de intervenção nas instituições financeiras em dificuldades. Na República Velha, o Convênio de Taubaté garantia a cotação do café e a compra do produto pelo Estado. Na década de 1990, o Proer (Programa de Estímulo à Reestruturação e ao Fortalecimento do Sistema Financeiro Nacional) provou ser mais uma forma de utilização das verbas públicas a serviço de setores que detêm o controle da máquina governamental – neste caso, o capital financeiro. Tendo como justificativa a recuperação das instituições financeiras que apresentassem problemas, o Proer revelou-se o Convênio de Taubaté do capital financeiro e a expressão da hegemonia dessa fração das classes dominantes.

O Banco Central do Brasil sempre foi independente de fato. Essa autonomia pode ser comparada à do Federal Reserve, Banco Central dos EUA. A autonomia de ambos vem do modelo de Bancos Centrais na atualidade, cuja estrutura, atribuições e poder emanaram das decisões produzidas em Bretton Woods e implantadas no Brasil pelo grupo de intelectuais que lá estiveram e no Brasil ocuparam lugares de destaque tanto na sociedade civil quanto na sociedade política. Quando ainda era Sumoc, essa agência do Estado possuía autonomia sobre as políticas monetárias e financeiras durante os anos que precederam sua transformação em BC. Embora a nomeação de seus diretores estivesse formalmente a cargo da Presidência da República, sua escolha era influenciada pela pressão e pelo peso político exercido pela fração da classe dominante que detém o controle do Estado. Entendemos, desta forma, a manutenção da Instrução 113 durante os anos JK. Nos nossos dias, a política cambial se caracteriza pela manutenção do câmbio livre, no qual a cotação da moeda é definida, a princípio, pelo "mercado" e sujeita às intervenções esporádicas desse mesmo Banco Central – mas só quando a cotação ultrapassa os limites que interessam à burguesia financeira e ao capital de exportação. Na leitura do *Digesto Econômico*, vimos que essa era uma das principais reivindicações dos empresários agrário-exportadores ao longo dos anos 50. Tornou-se uma conquista desses mesmos empresários que se mantém até os dias de hoje.

Desde a sua fundação, a Sumoc teve em seus superintendentes agentes vinculados organicamente ao capital exportador, bancário e financeiro (conforme o exposto no Capítulo II), o que demarcava o início do processo de construção de sua hegemonia. O processo irá se consolidar nos anos 60, mais precisamente a partir do golpe de 1964, e se estende aos dias atuais. Consideramos que a preponderância dessa fração de classe já começa a despontar na segunda metade dos anos 50, ou seja, no período enfocado por este trabalho, e esse predomínio pode ser identificado tanto através da presença de seus técnicos e intelectuais nas diversas agências do Estado quanto nas medidas tomadas por esse mesmo Estado para direcionar a economia.

Nos primeiros anos de sua existência, a Sumoc foi palco de intensa disputa, e esse conflito é uma das expressões do confronto entre as diversas frações das classes dominantes durante os anos 50. Mais tarde foi ocupada por técnicos que ali desenvolviam as políticas ligadas aos grupos de interesses. Este fato nos leva a negar a noção de equilíbrio e estabilidade política durante os anos JK, muito comum entre os pesquisadores que estudam o período. Ao examinar o período do ponto de vista da manutenção das instituições e das práticas típicas das democracias capitalistas, pode-se concluir pela estabilidade política, mas tomando como ponto de análise as classes sociais, frações de classe e grupos de interesses, examinando suas divergências e conflitos, identificamos os confrontos que se desenrolaram naquele momento. Todos esses processos são expressos também pelas políticas cambiais definidas na Sumoc, que geravam reações nos diferentes setores da sociedade, repercutindo em todo o tecido social. Reforçando o processo de desnacionalização da economia, através desses confrontos foram construídas as condições que desencadearam a tomada do poder pelas frações de classe responsáveis pelo golpe de Estado ocorrido em 1964, as diversas formas de pressão e os espaços em que esses grupos de interesse se organizavam para produzir essas pressões.

Não estamos, com isso, afirmando que as disputas entre frações das classes dominantes devem ser os únicos dados que informam nossa análise a respeito das relações entre a sociedade política e a sociedade civil durante os "anos dourados". Os movimentos sociais também influíram para que o período fosse conturbado. As greves e as mobilizações da sociedade civil foram constantes, mas, tal como no período anterior, as lideranças desses movimentos dirigiam suas reivindicações em direção ao Estado, através dos sindicatos, ou mesmo diretamente aos agentes que controlavam suas diversas instâncias. Apenas uma parcela dos movimentos populares do período constituiu uma ameaça à dominação de classe, uma vez que apenas uma fração desses movimentos se caracterizou pelo confronto direto entre empresários e trabalhadores. Mesmo quando vinculados ao Estado, os movimentos eram considerados como ameaça por parte das classes dominantes. Isso pode ser visto na documentação analisada, quando os empresários atacam os aumentos salariais concedidas pelo governo e as mobilizações de trabalhadores.

A análise feita aqui não lançou mão apenas de dados sociais ou do confronto entre diferentes ideários: utilizando um histórico das políticas cambiais do período – um dado eminentemente econômico –, foi possível demonstrar que estas constituíam a expressão de uma hegemonia, pois, sendo produzidas em uma agência do Estado, revelavam o controle sobre essa agência dos atores sociais em questão. Dessa forma, identificamos parte do processo que culminou com a implantação do modelo de capitalismo existente no Brasil dos nossos dias. Acreditamos que o exame desse processo e de seus conflitos será uma contribuição para o conhecimento e a transformação da sociedade brasileira.

Fontes de investigação e bibliografia

Fontes primárias
Periódicos:
Jornais – Seção de periódicos da Biblioteca Nacional
Diário de notícias
Última Hora
O Estado de São Paulo
Jornal do Comércio
Gazeta Mercantil
Correio da Manhã

Revistas – Biblioteca da Fundação Getúlio Vargas
Conjuntura Econômica (Fundação Getúlio Vargas)
Desenvolvimento e Conjuntura (Revista da Confederação Nacional da Indústria)
Digesto Econômico (Associação Comercial de São Paulo) – de Janeiro de 1955 a dezembro de 1960.

Documentos:
Atas das Reuniões do Conselho de Representantes da Federação das Indústrias do Distrito Federal, de Janeiro de 1955 a dezembro de 1960. Rio de Janeiro: Federação das Indústrias do Distrito Federal. Arquivo Firjan. Rio de Janeiro
Atas das Reuniões da Diretoria da Federação das Indústrias do Distrito Federal. Arquivo Firjan.
Depoimento de Roberto Campos ao Centro de Pesquisa e Documentação da Fundação Getúlio Vargas. Disponível em http://www.cpdoc.fgv.br/comum/htm/index.htm. Acesso em 27/12/2007.
GUDIN, Eugênio. A mística do Planejamento - I. *Correio da Manhã*, Rio de Janeiro, sexta-feira, 29 de maio de 1953. 1º Caderno, p. 2

GUDIN, Eugênio. A mística do Planejamento - II. *Correio da Manhã*, Rio de Janeiro, terça-feira, 02 de junho de 1953. 1º Caderno, p. 2.

GUDIN, Eugênio. A mística do Planejamento - III. *Correio da Manhã*, Rio de Janeiro, sábado, 06 e junho de 1953. 1º Caderno, p. 2.

MEMÓRIA DO BANCO CENTRAL DO BRASIL. Brasília: Divisão de Impressão e Publicações do Departamento de Administração de Recursos Materiais do Banco Central do Brasil, 1990

PILLARS OF PEACE. *Documents Pertaining To American Interest In Establishing A Lasting World Peace*: January 1941-February 1946. Published by the Book Department, Army Information School, Carlisle Barracks, Pa., May 1946.

PREBISCH, Raúl. *Discursos, declaraciones y documentos 1952-1963*. Santiago: Cepal, 3 v. – Documentação inédita cedida à autora pelo Arquivo da Cepal.

THE BRETTON WOODS AGREEMENTS. Articles of Agreement of the International Bank for Reconstruction and Development, July 22, 1944 In: *The Avalon Project at Yale Law School* – Documents in Law, History and Diplomacy. Disponível em http://www.yale.edu/lawweb/avalon/avalon.htm. Acesso em 08/10/2005.

Fontes secundárias

ABREU, Alzira Alves de et al. *Dicionário histórico biográfico brasileiro pós-1930*. Rio de Janeiro: FGV/Positivo, 2001, 5v.

ABREU, Marcelo de Paiva. *A ordem do progresso: cem anos de política econômica republicana 1889-1989*. Rio de Janeiro: Campus, 1990.

ALMEIDA, Lúcio Flávio Rodrigues de. *Ideologia nacional e nacionalismo*. São Paulo: Educ, 1995.

_____. Corrosões da cidadania: contradições das ideologias nacional na atual fase de internacionalização do capitalismo. In: *Lutas Sociais*, n. 1. São Paulo: Pontifícia Universidade Católica. Núcleo de Estudos de Ideologias e Lutas Sociais, 1996.

_____. *O Brasil de Última Hora: 20 anos de desilusões e esperanças*. Mimeo. São Paulo, 1999.

_____. *Uma ilusão de desenvolvimento: nacionalismo e dominação burguesa nos anos JK*. Florianópolis: UFSC, 2006.

ANDERSON, Benedict. *Nação e consciência nacional*. São Paulo: Ática, 1989.

ANDERSON, Perry. As antinomias de Gramsci. In: *Crítica Marxista*. São Paulo: Joruê.

BALAKRISNAM, Gopal (org.). *Um mapa da questão nacional*. Rio de Janeiro: Contraponto, 2000.

BANDEIRA, Moniz. *Presença dos Estados Unidos no Brasil: dois séculos de história*. São Paulo: Civilização Brasileira. 1978.

_____. *Brasil-Estados Unidos: a rivalidade emergente (1950-1988)*. Rio de Janeiro: Paz e Terra, 1989.

BARROS, Luitgarde Oliveira Cavalcanti. Questão nacional e globalização na abordagem de Nelson Werneck Sodré. In: *Revista do Instituto Histórico e Geográfico Brasileiro*. Rio de Janeiro: IHGB, out./dez. 2006.

BAER, Werner. A industrialização e o desenvolvimento econômico do Brasil. 7ª ed. Rio de Janeiro: FGV, 1988.

BEIGELMAN, Paula. *O pingo do azeite: estudo sobre a instalação da ditadura*. São Paulo: Inep, 1991.

BELLO, Walden. *Friedman-Pinochet e o Sul globalizado*. Instituto Humanitas Unisinos. Disponível em: http://www.unisinos.br/ihu/index. php?option=com_noticias&Itemid=18&task=detalhe&id=2250. Acesso em 28/12/2007.

BENEVIDES, Maria Victoria de Mesquita. *O Governo Kubitschek: desenvolvimento econômico e estabilidade política, 1956-1961*. Rio de Janeiro: Paz e Terra, 1979.

BENJAMIN, César. Os suspeitos de sempre. In: *Folha de São Paulo*, São Paulo, sábado, 19 de abril de 2008. Caderno Dinheiro, p. D2

_____ & RIBEIRO, Rômulo Tavares. Autonomia legal para o Banco Central: uma tragédia anunciada. In: *Revista Espaço Acadêmico*, n. 33, fev. 2004. Disponível em: http://www.espacoacademico.com.br/033/33ccesar. htm. Acesso em 27/09/2007.

BEZERRA, Sônia J. *O jornal Última Hora nas eleições de 1955 – um estado-maior intelectual*. Rio de Janeiro, s/d. Dissertação de mestrado, PUC-RJ.

BIELSCHOWSKY, Ricardo. *O pensamento econômico brasileiro*. Rio de Janeiro: Contraponto, 1996.

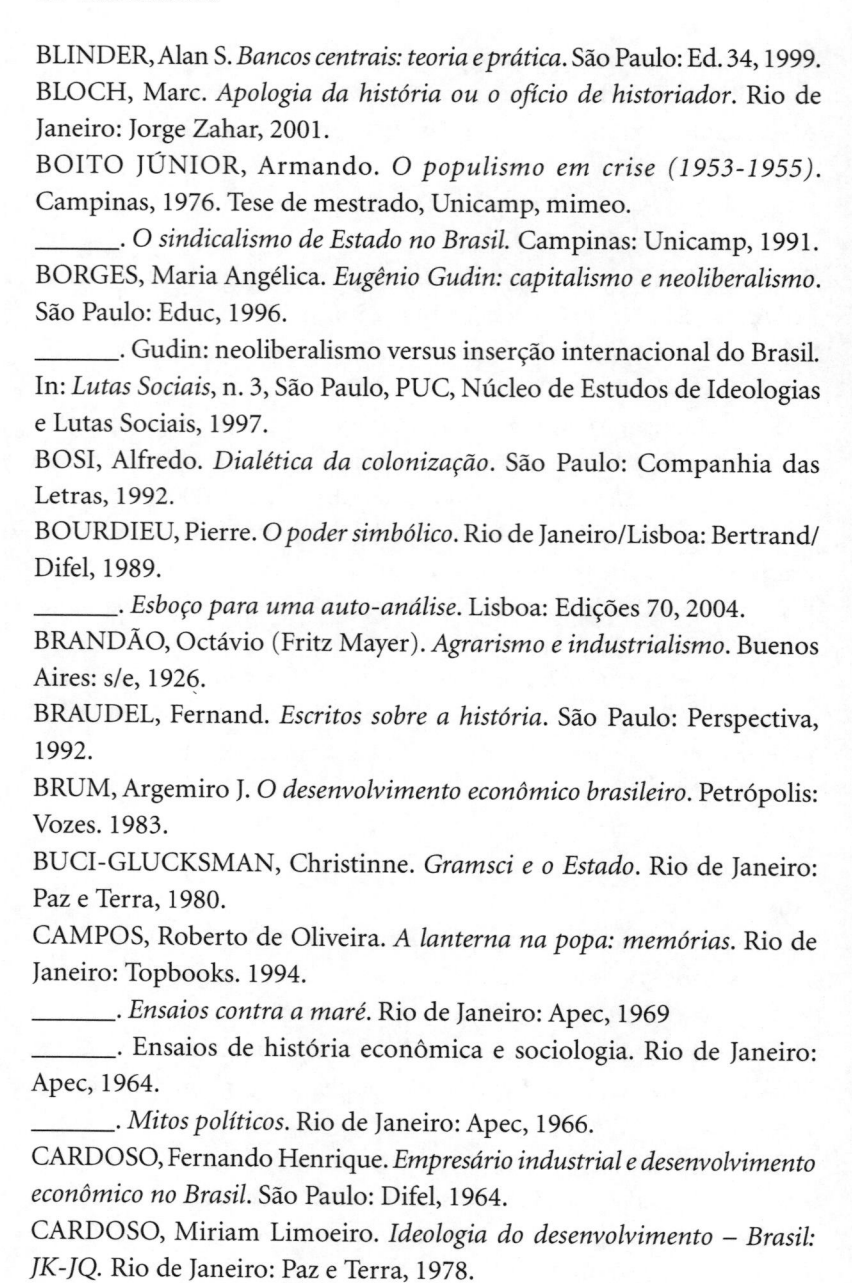

BLINDER, Alan S. *Bancos centrais: teoria e prática*. São Paulo: Ed. 34, 1999.
BLOCH, Marc. *Apologia da história ou o ofício de historiador*. Rio de Janeiro: Jorge Zahar, 2001.
BOITO JÚNIOR, Armando. *O populismo em crise (1953-1955)*. Campinas, 1976. Tese de mestrado, Unicamp, mimeo.
_____. *O sindicalismo de Estado no Brasil*. Campinas: Unicamp, 1991.
BORGES, Maria Angélica. *Eugênio Gudin: capitalismo e neoliberalismo*. São Paulo: Educ, 1996.
_____. Gudin: neoliberalismo versus inserção internacional do Brasil. In: *Lutas Sociais*, n. 3, São Paulo, PUC, Núcleo de Estudos de Ideologias e Lutas Sociais, 1997.
BOSI, Alfredo. *Dialética da colonização*. São Paulo: Companhia das Letras, 1992.
BOURDIEU, Pierre. *O poder simbólico*. Rio de Janeiro/Lisboa: Bertrand/Difel, 1989.
_____. *Esboço para uma auto-análise*. Lisboa: Edições 70, 2004.
BRANDÃO, Octávio (Fritz Mayer). *Agrarismo e industrialismo*. Buenos Aires: s/e, 1926.
BRAUDEL, Fernand. *Escritos sobre a história*. São Paulo: Perspectiva, 1992.
BRUM, Argemiro J. *O desenvolvimento econômico brasileiro*. Petrópolis: Vozes. 1983.
BUCI-GLUCKSMAN, Christinne. *Gramsci e o Estado*. Rio de Janeiro: Paz e Terra, 1980.
CAMPOS, Roberto de Oliveira. *A lanterna na popa: memórias*. Rio de Janeiro: Topbooks. 1994.
_____. *Ensaios contra a maré*. Rio de Janeiro: Apec, 1969
_____. *Ensaios de história econômica e sociologia*. Rio de Janeiro: Apec, 1964.
_____. *Mitos políticos*. Rio de Janeiro: Apec, 1966.
CARDOSO, Fernando Henrique. *Empresário industrial e desenvolvimento econômico no Brasil*. São Paulo: Difel, 1964.
CARDOSO, Miriam Limoeiro. *Ideologia do desenvolvimento – Brasil: JK-JQ*. Rio de Janeiro: Paz e Terra, 1978.

CARONE, Edgard. *A quarta República (1945-1964)*. São Paulo: Difel, 1980.

_____. *A República liberal I: instituições e classes sociais (1945-1964)*. São Paulo: Difel, 1984.

_____. *A segunda República*. São Paulo: Difel, 1974

_____. *O centro industrial do Rio de Janeiro e sua importante participação na economia nacional (1827-1977)*. Rio de Janeiro: Cátedra, 1978.

CARVALHO, Maria Bernardete Oliveira de. *Nação e democracia no projeto político das classes produtoras: limites s possibilidades dessas ideias para o Brasil moderno (1943-1964)*. Niterói, 2005. Tese de doutoramento, UFF.

CHACON, Vamireh. *História dos partidos brasileiros: discurso e práxis dos seus programas*. Brasília: UNB, 1981.

CHASIN, José (org.). *Marx hoje*. São Paulo: Ensaio, 1987.

CORRAZZA, Gentil. Os bancos centrais e sua ambivalência público-privada. In: *Revista Nova Economia*, Departamento de Economia da UFMG, Belo Horizonte, v. 11, n. 1, jul. 2001.

COUTINHO, Carlos Nelson. *Gramsci: um estudo sobre seu pensamento político*. Rio de Janeiro: Campus, 1992.

DELGADO, Lucília de Almeida Neves. *PTB do getulismo ao reformismo 1945-1964*. São Paulo: Marco Zero, 1989.

DIAS, Edmundo Fernandes et al. *O outro Gramsci*. São Paulo: Xamã, 1996.

DREIFUSS, René Armand. *1964: a conquista do Estado – ação política, poder e golpe de classe*. Petrópolis: Vozes, 1987.

_____. *A época das perplexidades*. Petrópolis: Vozes, 2001.

_____. *A Internacional capitalista*. Rio de Janeiro: Espaço e Tempo, 1987.

EAGLETON, Terry. *Ideologia*. São Paulo: Boitempo, 1997.

ERIKSON, Paul Keneth. *Sindicalismo no processo político no Brasil*. São Paulo: Brasiliense. 1979.

FAUSTO, Boris (org.). *O Brasil republicano. Economia e cultura (1930-1964)*. São Paulo: Difel, 1986. (Coleção História Geral da Civilização Brasileira.)

FERNANDES, Florestan. *A revolução burguesa no Brasil – ensaio de interpretação sociológica*. Rio de Janeiro: Guanabara, 1987.

FIGUEIREDO FILHO, João Sidney de. *Políticas monetária, cambial e bancária no Brasil sob a gestão do Conselho da Sumoc, de 1945 a*

1955. Niterói, 2005. Dissertação de mestrado, Universidade Federal Fluminense, Faculdade de Economia.

FRIEDMAN, Milton & FRIEDMAN, Rose D. *Capitalism and freedom*. Chicago: Chicago University Press, 1989.

FONSECA, Herculano Borges da. Sumoc, transição para um Banco Central (dez anos de História da Sumoc). In: *Revista Economia Brasileira*, Rio de Janeiro, 1982.

GOMES, Ângela de Castro. *A invenção do trabalhismo*. Rio de Janeiro: Relume Dumará, 1994.

_____. (org.). *O Brasil de JK*. Rio de Janeiro: FGV, 1991.

_____. O populismo e as ciências sociais no Brasil. Notas sobre a trajetória de um conceito. In: *Revista Tempo*. Rio de Janeiro: Universidade Federal Fluminense/Relume Dumará, 1996.

GRAMSCI, Antonio. *A questão meridional*. Rio de Janeiro: Paz e Terra, 1987.

_____. *Cadernos do cárcere*. São Paulo: Civilização Brasileira, 1999 a 2002, 6v.

_____. *Concepção dialética da história*. Rio de Janeiro: Civilização Brasileira, 1987.

_____. *Os intelectuais e a organização da cultura*. Rio de Janeiro: Civilização Brasileira, 1995.

_____. *Maquiavel, política e Estado moderno*. São Paulo: Civilização Brasileira, 1991.

GRUPPI, Luciano. *O conceito de hegemonia em Gramsci*. Rio de Janeiro: Graal, 1978.

_____. *Tudo começou com Maquiavel (as concepções de Estado em Marx, Engels, Lenine e Gramsci)*. Porto Alegre: L&PM, 1980.

GUDIN, Eugênio. *Inflação – importação e exportação, café – crédito, desenvolvimento – industrialização*. Rio de Janeiro: Livraria Agir, 1959

_____. *Reflexões e comentários 1970-1978*. Rio de Janeiro: Nova Fronteira, 1978

_____. Rumos da política econômica. In: *A controvérsia do planejamento na economia brasileira*. Rio de Janeiro: Ipea/Inpes, 1977.

GUIBERNAU, Montserrat. *Nacionalismos – o Estado nacional e o nacionalismo no século XX*. Rio de Janeiro: Zahar, 1997.

HALL, Stuart. Authoritarian populism: a reply to Jessop et al. In: *NewLeft Review*, 151, 1985, p. 119.
HOBSBAWN, Eric J. *Era dos extremos. O breve século XX: 1914-1991*. São Paulo: Companhia das Letras, 1995.
_____. *Nações e nacionalismo desde 1870*. Rio de Janeiro: Paz e Terra, 1995.
_____. *Sobre história*. São Paulo: Companhia das Letras, 1998.
IANNI, Octávio. *Classe e nação*. Petrópolis: Vozes, 1986.
_____. *Estado e planejamento econômico no Brasil (1930-1970)*. São Paulo: Civilização Brasileira, 1979.
_____. *Imperialismo e cultura*. Petrópolis: Vozes, 1979.
_____. *Imperialismo na América Latina*. Rio de Janeiro: Civilização Brasileira, 1988.
IGLÉSIAS, Francisco. *História e ideologia*. São Paulo: Perspectiva, 1971.
JAGUARIBE, Hélio. *Desenvolvimento econômico e desenvolvimento político - uma abordagem teórica e um estudo do caso brasileiro*. Rio de Janeiro: Paz e Terra, 1969.
JANSEN, Rosalvo Eduardo, Cel. Inf. (Relator). *Política Nacional de Desenvolvimento*. Conferência proferida na ESG em 18 de Março de 1981. Ciclo de Estudos sobre Segurança Nacional e Desenvolvimento. Rio de Janeiro: Associação dos Diplomados da Escola Superior de Guerra, 1971.
KUBITSCHEK, Juscelino. *Por que construí Brasília*. Rio de Janeiro: Bloch, 1975.
KUPERMAN, Esther. *A guerrilha de Caparaó (1966 – 1967): um ensaio de resistência*. Rio de Janeiro, 1992. Dissertação de mestrado, Departamento de História da UFRJ.
LAGO, Pedro Aranha Corrêa do. *A Sumoc como embrião do Banco Central: sua influência na condução da política econômica, 1945-1965*. Rio de Janeiro, 1982, 227p. Dissertação de mestrado, Pontifícia Universidade Católica.
LEAL, Victor Nunes. *Coronelismo, enxada e voto*. São Paulo: Alfa-Ômega, 1975.
LE GOFF, Jacques. *História e memória*. Campinas: Unicamp, 1994.
LEME, Marisa Saenz. *A ideologia dos industriais brasileiros 1919-1945*. Petrópolis: Vozes, 1978.

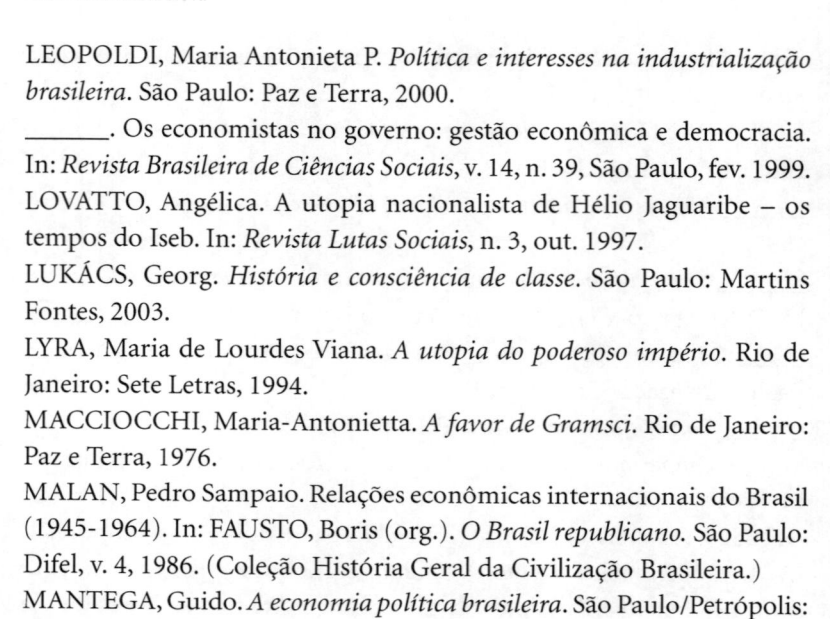

LEOPOLDI, Maria Antonieta P. *Política e interesses na industrialização brasileira*. São Paulo: Paz e Terra, 2000.

_____. *Os economistas no governo: gestão econômica e democracia*. In: Revista Brasileira de Ciências Sociais, v. 14, n. 39, São Paulo, fev. 1999.

LOVATTO, Angélica. A utopia nacionalista de Hélio Jaguaribe – os tempos do Iseb. In: *Revista Lutas Sociais*, n. 3, out. 1997.

LUKÁCS, Georg. *História e consciência de classe*. São Paulo: Martins Fontes, 2003.

LYRA, Maria de Lourdes Viana. *A utopia do poderoso império*. Rio de Janeiro: Sete Letras, 1994.

MACCIOCCHI, Maria-Antonietta. *A favor de Gramsci*. Rio de Janeiro: Paz e Terra, 1976.

MALAN, Pedro Sampaio. Relações econômicas internacionais do Brasil (1945-1964). In: FAUSTO, Boris (org.). *O Brasil republicano*. São Paulo: Difel, v. 4, 1986. (Coleção História Geral da Civilização Brasileira.)

MANTEGA, Guido. *A economia política brasileira*. São Paulo/Petrópolis: Polis/Vozes, 1984.

MARINI, Ruy Mauro. *Dialética da dependência*. Petrópolis/Buenos Aires: Vozes/Clacso, 2000.

MARX, Karl. *Manuscritos econômico-filosóficos e outros textos escolhidos*. São Paulo: Abril, 1974. (Coleção Os Pensadores.)

_____. *O 18 Brumário e Cartas a Kugelmann*. Rio de Janeiro: Paz e Terra, 1997.

_____ & ENGELS, Friedrich. *A ideologia alemã (Feuerbach)*. São Paulo: Ciências Humanas, 1979.

MATTOS, Ilmar Rohloff de. *O tempo Saquarema*. São Paulo: Hucitec, 1987.

MATTOS, Marcelo Badaró (org.). *História: pensar e fazer*. Rio de Janeiro. Laboratório Dimensões da História. UFF, 1998.

_____. *Novos e velhos sindicalismos – Rio de Janeiro (1955/1988)*. Rio de Janeiro: Vício de Leitura, 1988.

MAZA, Fábio. *O idealismo prático de Roberto Simonsen: ciência, tecnologia e indústria na construção da nação*. São Paulo: Instituto Roberto Simonsen, 2004.

MENDONÇA, Sônia & MOTTA, Márcia (org.). *Nação e poder: as dimensões da história*. Niterói: EdUFF, 1998.

MENDONÇA, Sônia Regina de. *Estado e economia no Brasil: opções de desenvolvimento*. Rio de Janeiro: Graal, 1985.

_____. Dez anos de economia brasileira: história e historiografia (1954-1964). In: *Revista Brasileira de História*, v. 14, n. 27, São Paulo, ANPUH/ Marco Zero, 1994.

_____. *Gramsci e o Estado*. S. L.: Rio de Janeiro, mimeo., 1999.

_____. (org.). *O Estado brasileiro: agências e agentes*. Niterói: EDUFF/ Vício de Leitura, 2005.

MENDONÇA, Sonia & FONTES, Virgínia. *História do Brasil recente – 1964-1992*. São Paulo: Ática, 2006.

MORAES, Denis. *Nelson Werneck Sodré, o Iseb e a crise de 1964*. Disponível em: http://www.artnet.com.br/gramsci/arquiv118.htm. Acesso em 06/08/2006.

MOTA, Carlos Guilherme (org.). *Brasil em perspectiva*. 4ª ed. São Paulo: Difel.

NASSIF, Luís. As raízes do Banco Central. In: *Jornal Folha de São Paulo*, S. Paulo, 13.02.2005. Caderno Dinheiro, p. D2.

OLIVEIRA, Francisco de. *A economia brasileira: crítica à razão dualista*. Petrópolis: Vozes/Cebrap, 1981.

_____. *A economia da dependência imperfeita*. Rio de Janeiro: Graal, 1989.

OLIVEIRA Jr., Franklin. *A Usina dos Sonhos - sindicalismo petroleiro na Bahia: 1954-1964*. Salvador: EGBA, 1996.

ORTIZ, Renato. *Cultura brasileira e identidade nacional*. São Paulo: Brasiliense, 2003.

PÉCAUT, Daniel. *Os intelectuais e a política no Brasil – entre o povo e a nação*. São Paulo: Ática, 1990.

PEDRÃO, Fernando Cardoso. Ignácio Rangel. In: *Revista do Instituto de Estudos Avançados*, São Paulo, USP, jan./abr. 2001, v.15, n. 41, p. 127-137.

PEREIRA, Luís Carlos Bresser. O conceito de desenvolvimento do Iseb rediscutido. In: *Revista Dados*, v. 47, n. 1, Rio de Janeiro, Iuperj, 2004.

PEREZ, Reginaldo Teixeira. *O pensamento político de Roberto Campos*. Rio de Janeiro: FGV, 1999.

PORTELLI, Hugues. *Gramsci e o bloco histórico*. Rio de Janeiro: Paz e Terra, 1977.

POULANTZAS, Nicos. Classes sociais e luta de classes. In: SILVEIRA, Paulo (org.). *Poulantzas*. São Paulo: Ática, 1984.

RANGEL, Ignácio. A economia e a política ou Resposta a Guerreiro Ramos. In: *Revista Tempo Brasileiro*. Rio de Janeiro: Tempo Brasileiro, jul./set. 1962.

_____. História da dualidade brasileira. In: *Revista de Economia Política*, São Paulo, v. 1, n. 4, p. 05-34, 1981.

_____. Iseb. In. *Do ponto de vista nacional*. São Paulo: Bienal/BNDES, 1992.

REIS, José Carlos. *As identidades do Brasil: de Varnhagen a FHC*. Rio de Janeiro: FGV, 2002.

RODRIGUES, José Honório. *Aspirações nacionais*. Rio de Janeiro: Civilização Brasileira, 1970.

_____. *História e historiadores do Brasil*. São Paulo: Fulgor, 1965.

RODRIGUES, Leôncio. *Conflito industrial e sindicalismo no Brasil*. São Paulo: Difel, 1966.

SAES, Décio. *A formação do Estado burguês no Brasil*. Rio de Janeiro: Paz e Terra, 1985.

_____. *Classe média e sistema político no Brasil*. São Paulo: T. A. Queiroz, 1984.

_____. *República do capital – capitalismo e processo político no Brasil*. São Paulo: Boitempo, 2001.

_____. A superação do populismo. In: *Linha Direta*. Órgão do Diretório Regional do PT de São Paulo, ano VIII, n. 330. São Paulo: DR. 6 a 12 set. 1977, p. 6.

SANTOS, Theotonio dos. *Evolução histórica do Brasil: da colônia à crise da "nova República"*. Petrópolis: Vozes, 1994.

SANTOS, Wanderley Guilherme dos. *Poder & política – crônica do autoritarismo brasileiro*. Rio de Janeiro: Forense Universitária, 1978.

SARTRE, Jean-Paul. *Questão de método*. São Paulo: Abril Cultural, 1973. (Coleção Os Pensadores.)

_____. *What is literature*. London: Methuen, 1967.

SEBE, José Carlos. *Introdução ao nacionalismo acadêmico: os brasilianistas*. São Paulo: Brasiliense, 1984.

SCHILLING, Paulo. *Como se coloca a direita no poder*. São Paulo: Global, 1981.

_____. *O trigo. Palestra feita no Iseb*. Rio de Janeiro: Iseb, 1981.

SIMONSEN, Roberto. A planificação da economia brasileira. In: *A controvérsia do planejamento na economia brasileira*. Rio de Janeiro:

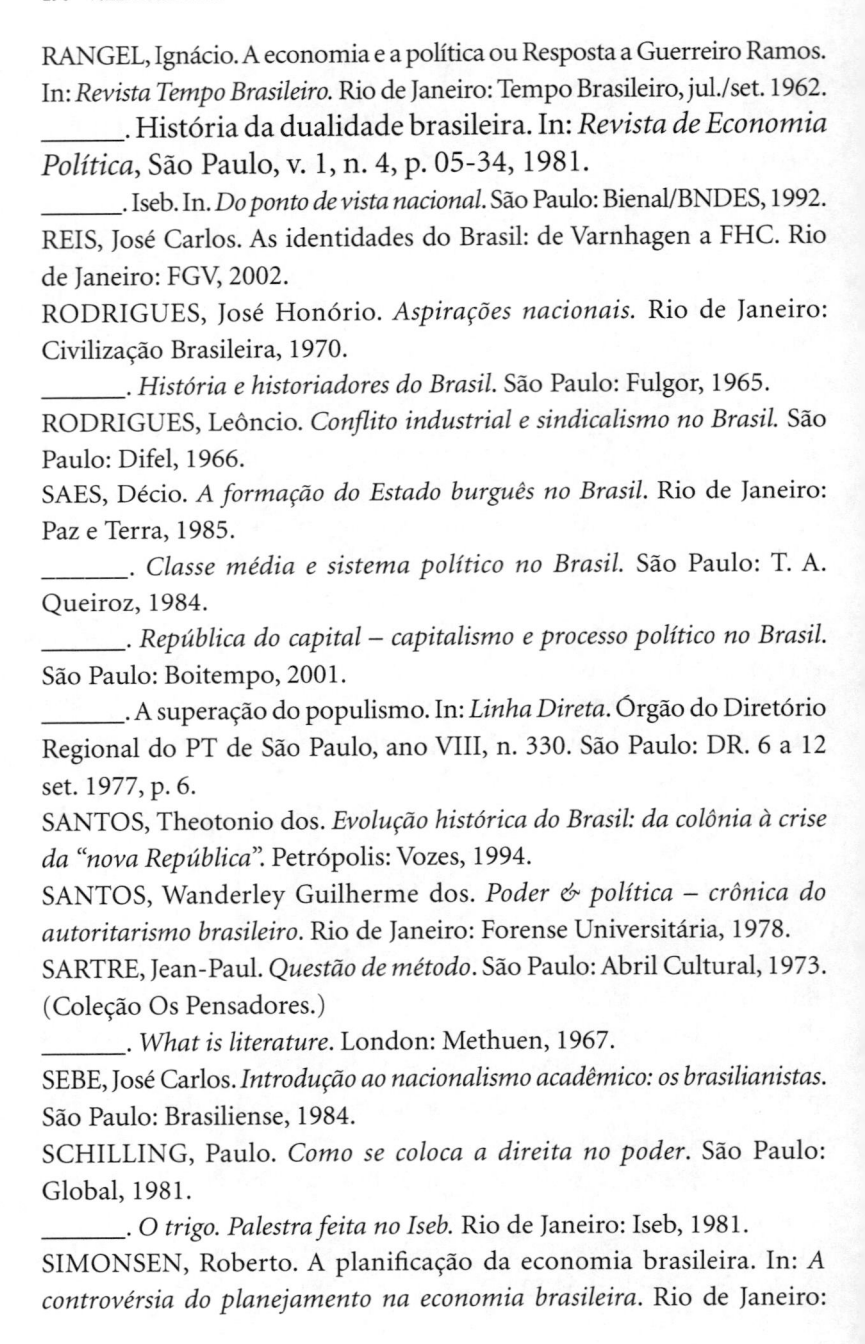

Ipea/Inpes, 1977.

SINGER, Paul. *A crise do "milagre": interpretação crítica da economia brasileira*. Rio de Janeiro: Paz e Terra, 1976.

SILVA, Marilene Corrêa da. *A questão nacional e o marxismo*. São Paulo: Cortez Autores Associados, 1989.

SKIDMORE, Thomas. *Brasil: de Getúlio a Castelo*. Rio de Janeiro: Paz e Terra, 1982.

SODRÉ, Nelson Werneck. *Brasil: radiografia de um modelo*. Petrópolis: Vozes, 1980.

_____. *Formação histórica do Brasil*. São Paulo: Brasiliense, 1973.

_____. O declínio do latifúndio. In: *Revista Tempo Brasileiro*. Rio de Janeiro: Tempo Brasileiro, jun./set. 1962.

_____. *A verdade sobre o Iseb*. Rio de Janeiro: Avenir, 1978.

_____. *História da burguesia brasileira*. Petrópolis: Vozes, 1983.

_____ & ALVES FILHO, Ivan. *Tudo é política*. Rio de Janeiro: Mauad, 1998.

SOUZA, Maria do Carmo Campello. *Estado e partidos políticos no Brasil (1930-1964)*. São Paulo: Alfa-Ômega, 1990.

THERBORN, Goran. *The ideology of power and the power of ideology*. London: Verso, 1980.

TOLEDO, Caio Navarro de (org.). *Intelectuais e política no Brasil. A experiência do Iseb*. Rio de Janeiro: Revan, 2005.

_____. *Iseb: fábrica de ideologias*. São Paulo: Ática, 1982.

TREVISAN, Maria José. *50 anos em 5... A Fiesp e o desenvolvimentismo*. Petrópolis: Vozes, 1986.

VINHAS, Moisés. *O Partidão: a luta por um partido de massas. 1922-1974*. São Paulo: Hucitec, 1982.

VON DER WEID, Elisabeth et al. *Apontamentos para a história do Centro Industrial do Rio de Janeiro*. Rio de Janeiro: Centro Industrial do Rio de Janeiro, 1977.

WEFFORT, Francisco. *O populismo na política brasileira*. Rio de Janeiro: Paz e Terra, 1978.

ZINI JR. Álvaro Antônio. *Taxa de câmbio e política cambial no Brasil*. São Paulo: Edusp, 1995.

ZIZEK, Slavoj (org.). *Um mapa da ideologia*. Rio de Janeiro: Contraponto, 1996.

Lista de abreviaturas e siglas

ACSP – Associação Comercial de São Paulo
AIB – Ação Integralista Brasileira
AI5 – Ato Institucional n. 5
ALALC – Associação Latino Americana para o Livre Comércio
BC – Banco Central
BIRD – Banco Internacional de Reconstrução e Desenvolvimento
BNDE – Banco Nacional de Desenvolvimento Econômico
CACEX – Carteira de Comércio Exterior
CAMOB – Caixa de mobilização Bancária
CAPES – Coordenação de Aperfeiçoamento de Pessoal de Nível Superior
CARED – Carteira de Redesconto
CEPAL – Comissão Econômica para a América Latina
CIB – Centro Industrial do Brasil
CIRJ – Centro das Indústrias do Rio de Janeiro
CMBEU – Comissão Mista-Brasil Estados Unidos
CNAEE – Conselho Nacional de Águas e Energia Elétrica
CNE – Conselho Nacional de Economia
CNEN – Comissão Nacional de Energia Nuclear
CNI – Confederação Nacional da Indústria
CNP – Conselho Nacional do Petróleo
COMUDES – Conselho Municipal de Desenvolvimento Econômico e Social
COPOM – Comitê de Política Monetária
ECOSOC – Conselho Econômico e Social das Nações Unidas
EXIMBANK – Export and Import Bank of the United States
FIDF – Federação das Indústrias do Distrito Federal
FIESP – Federação das Indústrias do Estado de São Paulo
FIRJ – Federação das Indústrias do Rio de Janeiro

FIRJAN – Federação das Indústrias do Estado do Rio de Janeiro
FMI – Fundo Monetário Internacional
FSIDF – Federação dos Sindicatos Industriais do Distrito Federal
IBAD – Instituto Brasileiro de Ação Democrática
IBESP – Instituto Brasileiro de Economia Sociologia e Política
IPES – Instituto de Pesquisa e Estudos Sociais
ISEB – Instituto Superior de Estudos Brasileiros
PCB – Partido Comunista Brasileiro
SAIN – Sociedade Auxiliadora da Indústria Nacional
SENAI – Serviço Nacional de Aprendizagem Industrial
SESI – Serviço Social da Indústria
SUMOC – Superintendência da Moeda e do Crédito
UNE – União Nacional dos Estudantes

Índice das tabelas

Tabela 1: Movimento dos investimentos estrangeiros, 1947-1961 (milhões de dólares) 22

Tabela 2: Inversões privadas diretas (em milhões de dólares) 23

Tabela 3: Número de cotas dos países componentes do Bird 45

Tabela 4: Conselho de Representantes da Federação das Indústrias do Distrito Federal 140

Este livro foi composto em Times New Roman 11/15
e impresso em papel off-set 75g pela Psi7, em São Paulo,
para a editora Garamond no mês outubro de 2012.